U0401492

自动驾驶规划理论与实践
Lattice算法详解 微课视频版

樊胜利　卢盛荣　编著

清华大学出版社
北京

内 容 简 介

本书以 Apollo 6.0 自动驾驶算法为背景,以 Lattice 运动规划算法为主线,以线性插值、Frenet 坐标与笛卡儿坐标转换、4 次多项式与 5 次多项式、二次规划等为算法的理论基础,引导读者由浅入深地了解 Frenet 坐标系提出的背景、Frenet 坐标与笛卡儿坐标系之间的相互转换关系、静态障碍物与动态障碍物 S-T 图的生成、横纵向运动轨迹的生成与优化等内容,讲解注重理论与代码相结合,既可以有效地加深读者对算法的进一步理解与认知,也可以提升读者对算法工程化的实操能力。

本书共 8 章,从 Apollo 6.0 代码入手,按照代码的实现流程,详细讲述了 Lattice 规划算法在不同阶段的处理过程,例如 Frenet 坐标系与 Cartesian 坐标系之间的转换关系以及各公式的推导过程,参考线的离散化,静态障碍物与动态障碍物的生成,横纵向轨迹与多项式的运用,碰撞检测与轨迹的优化等内容,从零起步,系统深入地剖析了 Lattice 算法的核心原理与知识点。本书示例代码丰富,实际性和系统性较强,关键章节配有详细的视频讲解,助力读者透彻理解书中的重点与难点。

本书不仅适合初学者入门,算法公式的推导过程与代码的对比分析对于工作多年的开发者也有较高参考价值,并可作为高等院校和培训机构智能网联汽车技术或自动驾驶专业的教学参考书。

版权所有,侵权必究。举报: 010-62782989,beiqinquan@tup.tsinghua.edu.cn。

图书在版编目(CIP)数据

自动驾驶规划理论与实践: Lattice 算法详解: 微课视频版/樊胜利,卢盛荣编著. —北京: 清华大学出版社,2024.6
ISBN 978-7-302-66387-4

Ⅰ. ①自… Ⅱ. ①樊… ②卢… Ⅲ. ①汽车驾驶—自动驾驶系统—算法设计 Ⅳ. ①U463.8

中国国家版本馆 CIP 数据核字(2024)第 110996 号

责任编辑: 赵佳霓
封面设计: 刘 键
责任校对: 时翠兰
责任印制: 刘海龙

出版发行: 清华大学出版社
　　网　　址: https://www.tup.com.cn, https://www.wqxuetang.com
　　地　　址: 北京清华大学学研大厦 A 座　　邮　　编: 100084
　　社 总 机: 010-83470000　　邮　　购: 010-62786544
　　投稿与读者服务: 010-62776969, c-service@tup.tsinghua.edu.cn
　　质量反馈: 010-62772015, zhiliang@tup.tsinghua.edu.cn
　　课件下载: https://www.tup.com.cn, 010-83470236
印 装 者: 三河市君旺印务有限公司
经　　销: 全国新华书店
开　　本: 186mm×240mm　　印　　张: 11.75　　字　　数: 263 千字
版　　次: 2024 年 7 月第 1 版　　印　　次: 2024 年 7 月第 1 次印刷
印　　数: 1～1500
定　　价: 59.00 元

产品编号: 103506-01

前言
PREFACE

党的二十大报告指出：教育、科技、人才是全面建设社会主义现代化国家的基础性、战略性支撑。必须坚持科技是第一生产力、人才是第一资源、创新是第一动力，深入实施科教兴国战略、人才强国战略、创新驱动发展战略，这三大战略共同服务于创新型国家的建设。高等教育与经济社会发展紧密相连，对促进就业创业、助力经济社会发展、增进人民福祉具有重要意义。

近年来，智能网联汽车行业的商业价值不断提高，智能网联汽车的"智能驾驶"与"智慧座舱"受到了越来越多消费者的关注和欢迎。在这一大背景下，自动驾驶技术不可避免地成为智能网联汽车的核心技术，逐渐成为主机厂与各级经销商希望掌握的核心技术。而作为行业的佼佼者"百度"也开源了 Apollo 源码，涵盖了自动驾驶的感知、融合、预测、决策、规划与控制的全栈算法，受到了自动驾驶算法行业从业人员的热烈欢迎。然而，Apollo 开源代码缺少注释和相关理论知识的讲解，在阅读和理解时会遇到不少问题。这样的问题，不仅对该领域的算法工程师造成了困惑，同时也使高等院校的广大师生缺乏教学与学习的目标和方向。

笔者从 2013 年接触雷达，掌握了雷达信号处理与数据处理领域扎实的基础知识。随后在 2016 年开始接触汽车行业的高级辅助驾驶（ADAS），先后在公司担任了总工、技术负责人、研发总监等职务，不仅接触了各类传感器，例如毫米波雷达、激光雷达和摄像头，也对各种传感器的工作原理与开发过程有了深刻的理解和认知，直接在一线带领团队主导了各种 ADAS 功能的落地，涉及了各种不同的计算平台，积累了丰富的自动驾驶全栈算法的开发与移植经验。与此同时，笔者通过与各大主机厂的接触，对目前行业的痛点与解决方案的可行性与落地的可操作性有了更为深入的理解和判断。

为此，本书的重点主要是讲解 Lattice 算法的基本流程、基础理论、核心模块（如横纵向轨迹生成与碰撞检测）的翔实分析与相关代码的逐行解析，不仅可以帮助行业的规划算法工程师更好、更深刻地理解 Lattice 的核心理论与模块实现，也可以为高等院校的广大师生提供不错的教学资源或教材。与此同时，笔者在本书的撰写过程中，查阅了大量的资料，对 Lattice 算法的理解与认知也更为深刻，收获良多。

本书主要内容

第 1 章介绍 Lattice 算法的背景、基本思想与本书的主要框架。

第 2 章介绍 Frenet 坐标系与 Cartesian 坐标系间的相互转换关系，并对转换过程详尽地进行了推导与证明。

第 3 章介绍参考线的离散化与计算过程，以及如何根据参考线确定自车当前位置的参考点。

第 4 章介绍障碍物的描述，以及静态障碍物与动态障碍物 S-T 图的构建方法。

第 5 章介绍 Lattice 算法中纵向运动轨迹的生成，根据不同的场景，例如定速巡航场景、有停止点的场景和有障碍物的场景等，如何选择 4 次多项式和 5 次多项式，构造车辆的纵向运动轨迹生成模型。

第 6 章介绍 Lattice 算法中横向运动轨迹的生成，与纵向运动轨迹生成不同的是，本章主要介绍了 5 次多项式和 OSQP 两种模型的构建方法。

第 7 章介绍如何根据不同的场景构建纵向参考速度，并对各条横纵向轨迹进行 cost 的计算与排序。

第 8 章介绍横纵向轨迹合成与合成后轨迹点的 Frenet 坐标向 Cartesian 坐标的转换，并对各条轨迹进行基于 AABB 的"粗"式碰撞检测与基于 OBB 的"细"式碰撞检测。

阅读建议

本书是一本兼顾 Lattice 算法的理论性与实战性的书籍，既包含 Lattice 算法中涉及的基础理论知识，又有配套的代码示例与注释，包括详细的理论分析，实操性强。由于 Lattice 算法理论性和实操性较强，内容较多，所以本书对 Lattice 算法涉及的基本理论、方法与概念讲解得较为详细，包括公式推导、理论分析及代码示例。每个知识点都配有源码解析，力求精简，在轻松掌握基础知识的同时对代码的实操部分可快速进入实战。

建议读者先根据 Apollo 6.0 或 8.0 的官方安装手册，搭建好开发环境。

本书配套资源

素材（源码）等资源：扫描目录上方的二维码下载。

视频等资源：扫描封底的文泉云盘防盗码，再扫描书中相应章节的二维码，可以在线学习。

致谢

非常感谢我的母亲及妻女，在我写作的过程中承担了繁重的家务劳动，使我可以全身心地投入写作工作中。

由于时间仓促，书中难免存在不妥之处，敬请读者见谅，并提宝贵意见。

樊胜利

2024 年 3 月

目 录
CONTENTS

教学课件（PPT）

本书源码

第 1 章　Lattice 算法概述（▶23min） ··· 1
　1.1　背景 ··· 1
　1.2　基本思想 ··· 2
　1.3　总体框架 ··· 2

第 2 章　笛卡儿坐标系与 Frenet 坐标系（▶31min） ·· 5
　2.1　Frenet 坐标系提出的背景 ·· 5
　2.2　Frenet 坐标系 ·· 6
　　2.2.1　定义 ··· 6
　　2.2.2　特点 ··· 7
　2.3　Frenet 坐标系与笛卡儿坐标系的相互转换 ·· 7
　　2.3.1　笛卡儿坐标向 Frenet 坐标转换 ··· 8
　　2.3.2　Frenet 坐标向 Cartesian 坐标转换 ·· 14
　2.4　实例分析 ·· 14
　　2.4.1　基于 Python 的实例分析 ·· 14
　　2.4.2　基于 Apollo 6.0 的 C++实例分析 ··· 21
　2.5　小结 ·· 23
　　2.5.1　过度依赖参考线 ·· 23
　　2.5.2　Cartesian 坐标系与 Frenet 坐标系转换的不一致性 ······················· 24

第 3 章　参考线的离散化与匹配点的选择（▶19min） ······································ 25
　3.1　参考线的描述与计算 ·· 25
　3.2　参考线的离散化与 $s(t)$ 的计算 ··· 26
　　3.2.1　离散化与计算过程 ·· 26

3.2.2　实例分析 ··· 26
　3.3　匹配点的选择 ··· 30
　　3.3.1　匹配点选择的描述 ··· 30
　　3.3.2　线性插值计算过程的描述 ·· 31
　　3.3.3　实例分析 ··· 32
　3.4　小结 ··· 36

第 4 章　静态障碍物与动态障碍物 S-T 图的构建（▶ 26min） ············· 37

　4.1　障碍物的描述 ··· 37
　　4.1.1　障碍物与 BB ··· 37
　　4.1.2　障碍物的几何中心点与后轴中心点的变换 ···················· 39
　　4.1.3　障碍物与车道之间关系的描述 ····································· 39
　4.2　静态障碍物与 S-T 图 ·· 42
　　4.2.1　静态障碍物 S-T 图的构建 ·· 42
　　4.2.2　静态障碍物 S-T 图的代码解析 ··································· 44
　4.3　动态障碍物与 S-T 图 ·· 47
　　4.3.1　动态障碍物位置的确定 ·· 47
　　4.3.2　动态障碍物的重构及端点极值的确定 ·························· 48
　　4.3.3　动态障碍物 S-T 图的构建 ·· 49
　　4.3.4　动态障碍物 S-T 图构建的代码解析 ····························· 50
　4.4　自车速度的限制与规划目标的确定 ·· 52
　4.5　小结 ··· 53

第 5 章　纵向运动轨迹规划（▶ 31min） ······································· 54

　5.1　纵向运动场景的分类与描述 ·· 54
　5.2　基于定速巡航的纵向运动轨迹的生成 ····································· 54
　　5.2.1　可行驶区域的描述与计算 ··· 55
　　5.2.2　纵向运动轨迹生成算法描述 ······································· 56
　　5.2.3　纵向运动轨迹的生成 ·· 58
　5.3　有障碍物条件下纵向运动轨迹的生成 ····································· 62
　　5.3.1　车道跟随条件下末状态的采样策略 ····························· 62
　　5.3.2　超车条件下末状态的采样策略 ···································· 69
　　5.3.3　自车末状态 S-T 点的筛选 ·· 71
　　5.3.4　纵向运动轨迹的生成 ·· 72
　5.4　有停车点的条件下纵向运动轨迹的生成 ·································· 76
　　5.4.1　自车末状态 S-T 采样 ··· 76

5.4.2　代码解析 ··· 76
　5.5　小结 ··· 77

第 6 章　横向运动轨迹规划（▶44min）··· 78
　6.1　基于 s 的 5 次多项式的横向运动轨迹的生成 ·· 78
　　　6.1.1　横向运动轨迹生成的算法描述 ·· 78
　　　6.1.2　基于 s 的 5 次多项式的描述 ··· 79
　　　6.1.3　代码解析 ··· 80
　6.2　基于二次规划的横向运动轨迹的生成 ·· 81
　　　6.2.1　等间隔横向采样 ··· 81
　　　6.2.2　根据参考线更新边界 ·· 83
　　　6.2.3　根据静态障碍物更新边界 ·· 86
　　　6.2.4　基于二次规划（OSQP）的横向运动轨迹规划模型的构建与求解 ····· 90
　6.3　实例分析 ··· 117
　6.4　代码解析 ··· 119
　6.5　小结 ·· 122

第 7 章　横纵向运动轨迹的评估（▶23min）··· 124
　7.1　碰撞区域的构建 ·· 124
　　　7.1.1　碰撞区域构建过程详解 ·· 124
　　　7.1.2　代码解析 ·· 125
　7.2　纵向运动参考速度的构建 ·· 126
　　　7.2.1　定速巡航场景下纵向运动参考速度的构建 ·· 126
　　　7.2.2　定点停车场景下纵向参考速度的构建 ··· 127
　　　7.2.3　代码解析 ·· 134
　7.3　纵向运动轨迹的过滤 ·· 139
　　　7.3.1　停车点、当前点与轨迹规划终点的关系约束 ·· 140
　　　7.3.2　纵向运动轨迹中的速度、加速度和加加速度的关系约束 ····································· 140
　　　7.3.3　代码解析 ·· 141
　7.4　横纵向运动轨迹的评估与计算 ·· 142
　　　7.4.1　纵向运动轨迹 cost 的计算 ·· 142
　　　7.4.2　横向运动轨迹 cost 的计算 ·· 150
　7.5　小结 ·· 154

第 8 章　横纵向运动轨迹的优选（▶15min）··· 155
　8.1　障碍物运动轨迹预测环境的构建 ··· 155

  8.1.1 障碍物的过滤 ……………………………………………………………… 155
  8.1.2 障碍物预测轨迹的生成 ………………………………………………… 156
  8.1.3 代码解析 …………………………………………………………………… 156
 8.2 横纵向运动轨迹的合成 ……………………………………………………………… 158
 8.3 轨迹的检验与验证 …………………………………………………………………… 161
  8.3.1 轨迹的验证 ………………………………………………………………… 161
  8.3.2 代码解析 …………………………………………………………………… 161
 8.4 碰撞检测与横纵向运动轨迹的优选 ………………………………………………… 163
  8.4.1 向量点积的定义与应用 …………………………………………………… 163
  8.4.2 Axis Aligned Bounding Box(AABB)碰撞检测算法描述 …………… 164
  8.4.3 Oriented Bounding Box(OBB)碰撞检测算法描述 ………………… 165
  8.4.4 代码解析 …………………………………………………………………… 173
 8.5 小结 …………………………………………………………………………………… 174

第1章 Lattice 算法概述

23min

Lattice 是一种基于撒点的规划算法,核心思想是将路径规划问题转换为一系列离散化的决策问题,通过多条路径撒点进行优化,从而得到最优路径。

与传统的路径规划算法不同,Lattice 规划算法既考虑了车辆的运动学约束和道路限制的影响,也综合考虑了静态障碍物和动态障碍物等因素,使得生成的路径更加平滑与安全。在实际应用中,Lattice 主要用于车道内巡航、跟停跟走和避障等功能。

1.1 背景

在自动驾驶领域,解决路径规划的常见方法是最优控制理论。然而,路径规划的目的并不是求解一个 cost 目标函数的最优值,而是寻找一条随着时间不断变化的可行的行车轨迹。对于汽车的轨迹规划而言,这意味着各个时间段计算的轨迹之间需要保持轨迹线的连续性和平滑性。

对轨迹以高频率 T_a 的采样周期进行采样,可以看出它的轨迹比较符合或贴近最优轨迹,如图 1-1(a)所示;对轨迹以低频率 T_b 的采样周期进行采样,可以看出它的采样点与最优轨迹的偏差较大,如图 1-1(b)所示。这表明,在最优控制理论中,如果在求解最优轨迹时把曲率和时间等作为已知参数,再加上一些约束条件,则求出的这种参数化的最优轨迹往往与实际的情况会有一些差异或不同。例如,相同的起点与初值,由于采样点频率的差异,导致了轨迹的波动,如图 1-1 所示。因此,这种情况是在求解规划轨迹时需要避免的。

从上述分析可以看出:在最优化控制理论中,虽然选择最优轨迹目标函数的主要标准是遵循贝尔曼的最优原则。但是,最小化车辆的行车轨迹也仍然需要接近自动驾驶汽车的行为。例如,假设汽车在车道行驶过程中由于遇到障碍物或前车车速较慢,车辆需要打方向盘,发生横向变道,然后汽车再返回原来的车道。在这个过程中,车辆规划轨迹的选择就需要在最佳舒适感与所需时间之间做权衡或者妥协。

同时,除了需要考虑横向上的控制之外,也必须以类似的方式在纵向上思考:假设汽车开得太快或离前方车辆太近,它必须明显减速,但又不能过度急促。从数学上来讲,轻松舒适才是最好的,而这种舒适性是由加加速度描述的。

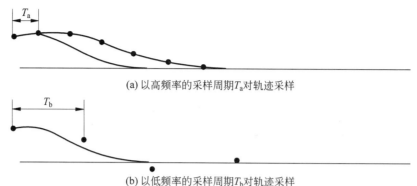

(a) 以高频率的采样周期T_a对轨迹采样

(b) 以低频率的采样周期T_b对轨迹采样

图 1-1 两种不同采样周期的轨迹点对比

不难看出,横纵向耦合问题是轨迹规划利用最优化理论方法解决时所面临的一个难题,因此,基于 Frenet 坐标系的 Lattice 规划算法也因此受到了重视。

1.2 基本思想

Lattice 规划算法是一种局部轨迹规划器,输出的轨迹点将会直接输入车辆控制器,由控制器完成对局部轨迹的横向与纵向跟踪控制,因此,由 Lattice 规划算法生成的轨迹是一条光滑、无碰撞且同时满足车辆运动学约束和速度约束的平稳、安全的局部轨迹。Lattice 算法的局部规划模块的输出是由带有速度信息的一系列轨迹点组成的轨迹,它保证了车辆控制器在车辆横向与纵向跟踪控制过程中的平稳性和安全性。

Lattice 是基于采样的运动规划算法。它将车辆的各个运动状态量从笛卡儿坐标系转换到 Frenet 坐标系,实现横纵向的解耦,而后分别在 Frenet 坐标系下的 s 轴与 l 轴进行局部轨迹生成,形成 Frenet 坐标系下的规划轨迹。最后,将 Frenet 坐标系下的轨迹合成到笛卡儿坐标系下的轨迹。Lattice 算法的基本实现过程可描述如下:

(1) 车辆当前位姿的坐标转换。将车辆的位姿由 Cartesian 坐标系向 Frenet 坐标系转换是实现 Lattice 规划算法的前提与基础。在这一阶段,主要是计算车辆当前位置在 Frenet 坐标系下的坐标 $(s, \dot{s}, \ddot{s})$ 和 $\left(l, \dfrac{\mathrm{d}l}{\mathrm{d}s}, \dfrac{\mathrm{d}^2 l}{\mathrm{d}s^2}\right)$。

(2) 对轨迹状态在横向和纵向分别进行撒点采样,根据场景划分,如定速巡航、定点停车或避障等,构建横向位移和纵向位移的 4 次多项式或 5 次多项式。

(3) 遍历横纵向轨迹,根据横纵向轨迹的距离、速度、加速度等分别计算 cost 值。

(4) 合并横纵向轨迹,将各个轨迹从 Frenet 坐标系转换到 Cartesian 坐标系。

(5) 采用 AABB 和 OBB 对采样轨迹进行碰撞检测。

1.3 总体框架

为了让读者对 Lattice 规划算法的基本流程与关键技术有更为充分的了解与认知,书中把 Lattice 规划算法分为 7 部分,如图 1-2 所示。在 Cartesian 坐标与 Frenet 坐标系中,书中

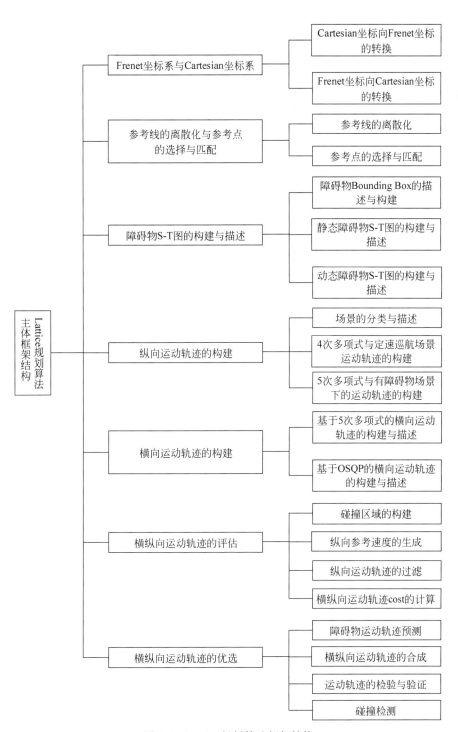

图 1-2　Lattice 规划算法框架结构

详细推导了从 Cartesian 坐标向 Frenet 坐标进行转换的过程,对于从 Frenet 坐标向 Cartesian 坐标进行转换,读者可以尝试自行推导。在参考线的离散化与匹配点的选择中,书中重点讨论了如何根据车辆当前位置点与参考线的关系确定参考点,也讨论了在选择参考点的过程中可能存在的一些问题。在静态障碍物与动态障碍物 S-T 图的构建中,书中详细分析了障碍物 BB(Bounding Box)的描述,以及 S-T 图生成的具体步骤。在纵向运动轨迹规划中,书中着重分析了定速巡航场景与 4 次多项式的关系,在有障碍物的情况下如何利用 5 次多项式构建纵向运动轨迹。在横向运动轨迹规划中,书中重点阐述了 5 次多项式与基于 OSQP 的二次规划算法,特别是后者,书中翔实地进行了分析与论述。在横纵向运动轨迹的评估中,书中详细描述了每条横纵向轨迹 cost 的计算过程与基本方法。最后,在横纵向轨迹优选一章中,书中分别阐述了障碍物轨迹的预测、运动轨迹的合成、各条运动轨迹的运动状态的检验和碰撞检测,对于碰撞检测,书中重点阐述了 AABB 和 OBB 碰撞检测方法及其基本思想,以及实现过程。

第 2 章 笛卡儿坐标系与 Frenet 坐标系

自动驾驶中的规划(Planning)算法是车辆根据环境感知结果进行预决策后进行车辆运动规划的核心功能模块,也是车辆控制的前端,因此,规划内容的研究也越来越受自动驾驶算法工程师的关注。当前,对于规划算法的研究,涉及的坐标系一般有两种:一种是 Cartesian 坐标系;另一种则是 Frenet 坐标系。二者相比较,各有优劣。针对 Lattice 规划算法而言,Frenet 坐标系则会是本书关注的重点。

2.1 Frenet 坐标系提出的背景

无论是在高速场景还是在城市道路场景,具有曲率的弯曲道路都是自动驾驶经常会遇到的路况,如图 2-1 所示。在这种情况下,该如何描述车辆的运动轨迹呢?一般情况下,车辆在本车道行驶时会按照车道中心线(在 Lattice 规划算法中也称为参考线)行驶,如果在 Cartesian 坐标系下,则车辆运动规划的轨迹如图 2-1 中的参考线上的圆点所示。不难看出,每个时刻轨迹点的坐标都是 $(x(t), y(t))$,这说明在 Cartesian 坐标系下,横纵坐标是完全耦合在一起的。这也就表明,无论是纵向规划还是横向规划都是每个轨迹点的集合,这就给运动规划带来两个问题:一是如何处理横纵向规划的耦合;二是如何处理耦合的横纵向二维优化控制问题。

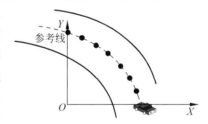

图 2-1 笛卡儿坐标系下车辆运动轨迹

面对这样一个比较棘手的问题,我们下意识地反应:是否可以利用一种不同于常规 Cartesian 的坐标系,实现横纵向规划的解耦?如果可行,则不仅可以使求解过程更加方便、快捷,而且也更有利于车辆后端的横纵向控制的实现。基于这样的考虑,Frenet 坐标系逐渐被应用到运动规划算法中。

2.2 Frenet 坐标系

Frenet 坐标系是一种在几何学和物理学中常用的坐标系,特别是在轨迹规划和机器人控制中。它由法国数学家 Jean Frenet 于 1847 年为了解决在求解某些几何问题时遇到的环形坐标系的问题而提出的。

2.2.1 定义

Frenet 坐标系的建立需要基于一条参考线。在自动驾驶场景中,参考线一般为结构化道路的道路中心线,如图 2-2 虚线所示。Frenet 坐标系中坐标的形式为 (s,l)。s 的确定一般需要两步:一是在参考线上寻找车辆中心或者质心 $A(x_A,y_A)$(一般采用车辆后轮中央正下方地面点)到参考线的最近点 $O(x_O,y_O)$,也称为匹配点;二是计算起点与邻近点或匹配点 O 之间参考线长度,即为 s。坐标 l 的计算如下:

$$l = \begin{cases} \|l\|_2 = \sqrt{(x_A-x_O)^2+(y_A-y_O)^2} \\ \text{sign}(l) = \boldsymbol{T} \times \boldsymbol{A} \end{cases} \tag{2-1}$$

式中,$\boldsymbol{T}$ 表示经过 O 点的单位切线向量,$\boldsymbol{A}$ 表示始点为 O、终点为 A 的向量,$\|\ \|_2$ 表示 2-范数。l 符号由 $\boldsymbol{T}\times\boldsymbol{A}$ 的符号决定(× 表示向量的叉乘)。由 Frenet 坐标系的描述不难看出:坐标 s 计算的原点与坐标 l 计算的原点是不一样的。对于特定的一段参考线而言,坐标 s 计算的原点是固定不变的,而坐标 l 计算的原点则是随着车辆的运动而不断地移动的,而 l 的符号由上述描述也可看出,车辆在参考线左侧为正,右侧为负。这是目前应用比较广泛的一种方法,然而,书中对此会有不同的思考。认为 $\|l\|_2 = \boldsymbol{A}\cdot\boldsymbol{N}$,· 表示向量的点积,$\boldsymbol{N}$ 表示经过 O 点的单位法线向量。具体原因书中会在 2.3.1 节进行详细解释。

从图 2-3 中可以看到,在笛卡儿坐标系下横纵坐标耦合的曲线边界(如图 2-1 所示)已变为一维的直线方程,不仅实现了降维,也实现了横纵向的解耦。例如,在 Frenet 坐标系下不同时刻车辆的位置 $s(t)$ 只在 S 轴变化,$\|l\|_2 = 0$,如图 2-3 中圆圈所示。

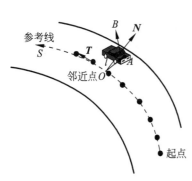

图 2-2 Frenet 坐标系在 Cartesian 坐标系中的表示

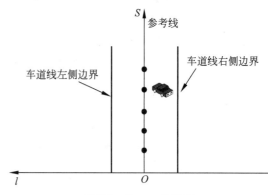

图 2-3 Frenet 坐标系

注意：对于 Frenet 坐标系中 s 的定义与计算方法，此处只是进行了简要说明，具体细节本书会在第 3 章进行详细说明。

2.2.2 特点

由 Frenet 坐标系的定义，不难看出，Frenet 坐标系有两个明显的优点：

（1）可以把笛卡儿坐标系下的轨迹由曲线转换为直线。

（2）实现了横纵向的解耦。

然而，Frenet 坐标系在轨迹的局部规划中并不是完美无缺的，它也有其特有的问题或者缺点。

（1）不能描述车辆的运动学特性。

（2）忽视了车辆的形变。

（3）不能保证轨迹连续。

（4）不能支持多种车辆的"协同规划"。

由 Frenet 坐标系带来的上述问题，将会在介绍完笛卡儿坐标系和 Frenet 坐标系的相互转换之后，在 2.5 节与读者详细地进行分析讨论。

2.3 Frenet 坐标系与笛卡儿坐标系的相互转换

在 Frenet 坐标系与笛卡儿坐标系的转换过程中，不仅涉及大量的公式推导与证明，也涉及许多变量。为了使读者的阅读顺畅，书中把所有的变量在本节开头进行了统一整理与说明，变量之间的相互关系如图 2-4 所示。对于难以在图 2-4 中表述的变量，本书会在变量的定义中进行详细说明。

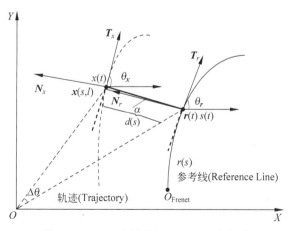

图 2-4　Frenet 坐标系与 Cartesian 坐标系

变量说明：

(1) $[\boldsymbol{x}(t),\theta_x(t),\kappa_x(t),\boldsymbol{v}_x(t),\boldsymbol{a}_x(t)]$ 表示 t 时刻车辆在笛卡儿坐标系下的状态向量。

(2) $\boldsymbol{x}(t)=(x_x(t),y_x(t))$ 表示 t 时刻车辆在轨迹(Trajectory)处的坐标/位置。

(3) $\theta_x(t)$ 与 $\theta_r(t)$ 分别表示 t 时刻车辆在 $\boldsymbol{x}(t)$ 和匹配点 $\boldsymbol{r}(t)$ 处的航向角(车辆的瞬时速度方向或该点处的切线方向 $\boldsymbol{T}_x$ 与 X 轴正方向的夹角及过匹配点 $\boldsymbol{r}(t)$ 的切线方向 $\boldsymbol{T}_r$ 与 X 轴正半轴的夹角)。

(4) $s(t)\equiv s$ 是一个标量("≡"的含义为"表示为")，表示 t 时刻车辆在参考线上的匹配点(笛卡儿坐标系下的 $\boldsymbol{r}(t)$)在 Frenet 坐标系下的 s 坐标(参考线起点到匹配点的曲线长度)。对于 s 的计算会在第 3 章结合实例详细地进行讲解与分析。

通过上述变量的说明，车辆轨迹在 $\boldsymbol{x}(t)$ 处的单位切向量 $\boldsymbol{T}_x$ 和单位法向量 $\boldsymbol{N}_x$ 可以表示为

$$\boldsymbol{T}_x = (\cos\theta_x, \sin\theta_x)^{\mathrm{T}} \tag{2-2}$$

$$\boldsymbol{N}_x = (-\sin\theta_x, \cos\theta_x)^{\mathrm{T}} \tag{2-3}$$

参考线在匹配点 $\boldsymbol{r}(t)$ 的单位切向量 $\boldsymbol{T}_r$ 和单位法向量 $\boldsymbol{N}_r$ 可以表示为

$$\boldsymbol{T}_r = (\cos\theta_r, \sin\theta_r)^{\mathrm{T}} \tag{2-4}$$

$$\boldsymbol{N}_r = (-\sin\theta_r, \cos\theta_r)^{\mathrm{T}} \tag{2-5}$$

2.3.1 笛卡儿坐标向 Frenet 坐标转换

1. 预备知识

曲线上的切向量与法向量如图 2-5 所示，$\boldsymbol{T}_1$ 和 $\boldsymbol{N}_1$ 分别是曲线在 s_1 处的单位切向量与单位法向量；$\boldsymbol{T}_2$ 和 $\boldsymbol{N}_2$ 分别是曲线在 s_2 处的单位切向量与单位法向量；s_1 与 s_2 之间的曲线长度为 Δs。切向量的变化与曲线长度变化量之间的关系如图 2-6 所示。

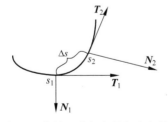

图 2-5　曲线上的切向量与法向量

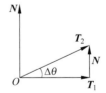

图 2-6　切向量变化

定义 $\dfrac{\partial \boldsymbol{T}}{\partial s} = \lim\limits_{\Delta s \to 0} \dfrac{\boldsymbol{T}_2 - \boldsymbol{T}_1}{\Delta s}$，由图 2-6 可知，$\boldsymbol{T}_1$ 和 $\boldsymbol{T}_2$ 是单位切向量，并且在 $\boldsymbol{N}$ 是单位法向量的前提下，$\boldsymbol{N} = \boldsymbol{T}_2 - \boldsymbol{T}_1 = 1 \times \Delta\theta \times \boldsymbol{N} = \Delta\theta \times \boldsymbol{N}$，因此可得

$$\frac{\partial \boldsymbol{T}}{\partial s} = \lim_{\Delta s \to 0} \frac{\boldsymbol{T}_2 - \boldsymbol{T}_1}{\Delta s} = \lim_{\Delta s \to 0} \frac{\Delta\theta \times \boldsymbol{N}}{\Delta s} = \kappa \boldsymbol{N} \tag{2-6}$$

$$\lim_{\Delta s \to 0} \frac{\Delta \theta}{\Delta s} = \kappa \qquad (2\text{-}7)$$

由式(2-6)可知,单位切向量相对曲线长度的变化在大小上等于曲线在该点的曲率,如式(2-7)所示,方向指向该点的法线方向。同理,单位法向量相对曲线弧长的变化如图2-7所示,定义如式(2-8)所示。

$$\frac{\partial \mathbf{N}}{\partial s} = \lim_{\Delta s \to 0} \frac{\mathbf{N}_2 - \mathbf{N}_1}{\Delta s} = \lim_{\Delta s \to 0} \frac{\Delta \theta \times (-\mathbf{T})}{\Delta s} = -\kappa \mathbf{T} \qquad (2\text{-}8)$$

需要注意的是,在图2-6和图2-7中 $\Delta \theta$ 分别表示单位法向量和单位切向量的角度变化。通常情况下,角度的表示是区分正负的,在笛卡儿坐标系中,逆时针旋转为正,顺时针旋转为负,因此,当 $\Delta \theta$ 表示逆时针旋转时为正值。如果顺时针旋转,则应该表示为 $-\Delta \theta$。

注意:式(2-6)中 $\mathbf{T}_2 - \mathbf{T}_1$ 的结果应该是一个差向量,这个差向量的模是 $\|\mathbf{T}_1\|_2 \Delta \theta$。因为 $\mathbf{T}_1$ 和 $\mathbf{T}_2$ 是单位向量,所以 $\|\mathbf{T}_1\|_2 = \|\mathbf{T}_2\|_2 = 1$,而差向量的单位方向向量为 $\mathbf{N}$,所以可知 $\mathbf{T}_2 - \mathbf{T}_1 = \Delta \theta \times \mathbf{N}$。式(2-8)同理可证。

2. 笛卡儿坐标向 Frenet 坐标的转换

由图2-4可知,车辆 t 时刻的轨迹向量 $\mathbf{x}(t) = (x_x(t), y_x(t))$,在参考线上的匹配点为向量 $\mathbf{r}(t) = (x_r(t), y_r(t))$,$\|l\|_2 = \|\mathbf{x}(t) - \mathbf{r}(t)\|_2 = \sqrt{(x_x(t) - x_r(t))^2 + (y_x(t) - y_r(t))^2}$。这种 l 的模的计算方法很普遍。笔者认为是不妥的。

例如,如图2-8所示,连接原点 O 与车辆轨迹点 A 的向量 $\mathbf{OA}$ 与连接原点 O 与匹配点 B 的向量 $\mathbf{OB}$,它们的差向量 $\mathbf{BA}$ 与过 B 点的单位法向量 $\mathbf{N}$ 是有一个夹角 θ 的,显然差向量的方向与过匹配点 B 的法向量是不一样的。正确的计算方法应该是向量 $\mathbf{BA}$ 向单位法向量做投影(点积),即 $\|l\|_2 = \mathbf{BA} \cdot \mathbf{N} = \|\mathbf{BA}\|_2 \cos\theta$,所以此处做了近似。差了一个 $\cos\theta$,因此,对于 l 的定义,笔者认为是差向量 $\mathbf{BA}$ 在单位法向量上的投影更为准确。

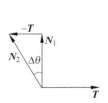

图 2-7 法向量变化

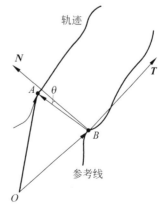

图 2-8 差向量与匹配点法向量描述

为了避免引起歧义,我们认为差向量 $x(t)-r(t)$ 与过匹配点的单位法向量的夹角 $\theta\approx0$,此时 $\lim\limits_{\theta\to0}\cos\theta=1$。所以此时的误差可以忽略不计,因此,可以认为 $x(t)-r(t)\approx l\boldsymbol{N}$。

注意: 由于 l 是 Frenet 坐标系中的坐标,所以它是一个有正负号的量。本书对于 l 模的思考是基于 Cartesian 坐标系中欧氏距离计算方法的平移。对于 l 方向的确定,本书并无异议。对于读者而言,关键是理解 $x(t)-r(t)\approx l\boldsymbol{N}$ 的含义,以及图 2-8 中 $\boldsymbol{BA}$ 与法向量 $\boldsymbol{N}$ 间夹角省略的前提。

---

1) l 的证明

由图 2-4、图 2-8 及前述分析可知:

$$x(t)-r(t)=l\boldsymbol{N}_r\Rightarrow(x(t)-r(t))\cdot\boldsymbol{N}_r^\mathrm{T}=l\boldsymbol{N}_r\cdot\boldsymbol{N}_r^\mathrm{T}$$

$$\Rightarrow l=(x(t)-r(t))\cdot\boldsymbol{N}_r^\mathrm{T} \tag{2-9}$$

式中,$r(t)=(x_r(t),y_r(t))$ 表示经过 Cartesian 坐标系下的原点与参考线上当前车辆轨迹点 $x(t)$ 的匹配点的向量,l 表示匹配点在 Frenet 坐标系下的 l 坐标值。l 模的计算方法,在 Apollo 6.0 中如式(2-10)所示。

$$\|l\|_2=\|x(t)-r(t)\|_2 \tag{2-10}$$

l 的方向参考式(2-1),由 $\boldsymbol{T}_r\times(x(t)-r(t))$ 的正负号决定(此处的 $\times$ 表示叉乘。书中其他各处如无特殊说明,则一般表示乘法)。由前述分析可知:

$$\boldsymbol{T}_r\times(x(t)-r(t))=\cos\theta_r\times(y_x(t)-y_r(t))-\sin\theta_r\times(x_x(t)-x_r(t)) \tag{2-11}$$

当式(2-11)大于零时 l 的方向为正,反之,则为负。也就是方向盘向左打为正,向右打为负。

2) $\dot{l}=\dfrac{\partial l}{\partial t}$ 的证明

$\dot{l}(s)=\dfrac{\partial l(s)}{\partial t}\equiv\dot{l}$ 表示 t 时刻参考点 $r(t)$ 处的横向速度。由式(2-5)可得

$$l=(x(t)-r(t))\cdot\boldsymbol{N}_r^\mathrm{T}$$

$$\Rightarrow\dot{l}=(\dot{x}(t)-\dot{r}(t))\cdot\boldsymbol{N}_r^\mathrm{T}+(x(t)-r(t))\cdot\dot{\boldsymbol{N}}_r^\mathrm{T}$$

$$\Rightarrow\dot{l}=(\dot{x}(t)-\dot{r}(t))^\mathrm{T}\cdot\boldsymbol{N}_r+(x(t)-r(t))^\mathrm{T}\cdot\dot{\boldsymbol{N}}_r \tag{2-12}$$

通过前面的分析与图 2-4 可知,$x(t)=\|x(t)\|_2\boldsymbol{T}_x$,$r(t)=\|r(t)\|_2\boldsymbol{T}_r$。

$$\dot{x}(t)=\frac{\partial\|x(t)\|_2}{\partial t}\boldsymbol{T}_x=\|\boldsymbol{v}_x(t)\|_2\boldsymbol{T}_x \tag{2-13}$$

$$\dot{r}(t)=\frac{\partial\|r(t)\|_2}{\partial t}\boldsymbol{T}_r=\|\boldsymbol{v}_r(t)\|_2\boldsymbol{T}_r=\dot{s}\boldsymbol{T}_r \tag{2-14}$$

又因为

$$\dot{\boldsymbol{N}}_r=\frac{\partial\boldsymbol{N}_r}{\partial t}=\frac{\partial\boldsymbol{N}_r}{\partial s}\times\frac{\partial s}{\partial t} \tag{2-15}$$

由式(2-6)可知

$$\frac{\partial \boldsymbol{N}_r}{\partial s} = -\kappa_r \boldsymbol{T}_r \tag{2-16}$$

因此，由式(2-15)和式(2-16)可得

$$\dot{\boldsymbol{N}}_r = -\kappa_r \dot{s} \boldsymbol{T}_r \tag{2-17}$$

式中，κ_r 表示 t 时刻匹配点 $\boldsymbol{r}(t)$（如图 2-4 所示）在参考线上的曲率。由式(2-13)~式(2-17)可得

$$\dot{l} = (\dot{\boldsymbol{x}}(t) - \dot{\boldsymbol{r}}(t))^{\mathrm{T}} \cdot \boldsymbol{N}_r + (\boldsymbol{x}(t) - \boldsymbol{r}(t))^{\mathrm{T}} \cdot \dot{\boldsymbol{N}}_r$$
$$\Rightarrow \dot{l} = (\| \boldsymbol{v}_x(t) \|_2 \boldsymbol{T}_x - \dot{s} \boldsymbol{T}_r)^{\mathrm{T}} \cdot \boldsymbol{N}_r - (\boldsymbol{x}(t) - \boldsymbol{r}(t))^{\mathrm{T}} \kappa_r \dot{s} \boldsymbol{T}_r \tag{2-18}$$

由于 $\boldsymbol{T}_r^{\mathrm{T}} \cdot \boldsymbol{N}_r = 0$，所以可得

$$\dot{l} = \| \boldsymbol{v}_x(t) \|_2 \boldsymbol{T}_x^{\mathrm{T}} \boldsymbol{N}_r \tag{2-19}$$

由式(2-2)和式(2-4)可得

$$\dot{l} = \| \boldsymbol{v}_x(t) \|_2 \boldsymbol{T}_x^{\mathrm{T}} \boldsymbol{N}_r = \| \boldsymbol{v}_x(t) \|_2 \sin(\theta_x - \theta_r) \tag{2-20}$$

式中，$\boldsymbol{v}_x(t)$ 表示 t 时刻车辆在 $\boldsymbol{x}(t)$ 处的纵向速度。

3) $\dot{s}$ 的证明

$\dot{s} = \frac{\partial s}{\partial t}$ 表示 t 时刻车辆在参考线 $s(t)$ 处的纵向参考速度。由前述可知

$$\boldsymbol{x}(t) = \boldsymbol{r}(t) + l \boldsymbol{N}_r \tag{2-21}$$

对式(2-21)两侧对时间 t 求导，可得 $\dot{\boldsymbol{x}}(t) = \dot{\boldsymbol{r}}(t) + \dot{l} \boldsymbol{N}_r + l \dot{\boldsymbol{N}}_r$，可知 $\dot{\boldsymbol{x}}(t) = \| \boldsymbol{v}_x(t) \|_2 \boldsymbol{T}_x$，$\dot{\boldsymbol{r}}(t) = \dot{s} \boldsymbol{T}_r$ 与式(2-17)，可得

$$\| \boldsymbol{v}_x(t) \|_2 \boldsymbol{T}_x = \dot{s} \boldsymbol{T}_r + \dot{l} \boldsymbol{N}_r - l \kappa_r \dot{s} \boldsymbol{T}_r \tag{2-22}$$

对式(2-22)两侧同时乘以 $\boldsymbol{T}_r^{\mathrm{T}}$，可得

$$\| \boldsymbol{v}_x(t) \|_2 \boldsymbol{T}_r^{\mathrm{T}} \cdot \boldsymbol{T}_x = \boldsymbol{T}_r^{\mathrm{T}} \cdot (\dot{s} \boldsymbol{T}_r + \dot{l} \boldsymbol{N}_r - l \kappa_r \dot{s} \boldsymbol{T}_r) \tag{2-23}$$

因为 $\boldsymbol{T}_r^{\mathrm{T}} \cdot \boldsymbol{N}_r = 0$，$\boldsymbol{T}_r^{\mathrm{T}} \cdot \boldsymbol{T}_r = 1$，$\boldsymbol{T}_r^{\mathrm{T}} \cdot \boldsymbol{T}_x = \cos(\theta_x - \theta_r)$，因此，式(2-23)可得

$$\| \boldsymbol{v}_x(t) \|_2 \cos(\theta_x - \theta_r) = \dot{s}(1 - l \kappa_r)$$
$$\Rightarrow \dot{s} = \frac{\| \boldsymbol{v}_x(t) \|_2 \cos(\theta_x - \theta_r)}{1 - l \kappa_r} \tag{2-24}$$

4) $l' = \frac{\partial l}{\partial s}$ 的证明

$l'(s) = \frac{\partial l}{\partial s} \equiv l'$ 表示 $l(s)$ 对 s 的一阶导。因为 $l' = \frac{\partial l}{\partial s} = \frac{\partial l / \partial t}{\partial s / \partial t} = \frac{\dot{l}}{\dot{s}}$，由式(2-20)和式(2-24)

对 $\dot{l}$ 和 $\dot{s}$ 的证明可知：

$$l' = \frac{\partial l}{\partial s} = \frac{\|\boldsymbol{v}_x(t)\|_2 \sin(\theta_x - \theta_r)}{\|\boldsymbol{v}_x(t)\|_2 \cos(\theta_x - \theta_r)/(1 - l\kappa_r)} = (1 - l\kappa_r)\tan(\theta_x - \theta_r) \quad (2\text{-}25)$$

5) $l'' = \dfrac{\partial^2 l}{\partial s^2}$ 的证明

$l''(s) = \dfrac{\partial^2 l}{\partial s^2} \equiv l''$ 表示 $l(s)$ 对 s 的二阶导。通过前面的分析可知，车辆在 t 时刻的 Frenet 坐标主要是以参考线为准的，所以前面式中 s 或 ∂s 在没有特别说明的情况下一般指的是参考线的曲线长度或曲线变化(与 s_r 或 ∂s_r 一致)。

同时，已知 $\dfrac{\partial}{\partial s} = \dfrac{\partial}{\partial s_x} \times \dfrac{\partial s_x}{\partial s} = \dfrac{\partial}{\partial s_x} \times \dfrac{\partial t}{\partial s} \times \dfrac{\partial s_x}{\partial t} = \dfrac{\|\boldsymbol{v}_x(t)\|}{\dot{s}} \times \dfrac{\partial}{\partial s_x}$，由式(2-24)可得

$$\frac{\partial}{\partial s} = \frac{1 - l\kappa_r}{\cos(\theta_x - \theta_r)} \times \frac{\partial}{\partial s_x} \quad (2\text{-}26)$$

由式(2-25)可得

$$l'' = \frac{\partial^2 l}{\partial s^2} = \frac{\partial((1 - l\kappa_r)\tan(\theta_x - \theta_r))}{\partial s} = \frac{\partial(1 - l\kappa_r)}{\partial s}\tan(\theta_x - \theta_r) + (1 - l\kappa_r)\frac{\partial \tan(\theta_x - \theta_r)}{\partial s}$$

$$(2\text{-}27)$$

$$\frac{\partial(1 - l\kappa_r)}{\partial s}\tan(\theta_x - \theta_r) = -\left(l'\kappa_r + l\frac{\partial \kappa_r}{\partial s}\right)\tan(\theta_x - \theta_r) \quad (2\text{-}28)$$

$$(1 - l\kappa_r)\frac{\partial \tan(\theta_x - \theta_r)}{\partial s} = (1 - l\kappa_r)\frac{1}{\cos^2(\theta_x - \theta_r)}\frac{\partial(\theta_x - \theta_r)}{\partial s} \quad (2\text{-}29)$$

$$\frac{\partial(\theta_x - \theta_r)}{\partial s} = \frac{\partial \theta_x}{\partial s} - \frac{\partial \theta_r}{\partial s} \quad (2\text{-}30)$$

根据式(2-26)，可得

$$\frac{\partial \theta_x}{\partial s} = \frac{1 - l\kappa_r}{\cos(\theta_x - \theta_r)}\frac{\partial \theta_x}{\partial s_x} = \frac{1 - l\kappa_r}{\cos(\theta_x - \theta_r)}\kappa_x \quad (2\text{-}31)$$

$$\frac{\partial \theta_r}{\partial s} = \frac{\partial \theta_r}{\partial s_r} = \kappa_r \quad (2\text{-}32)$$

综合式(2-27)~式(2-32)，可得

$$l'' = -\left(l'\kappa_r + l\frac{\partial \kappa_r}{\partial s}\right)\tan(\theta_x - \theta_r) + \frac{1 - l\kappa_r}{\cos(\theta_x - \theta_r)}\left(\frac{1 - l\kappa_r}{\cos(\theta_x - \theta_r)}\kappa_x - \kappa_r\right) \quad (2\text{-}33)$$

式中，κ_x 表示 t 时刻 Trajectory 在 $\boldsymbol{x}(t)$ 处的曲率。

6) $\ddot{s}$ 的证明

$\ddot{s}(t) = \dfrac{\partial^2 s}{\partial t^2} \equiv \ddot{s}$ 表示 t 时刻车辆在参考线 $s(t)$ 处的纵向参考加速度。由式(2-24)可知，

$\dot{s} = \dfrac{\|\boldsymbol{v}_x(t)\|_2 \cos(\theta_x - \theta_r)}{1 - l\kappa_r}$，因此，$\|\boldsymbol{v}_x(t)\|_2 = \dfrac{\dot{s} \times (1 - l\kappa_r)}{\cos(\theta_x - \theta_r)}$，可令 $\|\boldsymbol{v}_x(t)\|_2 = v_x(t)$，即

可得

$$v_x(t) = \frac{\dot{s} \times (1-l\kappa_r)}{\cos(\theta_x - \theta_r)} \tag{2-34}$$

由式(2-34)可知

$$\dot{v}_x(t) = \frac{\partial v_x(t)}{\partial t} = \frac{\ddot{s} \times (1-l\kappa_r)}{\cos(\theta_x - \theta_r)} + \dot{s} \frac{\partial \left(\frac{1-l\kappa_r}{\cos(\theta_x - \theta_r)}\right)}{\partial t} \tag{2-35}$$

$$\frac{\partial \left(\frac{1-l\kappa_r}{\cos(\theta_x - \theta_r)}\right)}{\partial t} = \frac{\partial \left(\frac{1-l\kappa_r}{\cos(\theta_x - \theta_r)}\right)}{\partial s} \frac{\partial s}{\partial t} \tag{2-36}$$

$$\frac{\partial \left(\frac{1-l\kappa_r}{\cos(\theta_x - \theta_r)}\right)}{\partial t} = \frac{\partial \left(\frac{1-l\kappa_r}{\cos(\theta_x - \theta_r)}\right)}{\partial s} \dot{s} \tag{2-37}$$

$$\frac{\partial \left(\frac{1-l\kappa_r}{\cos(\theta_x - \theta_r)}\right)}{\partial s} = \frac{\frac{\partial (1-l\kappa_r)}{\partial s}\cos(\theta_x - \theta_r) - (1-l\kappa_r)\frac{\partial \cos(\theta_x - \theta_r)}{\partial s}}{\cos^2(\theta_x - \theta_r)}$$

$$\Rightarrow \frac{\partial \left(\frac{1-l\kappa_r}{\cos(\theta_x - \theta_r)}\right)}{\partial s} = \frac{\frac{\partial (1-l\kappa_r)}{\partial s}\cos(\theta_x - \theta_r) + (1-l\kappa_r)\sin(\theta_x - \theta_r)\frac{\partial (\theta_x - \theta_r)}{\partial s}}{\cos^2(\theta_x - \theta_r)}$$

$$\Rightarrow \frac{\partial \left(\frac{1-l\kappa_r}{\cos(\theta_x - \theta_r)}\right)}{\partial s} = \frac{\frac{\partial (1-l\kappa_r)}{\partial s}}{\cos(\theta_x - \theta_r)} + \frac{(1-l\kappa_r)\tan(\theta_x - \theta_r)\frac{\partial (\theta_x - \theta_r)}{\partial s}}{\cos(\theta_x - \theta_r)} \tag{2-38}$$

由式(2-30)~式(2-32)及式(2-36)~式(2-38)可得

$$\frac{\partial \left(\frac{1-l\kappa_r}{\cos(\theta_x - \theta_r)}\right)}{\partial t} = \frac{\dot{s}}{\cos(\theta_x - \theta_r)}\left((1-l\kappa_r)\tan(\theta_x - \theta_r)\left(\frac{1-l\kappa_r}{\cos(\theta_x - \theta_r)}\kappa_x - \kappa_r\right) - \left(l'\kappa_r + l\frac{\partial \kappa_r}{\partial s}\right)\right) \tag{2-39}$$

由式(2-35)和式(2-39),并且令 $\dot{\boldsymbol{v}}_x(t) = \boldsymbol{a}_x(t)$, $\|\boldsymbol{a}_x(t)\|_2 \equiv a_x(t)$ 可得

$$a_x(t) = \frac{\ddot{s}(1-l\kappa_r)}{\cos(\theta_x - \theta_r)} + \frac{\dot{s}^2}{\cos(\theta_x - \theta_r)}$$
$$\left((1-l\kappa_r)\tan(\theta_x - \theta_r)\left(\frac{1-l\kappa_r}{\cos(\theta_x - \theta_r)}\kappa_x - \kappa_r\right) - \left(l'\kappa_r + l\frac{\partial \kappa_r}{\partial s}\right)\right) \tag{2-40}$$

结合式(2-25)和式(2-40)也可写为

$$a_x(t) = \frac{\ddot{s}(1-l\kappa_r)}{\cos(\theta_x - \theta_r)} + \frac{\dot{s}^2}{\cos(\theta_x - \theta_r)}\left(l'\left(\frac{1-l\kappa_r}{\cos(\theta_x - \theta_r)}\kappa_x - \kappa_r\right) - \left(l'\kappa_r + l\frac{\partial \kappa_r}{\partial s}\right)\right)$$

$$\tag{2-41}$$

所以

$$\ddot{s} = \frac{a_x(t) \times \cos(\theta_x - \theta_r) - \dot{s}^2 \times \left(l' \left(\frac{1 - l\kappa_r}{\cos(\theta_x - \theta_r)} \kappa_x - \kappa_r \right) - \left(l'\kappa_r + l \frac{\partial \kappa_r}{\partial s} \right) \right)}{1 - l\kappa_r}$$

(2-42)

式中,$a_x(t)$表示t时刻车辆在$x(t)$处的纵向加速度的模。

2.3.2 Frenet 坐标向 Cartesian 坐标转换

对于 Frenet 坐标向 Cartesian 坐标的转换,本书只给出了结论。具体的推导过程如果读者感兴趣,笔者会在后续的版本更新中增加。

$$\begin{cases} x_x(t) = x_r(t) - l\sin(\theta_r) \\ y_x(t) = y_r(t) + l\cos(\theta_r) \\ \theta_x = \arctan\left(\frac{l'}{1 - \kappa_r l}\right) + \theta_r \\ v_x = \sqrt{[\dot{s}(1 - \kappa_r l)]^2 + (\dot{s}l')^2} \\ a_x = \ddot{s}\frac{1 - \kappa_r l}{\cos(\theta_x - \theta_r)} + \frac{\dot{s}^2}{\cos(\theta_x - \theta_r)} \left[l'\left(\kappa_x \frac{1 - \kappa_r l}{\cos(\theta_x - \theta_r)} - \kappa_r\right) - (\kappa_r' l + \kappa_r l') \right] \\ \kappa_x = \left((l'' + (\kappa_r' l + \kappa_r l')\tan(\theta_x - \theta_r)) \frac{\cos^2(\theta_x - \theta_r)}{1 - \kappa_r l} + \kappa_r \right) \frac{\cos(\theta_x - \theta_r)}{1 - \kappa_r l} \end{cases}$$

(2-43)

2.4 实例分析

Cartesian 坐标系和 Frenet 坐标系是 Lattice 规划算法的重要内容。为了让读者更好地理解 Cartesian 坐标系与 Frenet 坐标系之间的公式推导过程,以及在实际工程中的应用。本书特别从 Python 和 C++代码实现的角度详细地对代码进行了注释与分析。让读者可以更好地将理论与实践紧密结合。

2.4.1 基于 Python 的实例分析

Python 代码的运行环境 Windows 10、Anaconda 5.3 和 Python 3.7。Cartesian 坐标系与 Frenet 坐标系车道线方程的实现,代码如下:

```
#//第2章/cartesian_trajectory.py

import numpy as np
from math import *
import matplotlib.pyplot as plt
```

```python
import matplotlib

def trajectory_in_cartesian(start_angle, end_angle, time_scope, center_point = [0.0,0.0], radius = 2.0):
    # 根据车辆起始的角度和时间计算车辆的角速度
    angle_velocity = (end_angle - start_angle) / time_scope
    # 将车辆的运动时间分成 time_scope * 1000 份，表示每个仿真时间为 time_scope/1000
    t_scope = np.linspace(0, time_scope, time_scope * 1000)
    # 车辆做圆周运动，t 时刻的位置根据圆心坐标、半径和角速度计算
    x = center_point[0] + radius * np.cos(start_angle + angle_velocity * t_scope)
    y = center_point[1] + radius * np.sin(start_angle + angle_velocity * t_scope)
    # np.plotfit 表示根据时间 t 和车辆的 x 坐标构建一个 5 次多项式，形如
    # x(t) = a_0 + a_1 * t + a_2 * t^2 + a_3 * t^3 + a_4 * t^4 + a_5 * t^5
    curve_x = np.poly1d(np.polyfit(t_scope,x,5))
    # 对该 5 次多项式求导，即 $\frac{\partial x}{\partial t}=a_1+2a_2t+3a_3t^2+4a_4t^3+5a_5t^4$
    curve_dfx = curve_x.deriv()
    # 同理：计算 y(t) = b_0 + b_1 * t + b_2 * t^2 + b_3 * t^3 + b_4 * t^4 + b_5 * t^5
    curve_y = np.poly1d(np.polyfit(t_scope,y,5))
    curve_dfy = curve_y.deriv()
    # 求 $\frac{\partial x}{\partial t}$ 和 $\frac{\partial y}{\partial t}$ 的目的，主要是可以借助它们来求车辆在某点的切向值，$\frac{\partial y}{\partial x}=\frac{\partial y}{\partial t}\bigg/\frac{\partial x}{\partial t}$
    # 根据 x(t) 与 y(t) 的 5 次多项式，代入各个时刻的 t 值，从而求得车辆在每个时刻的坐标
    x_cartesian = curve_x(t_scope)
    y_cartesian = curve_y(t_scope)

    return x_cartesian, y_cartesian, curve_dfx, curve_dfy, angle_velocity

def frenet_s_computation(start_angle, end_angle, time_scope, radius = 2.0):
    angle_velocity = (end_angle - start_angle) / time_scope
    t_scope = np.linspace(0, time_scope, time_scope * 1000)
    # 在 Frenet 坐标系中，s 代表弧长，为正值，但是角速度是有方向的。一般以逆时针旋转为正，
    # 以顺时针旋转为负，因此，为了保证弧长的非负性，对车辆转过的弧度取了绝对值
    theta = np.abs(angle_velocity * t_scope)
    s = radius * theta

    return s

if __name__ == '__main__':
    start_angle = np.pi
    end_angle = 0.5 * np.pi
    time_scope = 10
    center_point = [2.0, 0.0]
    radius = 5.0
    # 分别计算左车道线和右车道线的转弯半径
    left_bound = 5.0 + 0.5 * 3.75
    right_bound = 5.0 - 0.5 * 3.75
    # 计算左车道线、右车道线和车道中心线的坐标
```

```python
        x_left, y_left, _, _, _ = trajectory_in_cartesian(start_angle, end_angle, time_scope,
center_point = center_point, radius = left_bound)
        x_right, y_right, _, _, _ = trajectory_in_cartesian(start_angle, end_angle, time_scope,
center_point = center_point, radius = right_bound)
        x, y, _, _, _ = trajectory_in_cartesian(start_angle, end_angle, time_scope, center_point =
center_point, radius = radius)
        #将背景设置为黑色
        plt.rcParams['axes.facecolor'] = 'black'
        #将字体设置为黑体,可以显示汉字
        matplotlib.rcParams['font.family'] = 'SimHei'
        plt.rcParams['axes.unicode_minus'] = False
        plt.plot(x, y, 'w--')
        plt.plot(x_right, y_right, 'w--')
        plt.plot(x_left, y_left, 'w--')
        plt.text(-5,5,'左侧车道线',fontsize = 15, color = 'white')
        plt.text(-0.5,1,'右侧车道线',fontsize = 15, color = 'white')
        plt.text(-4.7,1,'车道中心线',fontsize = 15, color = 'white')
        plt.xlabel('x')
        plt.ylabel('y')
        plt.title("笛卡儿坐标系下车道线曲线方程")
        plt.show() #如图2-9所示

        left_s = frenet_s_computation(start_angle, end_angle, time_scope, radius = 5.0)
        plt.plot(np.zeros(len(left_s)) - 3.75 * 0.5, left_s, 'w--')
        plt.plot(np.zeros(len(left_s)), left_s, 'w--')
        plt.plot(np.zeros(len(left_s)) + 3.75 * 0.5, left_s, 'w--')
        plt.text(-1.8,3,'左侧车道线',fontsize = 15, color = 'white')
        plt.text(0.75,3,'右侧车道线',fontsize = 15, color = 'white')
        plt.text(0.1,6,'车道中心线',fontsize = 15, color = 'white')
        plt.xlabel('l')
        plt.ylabel('s')
        plt.title("Frenet坐标系下车道线曲线方程") #如图2-10所示
        plt.show()
```

笛卡儿坐标系下曲线如图2-9所示。

Frenet坐标系下曲线如图2-10所示。

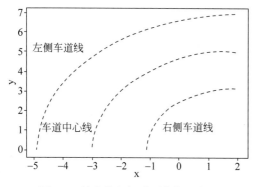

图2-9 笛卡儿坐标系下曲线示意图

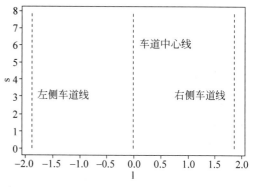

图2-10 Frenet坐标系下曲线示意图

Cartesian 坐标向 Frenet 坐标转换的实现，代码如下：

```
#//第2章/cartesian_to_frenet_3d.py
Import cartesian_trajectory as cartesian
import numpy as np
from math import *
'''
rs: 车辆轨迹点在 Frenet 坐标系下的 s 值；
rx,ry: 表示参考线上匹配点的笛卡儿坐标(车辆轨迹点在参考线上匹配点的笛卡儿坐标)；
rtheta: 表示匹配点的航向角(式(2-42)中的 $\theta_r$)；
rkappa, rdkappa: 表示匹配点处的曲率和曲率的导数；
x,y: 表示车辆当前轨迹点的笛卡儿坐标；
v,a: 表示车辆当前轨迹点的速度和加速度；
theta,kappa: 表示车辆当前轨迹点的航向角($\theta_x$)和曲率($\kappa_x$)；
'''
def cartesian_to_frenet(rs, rx, ry, rtheta, rkappa, rdkappa, x, y, v, a, theta, kappa):
    #初始化车辆轨迹点在 Frenet 坐标系下的状态向量，即($s,\dot{s},\ddot{s}$)和($l,l',l''$)
    s_condition = np.zeros(3)
    l_condition = np.zeros(3)
    #分别计算 $x(t)-r(t)$ 的分量
    dx = x - rx
    dy = y - ry
    #计算匹配点的方向切向量和法向量的分量，即 $T_r=(\cos\theta_r,\sin\theta_r)$
    #$N_r=(-\sin\theta_r,\cos\theta_r)$
    cos_theta_r = cos(rtheta)
    sin_theta_r = sin(rtheta)
    #计算 $x(t)-r(t)$ 在法向量方向上的投影，即 $(dx,dy)\cdot(-\sin\theta_r,\cos\theta_r)^T$
    #作者更倾向于认为 cross_rd_nd 为 Frenet 坐标系下的 l 值
    cross_rd_nd = cos_theta_r * dy - sin_theta_r * dx
    l_condition[0] = copysign(sqrt(dx * dx + dy * dy), cross_rd_nd)
    #计算 $\theta_x-\theta_r$
    delta_theta = theta - rtheta
    tan_delta_theta = tan(delta_theta)
    cos_delta_theta = cos(delta_theta)

    #根据式(2-25)可得 $l'$
    one_minus_kappa_r_l = 1 - rkappa * l_condition[0]
    l_condition[1] = one_minus_kappa_r_l * tan_delta_theta

    kappa_r_l_prime = rdkappa * l_condition[0] + rkappa * l_condition[1]

    #根据式(2-33)计算 $l''$
    l_condition[2] = (-kappa_r_l_prime * tan_delta_theta +
        one_minus_kappa_r_l / cos_delta_theta / cos_delta_theta *
            (kappa * one_minus_kappa_r_l / cos_delta_theta - rkappa))
```

```python
        # 根据式(2-22)和式(2-42)分别计算 ṡ 和 s̈
        s_condition[0] = rs
        s_condition[1] = v * cos_delta_theta / one_minus_kappa_r_l

        delta_theta_prime = one_minus_kappa_r_l / cos_delta_theta * kappa - rkappa
        s_condition[2] = ((a * cos_delta_theta -
                           s_condition[1] * s_condition[1] *
                           (l_condition[1] * delta_theta_prime - kappa_r_l_prime))
                          / one_minus_kappa_r_l)
    return s_condition, l_condition

def find_nearest_rs(cartesian_x, cartesian_y, x, y):
    # cartesian_x: 表示参考线离散点的 x 值
    # cartesian_y: 表示参考线离散点的 y 值
    # (x,y): 表示当前车辆的轨迹坐标
    min_dist = 99999.0                           # 记录车辆当前点与匹配点的距离
    rs = 0.0
    min_index = -1                               # 记录匹配点的索引值
    for i in np.arange(lens(cartesian_x)):
        dx = x - cartesian_x[i]                  # 记录车辆当前点与参考线离散点的 x 坐标差值
        dy = y - cartesian_y[i]                  # 记录车辆当前点与参考线离散点的 y 坐标差值
        dist = np.sqrt(dx * dx + dy * dy)        # 记录车辆当前点与参考线离散点的欧氏距离
        if min_dist > dist:
            min_dist = dist                      # 如果距离值小于最小值,则更新最小距离
            min_index = i                        # 同时更新索引值
    return min_dist, min_index

if __name__ == '__main__':
    start_angle = np.pi
    end_angle = 0.5 * np.pi
    time_scope = 10
    center_point = [2.0, 0.0]
    radius = 50.0
    left_bound = radius + 0.5 * 3.75
    right_bound = radius - 0.5 * 3.75
    # 记录左车道线,车道中心线和右车道线的(x,y)坐标,为画车道线做准备
    x_left, y_left, _, _, _ = cartesian.trajectory_in_cartesian(start_angle, end_angle, time_scope, center_point = center_point, radius = left_bound)
    x_right, y_right, _, _, _ = cartesian.trajectory_in_cartesian(start_angle, end_angle, time_scope, center_point = center_point, radius = right_bound)
    reference_x_cartesian, reference_y_cartesian, curve_dfx, curve_dfy, _ = cartesian.trajectory_in_cartesian(start_angle, end_angle, time_scope, center_point = center_point, radius = radius)

    vehicle_x = -30.8
    vehicle_y = 38
    vehicle_v = 10
```

```python
    vehicle_a = 3
    theta_x = 0.3 * np.pi
    kappa_x = 1/(radius + 0.25 * 3.75)

    # 寻找与车辆当前点的匹配点及其索引
    dist, index = find_nearest_rs(reference_x_cartesian, reference_y_cartesian, vehicle_x, vehicle_y)
    # 根据 dy/dx = dy/dt / dx/dt,求得该处的航向角,或过该点的切线方向与 x 轴的夹角
    rtheta = atan2(curve_dfy[index], curve_dfx[index])
    rs = radius * (np.pi - rtheta)
    rkappa = 1 / radius
    rdkappa = 0

    s = np.zeros(3)
    l = np.zeros(3)
    s, l = cartesian_to_frenet(rs = rs, rx = reference_x_cartesian[index], ry = reference_y_cartesian[index], rtheta = rtheta, rkappa = rkappa, rdkappa = rdkappa, x = vehicle_x, y = vehicle_y, v = vehicle_v, a = vehicle_a, theta = theta_x, kappa = kappa_x)

    print("The trajectory point of vehicle: x = %f, y = %f, v = %f, a = %f, theta = %f, kappa = %f" % (vehicle_x, vehicle_y, vehicle_v, vehicle_a, theta_x, kappa_x))
    print("The match point of vehicle: reference_x = %f, reference_y = %f, rs = %f, r_theta = %f, r_kappa = %f, r_dkappa = %f" % (reference_x_cartesian[index], reference_y_cartesian[index], rs, rtheta, rkappa, rdkappa))
    print("s = %f, ds/dt = %f, d2s/dt2 = %f " % (s[0], s[1], s[2]))
    print("l = %f, dl/ds = %f, d2l/ds2 = %f" % (l[0], l[1], l[2]))
```

运行结果:

```
The trajectory point of vehicle: x = -30.800000, y = 38.000000, v = 10.000000, a = 3.000000, theta = 0.942478, kappa = 0.019632
The match point of vehicle: reference_x = -30.671551, reference_y = 37.848926, rs = 121.472345, r_theta = 0.712146, r_kappa = 0.020000, r_dkappa = 0.000000
s = 121.472345, ds/dt = 9.774673, d2s/dt2 = 3.378600
l = 0.198299, dl/ds = 0.233564, d2l/ds2 = -0.001007
```

Frenet 坐标向 Cartesian 坐标转换的代码如下:

```python
#//第 2 章/frenet_to_cartesian.py
from math import *
import numpy as np

def NormalizeAngle(angle):
    a = fmod(angle + np.pi, 2 * np.pi)
    if a < 0.0:
        a += (2.0 * np.pi)
    return a - np.pi


def frenet_to_cartesian3D(rs, rx, ry, rtheta, rkappa, rdkappa, s_condition, d_condition):
```

```python
        if fabs(rs - s_condition[0]) >= 1.0e-6:
            print("The reference point s and s_condition[0] don't match")
        # Frenet 坐标向 Cartesian 坐标的转换,具体见式(2-43)
        cos_theta_r = cos(rtheta)
        sin_theta_r = sin(rtheta)

        x = rx - sin_theta_r * d_condition[0]
        y = ry + cos_theta_r * d_condition[0]

        one_minus_kappa_r_d = 1 - rkappa * d_condition[0]
        tan_delta_theta = d_condition[1] / one_minus_kappa_r_d
        delta_theta = atan2(d_condition[1], one_minus_kappa_r_d)
        cos_delta_theta = cos(delta_theta)

        theta = NormalizeAngle(delta_theta + rtheta)
        kappa_r_d_prime = rdkappa * d_condition[0] + rkappa * d_condition[1]

        kappa = ((((d_condition[2] + kappa_r_d_prime * tan_delta_theta) *
                cos_delta_theta * cos_delta_theta) /
                (one_minus_kappa_r_d) +
                rkappa) *
                cos_delta_theta / (one_minus_kappa_r_d))

        d_dot = d_condition[1] * s_condition[1]

        v = sqrt(one_minus_kappa_r_d * one_minus_kappa_r_d * s_condition[1] * s_condition[1] +
                d_dot * d_dot)

        delta_theta_prime = one_minus_kappa_r_d / cos_delta_theta * (kappa) - rkappa
        a = (s_condition[2] * one_minus_kappa_r_d / cos_delta_theta +
                s_condition[1] * s_condition[1] / cos_delta_theta *
                (d_condition[1] * delta_theta_prime - kappa_r_d_prime))
        return x, y, v, a, theta, kappa

if __name__ == '__main__':

    reference_x = -30.671551199574598
    reference_y = 37.84892645771959
    rtheta = 0.7121457559992703
    rkappa = 1/50.0
    rdkappa = 0
    rs = 121.47234487952613
    s_condition = [121.47234488, 9.7746725, 3.3785997]
    l_condition = [0.19829854, 0.23356364, -0.00100663]

    x, y, v, a, theta, kappa = frenet_to_cartesian3D(rs = rs, rx = reference_x, ry = reference_y, rtheta = rtheta, rkappa = rkappa, rdkappa = rdkappa, s_condition = s_condition, d_condition = l_condition)
```

```
print("x = %f,y = %f,v = %f,a = %f,theta = %f,kappa = %f" % (x,y,v,a,theta,kappa))
```

运行结果：
x = -30.801131,y = 37.999031,v = 10.000000,a = 3.000000,theta = 0.942478,kappa = 0.019632

2.4.2 基于 Apollo 6.0 的 C++ 实例分析

为了让读者更好地理解 Frenet 坐标与 Cartesian 坐标之间转换的公式及其理论推导过程，笔者不仅提供了 Python 代码的实现，为了与嵌入式系统开发更为紧密，笔者也同样提供了 C++ 代码的实现并详细地进行了解析。

Cartesian 坐标向 Frenet 坐标转换的 C++ 代码如下：

```cpp
//第2章/cartesian_frenet_conversion.cc
void CartesianFrenetConverter::cartesian_to_frenet(
    const double rs, const double rx, const double ry, const double rtheta,
    const double rkappa, const double rdkappa, const double x, const double y,
    const double v, const double a, const double theta, const double kappa,
    std::array<double, 3>* const ptr_s_condition,
    std::array<double, 3>* const ptr_d_condition) {

  const double dx = x - rx;
  const double dy = y - ry;

  const double cos_theta_r = std::cos(rtheta);
  const double sin_theta_r = std::sin(rtheta);

// l 的具体计算过程描述见式(2-10)与式(2-11)
  const double cross_rd_nd = cos_theta_r * dy - sin_theta_r * dx;
  ptr_d_condition->at(0) =
      std::copysign(std::sqrt(dx * dx + dy * dy), cross_rd_nd);

  const double delta_theta = theta - rtheta;
  const double tan_delta_theta = std::tan(delta_theta);
  const double cos_delta_theta = std::cos(delta_theta);

//l' 的具体计算过程的分析见式(2-25)
  const double one_minus_kappa_r_d = 1 - rkappa * ptr_d_condition->at(0);
  ptr_d_condition->at(1) = one_minus_kappa_r_d * tan_delta_theta;

  const double kappa_r_d_prime =
      rdkappa * ptr_d_condition->at(0) + rkappa * ptr_d_condition->at(1);

//l'' 的具体计算过程的分析见式(2-33)
  ptr_d_condition->at(2) =
      -kappa_r_d_prime * tan_delta_theta +
      one_minus_kappa_r_d / cos_delta_theta / cos_delta_theta *
          (kappa * one_minus_kappa_r_d / cos_delta_theta - rkappa);
```

```cpp
//ṡ 和s̈的计算过程描述见式(2-24)与式(2-42)
  ptr_s_condition->at(0) = rs;

  ptr_s_condition->at(1) = v * cos_delta_theta / one_minus_kappa_r_d;

  const double delta_theta_prime =
      one_minus_kappa_r_d / cos_delta_theta * kappa - rkappa;
  ptr_s_condition->at(2) =
      (a * cos_delta_theta -
       ptr_s_condition->at(1) * ptr_s_condition->at(1) *
           (ptr_d_condition->at(1) * delta_theta_prime - kappa_r_d_prime)) /
      one_minus_kappa_r_d;
}
```

对于 Frenet 坐标向 Cartesian 坐标转换的代码,笔者就不再赘述了,此过程较为简单。该处提供了 C++代码,读者可以和前面的 Python 代码进行对比,方便读者更好地理解,代码如下:

```cpp
//第2章/cartesian_frenet_conversion.cc
void CartesianFrenetConverter::frenet_to_cartesian(
    const double rs, const double rx, const double ry, const double rtheta,
    const double rkappa, const double rdkappa,
    const std::array<double, 3>& s_condition,
    const std::array<double, 3>& d_condition, double* const ptr_x,
    double* const ptr_y, double* const ptr_theta, double* const ptr_kappa,
    double* const ptr_v, double* const ptr_a) {
  ACHECK(std::abs(rs - s_condition[0]) < 1.0e-6)
      << "The reference point s and s_condition[0] don't match";

  const double cos_theta_r = std::cos(rtheta);
  const double sin_theta_r = std::sin(rtheta);

  *ptr_x = rx - sin_theta_r * d_condition[0];
  *ptr_y = ry + cos_theta_r * d_condition[0];

  const double one_minus_kappa_r_d = 1 - rkappa * d_condition[0];

  const double tan_delta_theta = d_condition[1] / one_minus_kappa_r_d;
  const double delta_theta = std::atan2(d_condition[1], one_minus_kappa_r_d);
  const double cos_delta_theta = std::cos(delta_theta);

  *ptr_theta = NormalizeAngle(delta_theta + rtheta);

  const double kappa_r_d_prime =
      rdkappa * d_condition[0] + rkappa * d_condition[1];
```

```
      * ptr_kappa = (((d_condition[2] + kappa_r_d_prime * tan_delta_theta) *
                      cos_delta_theta * cos_delta_theta) /
                     (one_minus_kappa_r_d) +
                    rkappa) *
                   cos_delta_theta / (one_minus_kappa_r_d);

    const double d_dot = d_condition[1] * s_condition[1];
    * ptr_v = std::sqrt(one_minus_kappa_r_d * one_minus_kappa_r_d *
                        s_condition[1] * s_condition[1] +
                        d_dot * d_dot);

    const double delta_theta_prime =
        one_minus_kappa_r_d / cos_delta_theta * (* ptr_kappa) - rkappa;

    * ptr_a = s_condition[2] * one_minus_kappa_r_d / cos_delta_theta +
              s_condition[1] * s_condition[1] / cos_delta_theta *
                  (d_condition[1] * delta_theta_prime - kappa_r_d_prime);
}
```

2.5 小结

通过前面对于Frenet坐标系的描述，可以看到，与Cartesian坐标系相比，Frenet坐标系具备很多优势。最显而易见的是可以把在Cartesian坐标系下各种不规则曲线形状的道路转换为Frenet坐标系下的直线道路。它不仅解决了车辆运动横纵向耦合问题，同时也把非线性的规划问题转换为线性的规划问题。

然而，不可否认的是，任何事物都具有两面性。Frenet坐标系也不例外。虽然与Cartesian坐标系相比，它有诸多优点，然而，它也存在很多问题。

2.5.1 过度依赖参考线

Frenet坐标系存在过度依赖参考线的问题，主要问题在于，参考线必须是平滑的、处处可导的。否则即使在Frenet坐标系下，轨迹（Trajectory）处处平滑，然而，参考线并不是平滑的、可导的，在将Trajectory上点P的Frenet坐标系下的曲率转换为Cartesian坐标系下的曲率κ_x后就会出现异常，如图2-11所示。例如式(2-44)。如果Q点处的曲率κ_r不存在或曲率不可导，则无论P点处的曲率在Frenet坐标系下是否平滑或是否可导，κ_x都会出现异常值。这对于路径规划问题将导致错误。

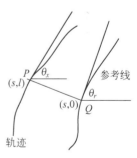

图2-11 Frenet坐标系下参考线依赖

$$\kappa_x = \left((l'' + (\kappa'_r l + \kappa_r l')\tan(\theta_x - \theta_r))\frac{\cos^2(\theta_x - \theta_r)}{1 - \kappa_r l} + \kappa_r\right)\frac{\cos(\theta_x - \theta_r)}{1 - \kappa_r l} \quad (2\text{-}44)$$

2.5.2 Cartesian 坐标系与 Frenet 坐标系转换的不一致性

从 Cartesian 坐标系向 Frenet 坐标系转换，只有当 $l < \dfrac{1}{\kappa_r}$ 时才成立，如图 2-12 所示。有时，轨迹点的坐标变化也并不是唯一的。

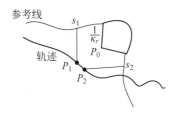

图 2-12 坐标系间转换不一致

例如，如图 2-12 所示，我们假设参考线（Reference Line）由 N 个离散点组成，即 $\text{ref} = \{(x_i^w, y_i^w)\}(i=1,2,3,\cdots,N)$。对于轨迹上的任一点，我们设为 $P = (x_p, y_p)$。匹配点 P_{ref} 表示在参考线上距离 P 点最近的点，可定义为

$$P_{\text{ref}} = \underset{(x_i^w, y_i^w) \in \text{ref}}{\operatorname{argmin}} \; \| (x_i^w - x_p, y_i^w - y_p) \|_2 \quad (2\text{-}45)$$

如果 P_0 是轨迹上的一个点，则匹配点会有很多并且都分布在以 P_0 为圆心，以 $\dfrac{1}{\kappa_r}$ 为半径的圆弧上，如图 2-12 所示，因此，当 P_0 点由 Cartesian 坐标系向 Frenet 坐标系转换时会有很多匹配点，而且这些匹配点的 s 值各不相同。这是不一致的问题之一。

更为普遍的是，当匹配点唯一时，Frenet 坐标系也会存在问题。例如图 2-12 中的 P_1 点和 P_2 点，在 Cartesian 坐标系下，它们在空间上距离非常近，然而在 Frenet 坐标系下的距离却明显增大了。这表明，在 Cartesian 坐标系下空间连续的点在 Frenet 坐标系下也可能会变得不连续。

可以这样总结：从 Cartesian 坐标系向 Frenet 坐标系的转换，既不唯一也不一致，因此，这种坐标系间的转换也会非常不稳定。

除了上面的问题外，还有其他问题。例如，忽视了车辆形状的变形。当经过 Cartesian 向 Frenet 坐标系的变换后，车辆的形状不再是矩形框。当道路是曲线时，这种变化所导致的问题并没有引起重视；再如，由于每个 Frenet 坐标系只依赖一条参考线，所以很难支持多车的协同路径规划。

当然，不可否认的是，Frenet 坐标系所带来的优点也是不可忽视的，而对于其缺点的问题，也提醒我们在实际研发中需要注意它所带来的问题，从而去做平衡。

第3章 参考线的离散化与匹配点的选择

19min

在 Frenet 坐标系中,参考线 $r(t)$ 可以是任意随时间变化的曲线,然而,在 Lattice 规划算法中,参考线 $r(t)$ 一般是指结构化道路的车道中心线,由高精地图提供。本章将重点从理论与程序实现的角度介绍参考线的描述与计算、离散化与匹配点的计算等问题。

3.1 参考线的描述与计算

参考线 $s(t)$ 是 t 时刻的累计弧长,定义如下:

$$s(t) = \int_0^t \| r'(x) \|_2 \mathrm{d}x \tag{3-1}$$

式中,$r'(t) = \dfrac{\partial r}{\partial t}$,$\| \cdot \|_2$ 表示 2-范数。$r(t)$ 为欧氏空间随时间不断变化的非退化曲线,如图 3-1 所示。此处的非退化指的是 $r(t)$ 的曲率不为 0,即不是一条直线。

在理论上,虽然 $r(t)$ 是非退化曲线,但是在工程实践中,参考线一般为结构化道路的道路中心线。因此,这就要求参考线无论在曲线还是直线的条件下都可以计算累计弧长。该问题的解决办法,也就是后续 3.2 节提到的参考线离散化问题。

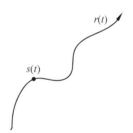

图 3-1 非退化曲线与参考线

由前述 $s(t) \equiv s \Rightarrow t = t(s), s(t) \equiv s$,可知 s 不仅是时间 t 的函数,t 也是累计弧长 s 的函数,因此,参考线 $r(t)$ 也可以记为 $r(s)$。

在实际的工程实践中,参考线是离散化的,$s(t)$ 的计算会与式(3-1)略有差异。计算过程可以描述如下:

(1) 设 t_0 时刻的累计弧长 $s(t_0) = 0$。
(2) 设 $(x(t_0), y(t_0)), (x(t_1), y(t_1)), \cdots, (x(t_i), y(t_i)), \cdots, (x(t_{n-1}), y(t_{n-1}))$ 为参考线上的 n 个离散点。
(3) $s(t)$ 的计算如下所示。

$$s(t_k) = \sqrt{(x(t_1) - x(t_0))^2 + (y(t_1) - y(t_0))^2} + \cdots +$$

$$\sqrt{(x(t_i)-x(t_{i-1}))^2+(y(t_i)-y(t_{i-1}))^2}+\cdots+$$
$$\sqrt{(x(t_k)-x(t_{k-1}))^2+(y(t_k)-y(t_{k-1}))^2}$$
$$=s(t_{k-1})+\sqrt{(x(t_k)-x(t_{k-1}))^2+(y(t_k)-y(t_{k-1}))^2} \tag{3-2}$$

3.2 参考线的离散化与 $s(t)$ 的计算

3.2.1 离散化与计算过程

在 Lattice 算法中,参考线的离散化需要借助结构体或类 PathPoint,以及类 reference_point 和 MapPathPoint 存储高精地图中的路点。为了便于说明问题,书中对 Path、reference_point 和 MapPathPoint 等类进行了简化处理。具体的代码可以参看 Apollo 6.0。

Lattice 算法中对于参考线的离散化计算过程可以归纳为以下步骤:
(1) 构建存储离散点的"容器"。
(2) 将参考线中各个路点的属性值(包括笛卡儿坐标(x,y)、航向角、曲率、曲率变化率)存入"容器"。
(3) 计算相邻路点之间的欧氏距离。
(4) 计算累计弧长。

3.2.2 实例分析

对参考线进行离散化与累计弧长计算是 Lattice 算法的前提与基础。为了让读者对该过程的理论分析过程与实现有更好的理解与认知,书中对该过程从 Python 和 C++ 的角度进行编程实现与可视化显示。

1. 基于 Python 的参考线计算代码实现

代码如下:

```python
//第 3 章/DiscretizedReference.py
import numpy as np
import math
import matplotlib.pyplot as plt

#生成参考线,此处的参考线为半径为 R 的一段弧长
def generate_referenceline(start_angle, end_angle, radius):
    #弧长所对应的圆心角的范围为[start_angle,end_angle]
    theta = np.linspace(start_angle, end_angle, 20)
    
    #该段弧长上点的坐标(x,y),其中 x = R * cos(theta),y = R * sin(theta)
    x = radius * np.cos(theta)
```

```python
    y = radius * np.sin(theta)

    # 计算每点处的 dx / dtheta 和 dy / dtheta
    dx_dtheta = - radius * np.sin(theta)
    dy_dtheta = radius * np.cos(theta)

    # 计算每点的航向角,即斜率为 dy / dx
    heading_angle = np.arctan2(dy_dtheta, dx_dtheta)

    # 由于是一段圆弧,所以曲率为 1 / R,曲率变化率为 0
    kappa = np.ones(20) * 1 / radius
    dkappa = np.zeros(20)

    # 用 zip 函数将每个点的坐标、航向角、曲率和曲率变化率封装
    reference_line = zip(x, y, heading_angle, kappa, dkappa)

    return reference_line
# 此函数主要用于体现参考线累计弧长及其他参数的计算过程
def to_discretized_referenceline(reference_line):

    s = 0.0                    # 参考线的累计弧长
    s_set = []                 # list 容器,存放每个点的 s 值
    x_set = []                 # list 容器,存放每个点的 x 坐标
    y_set = []                 # list 容器,存放每个点的 y 坐标
    heading_angle_set = []     # list 容器,存放每个点的航向角
    kappa_set = []             # list 容器,存放每个点的曲率
    dkappa_set = []            # list 容器,存放每个点的曲率变化率

    # 遍历参考线
    for x, y, heading_angle, kappa, dkappa in reference_line:
        x_set.append(x)
        y_set.append(y)
        heading_angle_set.append(heading_angle)
        kappa_set.append(kappa)
        dkappa_set.append(dkappa)

        if len(s_set) != 0:
            # 计算相邻两点的欧氏距离,并累加弧长
            dx = x_set[-2] - x_set[-1]
            dy = y_set[-2] - y_set[-1]
            s += math.sqrt(dx * dx + dy * dy)

        s_set.append(s)

    path_points = zip(x_set, y_set, heading_angle_set, kappa_set, dkappa_set, s_set)
    return path_points

if __name__ == '__main__':
```

```python
#参考线的起始弧度为PI,终止弧度为0.5*PI,半径为200
reference_line = generate_referenceline(start_angle = math.pi, end_angle = 0.5 *
math.pi, radius = 200.0)
reference_line_frenet = generate_referenceline(start_angle = math.pi, end_angle = 0.5 *
math.pi, radius = 200.0)
x_set, y_set,_,_,_ = zip( * reference_line)#利用zip( * )解包数据
PathPoints = to_discretized_referenceline(reference_line_frenet)
x_discretized, y_discretized, heading_angle_set, kappa_set, dkappa_set, s_set = zip( *
PathPoints)#同上

plt.subplot(121)
plt.plot(x_set, y_set, color = 'black')
plt.title('(a)', y = -0.2)


plt.subplot(122)
#下述两句主要是为了显示"汉字"
plt.rcParams['font.sans-serif'] = ['SimHei']
plt.rcParams['axes.unicode_minus'] = False
plt.scatter(x_discretized, y_discretized, color = 'black', marker = "o")
plt.text(x_discretized[0] + 10, y_discretized[0] - 5,'参考线起点')
plt.text(x_discretized[5] + 15, y_discretized[5] - 15, 'x = ' +
        str(round(x_discretized[5],2)) + ', y = ' +
        str(round(y_discretized[5],2)) + '\n' + 'heading_angle = '
        + str(round(heading_angle_set[5],2)) + ',s = ' +
        str(round(s_set[5],2)) + '\n' + 'kappa = ' + '%.2f'%kappa_set[5]
        + ',dkapp = ' + '%.2f'%dkappa_set[5])
plt.title('(b)', y = -0.2)
plt.show() #显示效果如图3-2所示
```

图3-2(a)所示的是以连续的形式显示参考线,而在实际的工程应用中需要采取离散化的形式进行计算,因此,在图3-2(b)中,书中以散点的形式显示,并同时显示了某点的诸多属性,例如坐标、累计弧长、航向角、曲率和曲率变化率等,如图3-2(b)所示。

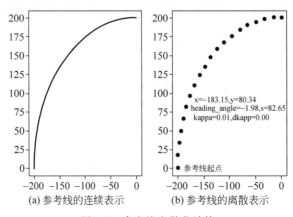

(a) 参考线的连续表示　　(b) 参考线的离散表示

图3-2　参考线离散化计算

2. 基于 C++ 的参考线计算代码实现

对于参考线中的各个离散点，在实现时，Apollo 中利用了 message 表示各个路点的信息，具体表示与实现代码如下：

```
message PathPoint {
    //三维坐标的类型
    optional double x = 1;
    optional double y = 2;
    optional double z = 3;

    //方向的表示是以 XOY 平面为基础的
    optional double theta = 4;
    //XOY 平面的曲率
    optional double kappa = 5;
    //从起点开始累计的线段长度之和，即 Frenet 坐标系下的坐标 s
    optional double s = 6;

    //此处表示曲率的导数
    optional double dkappa = 7;
    //表示对曲率的二次微分
    optional double ddkappa = 8;
    //表示路点所在车道的 ID
    optional string lane_id = 9;

    //表示对坐标点(x,y)的导数 ( dx/dt , dy/dt )
    optional double x_derivative = 10;
    optional double y_derivative = 11;
}
```

```
//第 3 章/Discretized.cc

std::vector<PathPoint> ToDiscretizedReferenceLine(
    const std::vector<ReferencePoint>& ref_points) {
  double s = 0.0;
  std::vector<PathPoint> path_points;
  for (const auto& ref_point : ref_points) {
    PathPoint path_point;
    path_point.set_x(ref_point.x());
    path_point.set_y(ref_point.y());
    path_point.set_theta(ref_point.heading());
    path_point.set_kappa(ref_point.kappa());
    path_point.set_dkappa(ref_point.dkappa());

    if (!path_points.empty()) {
      double dx = path_point.x() - path_points.back().x();
      double dy = path_point.y() - path_points.back().y();
      s += std::sqrt(dx * dx + dy * dy);
```

```
        }
        path_point.set_s(s);
        path_points.push_back(std::move(path_point));
    }
    return path_points;
```

3.3 匹配点的选择

3.3.1 匹配点选择的描述

$p(x(t),y(t))$ 表示车辆当前的轨迹点,如图 3-3 所示 $v_j(j=0,1,\cdots,i-1,i,i+1,\cdots,n)$ 表示参考线上的离散点。匹配点的选择就是在参考线的各个离散点中找出距离车辆当前轨迹点最近的点。选择过程描述如下:

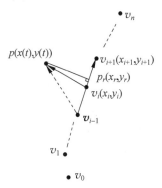

图 3-3 最佳匹配点的选择

(1) 分别计算车辆当前轨迹点 $p(x(t),y(t))$ 与参考线各个离散点的欧氏距离,公式如下:

$$l_j = \| pv_j \|_2 = \sqrt{(x(t)-x_j(t))^2 + (y(t)-y_j(t))^2} \quad (j=0,1,\cdots,n) \quad (3\text{-}3)$$

(2) 求出参考线上距离车辆当前轨迹点的距离最小点 $v_{\text{index}} = \underset{j=0,1,\cdots,n}{\operatorname{argmin}} l_j$,并记录该点的索引(如图 3-3 中的点 $v_i(x_i,y_i)$,索引为 i,坐标为 (x_i,y_i))。

(3) 根据距离最小值的点的索引,找出该索引的前一个点的索引和后一个点的索引(如图 3-3 所示,$v_i(x_i,y_i)$ 为距离最小值的点,前一个点则为 v_{i-1},索引为 $i-1$,后一个点则为 v_{i+1},索引为 $i+1$)。

(4) 根据距离最小点的前一个索引(如图 3-3 中的点 v_{i-1})与车辆当前轨迹点(如图 3-3 中的点 $p(x(t),y(t))$),计算向量 $\boldsymbol{v_{i-1}p}$ 在向量 $\boldsymbol{v_{i-1}v_{i+1}}$ 上的投影点 p_r(如图 3-3 所示),公式如下:

$$\| \boldsymbol{v_{i-1}p_r} \|_2 = \frac{\boldsymbol{v_{i-1}p} \cdot \boldsymbol{v_{i-1}v_{i+1}}}{\| \boldsymbol{v_{i-1}v_{i+1}} \|_2} = \| \boldsymbol{v_{i-1}p} \| \cos(pv_{i-1}v_{i+1}) \quad (3\text{-}4)$$

式中，·表示向量 $\boldsymbol{v}_{i-1}\boldsymbol{p}$ 与向量 $\boldsymbol{v}_{i-1}\boldsymbol{v}_{i+1}$ 的点积，两个向量之间的夹角表示为 $pv_{i-1}v_{i+1}$。此时投影点 p_r 即为车辆当前轨迹点在参考线的最佳匹配点。

（5）根据 3.1 节参考线上各点 s 计算过程的描述，可知最佳匹配点 p_r 的 s 值计算如下：

$$s_{p_r} = s_{v_{i-1}} + \| \boldsymbol{v}_{i-1}\boldsymbol{p}_r \|_2 \tag{3-5}$$

式中，$s_{v_{i-1}}$ 表示参考线上点 v_{i-1} 的 s 值。

（6）根据参考线上点 v_{i-1}、v_{i+1} 的 s 值 $s_{v_{i-1}}$ 和 $s_{v_{i+1}}$，以及最佳匹配点 p_r 的 s_{p_r}，利用线性插值计算匹配点  的笛卡儿坐标和曲率等属性值。

中的点 v_i 作为车辆当前轨迹点的最佳匹配点，主要原因在于参果把 v_i 作为最佳匹配点，则最短距离点的确定是带有误差的。 的长度，还是线段 $v_{i-1}p$ 的长度必然大于或等于它的投影线 么需要找出最短距离点的前一个点和后一个点，我们再做投影意，v_i 的前一个点和后一个点可能不存在。例如，如果 v_i 是后一个离散点，则在这种情况下，v_i 也同时代表它的前一个情况，读者也需要注意。在具体处理时会有差异，在代码中读

算过程的描述

单，很多资料中都有详细的介绍。本书主要以 Apollo 6.0 原理或计算过程进行简要描述。

点 O 与 P_0、P、P_1 共线，相互 P_0 和 P_1 的笛卡儿坐标分别 距离原点 O 的距离分别为 比处的距离可以类比 Frenet 和 P_1' 分别为它们在 X 轴上的 插值的方法来计算 P 点的

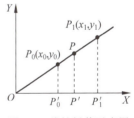

图 3-4 线性插值示意图

根据三角形相似可知：

$$\frac{x}{x_0} = \frac{\| OP \|_2}{\| OP_0 \|_2} \tag{3-6}$$

$$\frac{x_1}{x_0} = \frac{\| OP_1 \|_2}{\| OP_0 \|_2} \tag{3-7}$$

$$\frac{x - x_0}{x_0} = \frac{\| OP \|_2 - \| OP_0 \|_2}{\| OP_0 \|_2} \tag{3-8}$$

$$\frac{x_1 - x_0}{x_0} = \frac{\|OP_1\|_2 - \|OP_0\|_2}{\|OP_0\|_2} \qquad (3\text{-}9)$$

根据式(3-8)和式(3-9)可得

$$\frac{x - x_0}{x_1 - x_0} = \frac{\|OP\|_2 - \|OP_0\|_2}{\|OP_1\|_2 - \|OP_0\|_2} \qquad (3\text{-}10)$$

令 $\frac{\|OP\|_2 - \|OP_0\|_2}{\|OP_1\|_2 - \|OP_0\|_2} = w$,式(3-10)可得

$$x = (1-w)x_0 + wx_1 \qquad (3\text{-}11)$$

式(3-11)即为线性插值的计算公式。此计算方法可推广至参考线匹配点各属性值的计算。关于这一点,在实例分析中会结合 Apollo 6.0 中的代码与计算方法相互印证。

3.3.3 实例分析

为了验证匹配点的选择与线性插值的计算方法,本书对前面的理论部分进行了代码验证。所有代码读者可以通过扫描本书目录上方的二维码获得。运行环境为 Ubuntu 20.04,代码如下:

```cpp
//第3章/main.cc
# include "../include/path_matcher.h"
# include <vector>
# include <cmath>

int main(int argc, char * argv[]){

  std::vector<PathPoint> reference_line; //构建存储离散参考线的"容器"

  float R(20.0f), x(10.0f), y(0.0f);
//设置离散参考线的半径与圆心,为了方便描述,假设离散参考线为圆的一部分
  double start_arc(M_PI), end_arc(0.5 * M_PI);
//设定参考线的起始圆心角
  double planning_x(-4.5), planning_y(14.14);
//设定参考线的圆心坐标
  PathPoint match_point;
  std::cout << "M_PI = " << M_PI << std::endl;

  for ( float angle = start_arc; angle >= end_arc; angle -= 0.15){
    //循环获取参考线上的各点
    PathPoint path_point;
    double x_point = x + R * std::cos(angle);
    double y_point = y + R * std::sin(angle);
    //计算圆弧上各点的坐标
    double theta_point = std::atan2(y_point, x_point);
    //计算圆弧上各点的切角,即航向角
    double kappa_point = 1 / R;
    //计算圆弧上各点的曲率,由于所有点都在圆弧上,所以曲率为1/R
```

```
            double dkappa_point = 0;
            double ddkappa_point = 0;
            //由于曲率是常数,所以圆弧上各点的曲率的一阶和二阶导数为0
            double s = R * (M_PI - angle);
            //各点的s值根据弧长计算公式可求

            //把各点的笛卡儿坐标、航向角、曲率、曲率的一阶导和二阶导赋值给每个参考点
            path_point.set_x(x_point);
            path_point.set_y(y_point);
            path_point.set_theta(theta_point);
            path_point.set_kappa(kappa_point);
            path_point.set_dkappa(dkappa_point);
            path_point.set_ddkappa(ddkappa_point);
            path_point.set_s(s);

            //把各个参考点压入"容器"
            reference_line.push_back(path_point);

    }

    std::cout << "Current PathPoint is (-4.5,14.14)" << std::endl;
    match_point = apollo::common::math::PathMatcher::MatchToPath(reference_line, planning_x, planning_y);
    std::cout << "The Match Point is (" << match_point.x() << "," << match_point.y() << ")" << ";s = " << match_point.s() << std::endl;
    std::cout << "The Match Point theta = " << match_point.theta() << ";kappa = " << match_point.kappa() << std::endl;
    std::cout << "The Match Point dkappa = " << match_point.dkappa() << ";ddkappa = " << match_point.dkappa() << std::endl;


    return 0;
}
```

代码运行后,结果显示如下:

```
M_PI = 3.14159
Current PathPoint is (-4.5,14.14)
The Match Point is (-4.16313,13.8085);s = 15.4511
The Match Point theta = 1.88145;kappa = 0.05
The Match Point dkappa = 0;ddkappa = 0
```

可以看到,代码运行后获得了车辆当前轨迹点的匹配点的笛卡儿坐标、航向角、曲率等值,其中,匹配点选择的代码放在了 path_match.cc 文件中,代码如下:

```
//第3章/path_match.cc

#include "../include/path_matcher.h"
```

```cpp
#include <algorithm>
#include <cmath>
#include <vector>

#include "glog/logging.h"
#include "../include/modules/math/linear_interpolation.h"

PathPoint PathMatcher::MatchToPath(const std::vector<PathPoint>& reference_line,
                                   const double x, const double y) {

  CHECK_GT(reference_line.size(), 0U);
  //判断参考点"容器"的大小是否为空,如果为空,则报错
  auto func_distance_square = [](const PathPoint& point, const double x,
                                 const double y) {
    double dx = point.x() - x;
    double dy = point.y() - y;
    return dx * dx + dy * dy;
  };
  //计算参考线"容器"内各点与当前车辆轨迹点(x,y)的欧氏距离,即式(3-2)所示。函数形
  //参 const double x 和 const double y。此处是通过 lambda 函数实现的

  double distance_min = func_distance_square(reference_line.front(), x, y);
  std::size_t index_min = 0;
  //将参考点"容器"内的第1个点与车辆当前轨迹点的距离作为最小距离,并将它的索引号作为
  //最小距离的索引号。这会在后续比较过程中进行更新

  for (std::size_t i = 1; i < reference_line.size(); ++i) {
    double distance_temp = func_distance_square(reference_line[i], x, y);
    if (distance_temp < distance_min) {
      distance_min = distance_temp;
      index_min = i;
    }
  }
  //遍历参考线上的各点,更新最小距离及其索引,如匹配点选择的步骤(2)

  std::size_t index_start = (index_min == 0) ? index_min : index_min - 1;
  std::size_t index_end =
      (index_min + 1 == reference_line.size()) ? index_min : index_min + 1;
  //检查最小距离点是否为特殊点,例如是否为第1个点或者为最后一个点,具体解释见3.1.1节
  //注意中的描述

  if (index_start == index_end) {
    return reference_line[index_start];
  }
  //这是一种特殊情况,表明参考点"容器"内只有一个点

  return FindProjectionPoint(reference_line[index_start],
                             reference_line[index_end], x, y);
}
PathPoint PathMatcher::FindProjectionPoint(const PathPoint& p0,
```

```cpp
                                    const PathPoint& p1, const double x,
                                    const double y) {
  double v0x = x - p0.x();
  double v0y = y - p0.y();
  //p0 点代表最小距离点的前一个点(如图 3-3 中的 $v_{i-1}$),此处计算车辆当前轨迹点与该点的
  //向量坐标

  double v1x = p1.x() - p0.x();
  double v1y = p1.y() - p0.y();
  //p1 点代表最小距离点的后一个点(如图 3-3 中的 $v_{i+1}$),此处计算车辆当前轨迹点与该点的
  //向量坐标

  double v1_norm = std::sqrt(v1x * v1x + v1y * v1y);
  double dot = v0x * v1x + v0y * v1y;

  double delta_s = dot/v1_norm;
  //具体含义及解释见式(3-4)
  return InterpolateUsingLinearApproximation(p0, p1, p0.s() + delta_s); }
  //p0.s() + delta_s 的含义及解释见式(3-4)
```

在匹配点的计算过程中主要用到了线性插值的方法。方法的理论解释在 3.3.2 节中进行了详细描述,代码如下:

```cpp
//第 3 章/linear_interpolation.cc
#include "linear_interpolation.h"
#include <cmath>
#include "../cyber/common/log.h"
#include "math_utils.h"


PathPoint InterpolateUsingLinearApproximation(const PathPoint &p0,
                                              const PathPoint &p1,
                                              const double s) {
  double s0 = p0.s();
  double s1 = p1.s();
  //获取如图 3-3 中的 $v_{i-1}$ 和 $v_{i+1}$ 的 s 值,准备线性插值计算

  PathPoint path_point;
  double weight = (s - s0) / (s1 - s0);
  //此公式的具体说明见 3.3.2 节

  double x = (1 - weight) * p0.x() + weight * p1.x();
  double y = (1 - weight) * p0.y() + weight * p1.y();
  //计算过程的解释见式(3-11)

  double theta = slerp(p0.theta(), p0.s(), p1.theta(), p1.s(), s);
  double kappa = (1 - weight) * p0.kappa() + weight * p1.kappa();
```

```
    double dkappa = (1 - weight) * p0.dkappa() + weight * p1.dkappa();
    double ddkappa = (1 - weight) * p0.ddkappa() + weight * p1.ddkappa();
    //计算过程的解释同上

    path_point.set_x(x);
    path_point.set_y(y);
    path_point.set_theta(theta);
    path_point.set_kappa(kappa);
    path_point.set_dkappa(dkappa);
    path_point.set_ddkappa(ddkappa);
    path_point.set_s(s);
    return path_point;
}
```

3.4 小结

车辆当前轨迹点的匹配点主要在参考线上寻找。需要读者注意的是匹配点并不是在所有离散参考点中找与车辆当前轨迹点距离最小的点。主要原因有两点：第一点是每个参考线点的 s 值的计算都是"以直代曲"的叠加；第二点则在于参考线在进行离散化时，由于采样点间隔的原因，所以也会存在误差。基于上面两点考虑，与当前车辆轨迹点的最小距离点的确定只是判定了匹配点的存在范围或区域，即在该点的前一个点和后一个点之间，而后，再计算车辆当前轨迹点的投影。这种计算方法的理解需要读者注意并加以灵活运用。

第 4 章 静态障碍物与动态障碍物 S-T 图的构建

4.1 障碍物的描述

在 Lattice 规划算法中,避障是路径规划的核心内容之一,因此,对于障碍物的描述就至关重要。一般情况下,障碍物借助机器视觉的目标检测模型(例如 YOLO),用边界盒(Bounding Box,BB)来表示,而对于 BB 的描述一般采用中心点和 4 个角点坐标来表示。对于凸多边形,本书则不再赘述。

4.1.1 障碍物与 BB

障碍物的描述一般以 BB 为主,而 BB 则是以几何中心点坐标和 4 个角点为代表,如图 4-1 所示。

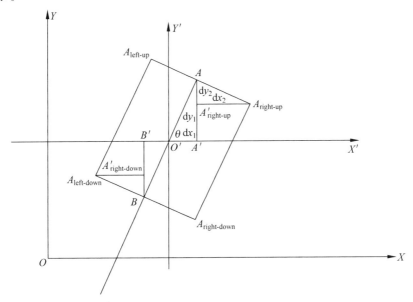

图 4-1 障碍物与 Bounding Box 的关系

障碍物 BB 的 4 个角点及几何中心点如图 4-1 所示，4 个角点分别为 $A_{\text{right-up}}$、$A_{\text{left-up}}$、$A_{\text{right-down}}$、$A_{\text{left-down}}$。A、B 分别为线段 $A_{\text{left-up}}A_{\text{right-up}}$ 和 $A_{\text{left-down}}A_{\text{right-down}}$ 的中点。一般情况下，障碍物的航向角为 $\theta = \angle AO'A'$，障碍物 BB 的宽度为 $w = |A_{\text{left-down}}A_{\text{right-down}}| = |A_{\text{left-up}}A_{\text{right-up}}|$，长度为 $l = |A_{\text{left-down}}A_{\text{left-up}}| = |A_{\text{right-down}}A_{\text{right-up}}|$，几何中心点的坐标为 $O' = (x, y)$，并且 $|AO'| = |BO'| = \frac{1}{2}l$，$|A_{\text{left-up}}A| = |AA_{\text{right-up}}| = \frac{1}{2}w$。对于 4 个角点的坐标可按如下步骤计算：

(1) 经过 A 点向 $O'X'$ 轴作垂线，A' 为垂足。由此可得

$$\mathrm{d}x_1 = |O'A'| = |AO'| \times \cos\angle AO'A = \frac{1}{2}l \times \cos\theta \tag{4-1}$$

$$\mathrm{d}y_1 = |AA'| = |AO'| \times \sin\angle AO'A = \frac{1}{2}l \times \sin\theta \tag{4-2}$$

(2) 经过点 $A_{\text{right-up}}$ 向 AA' 作垂线，点 $A'_{\text{right-up}}$ 为垂足，由此可得

$$\mathrm{d}x_2 = |A'_{\text{right-up}}A_{\text{right-up}}| = |AA_{\text{right-up}}| \times \sin\angle A'AA_{\text{right-up}} = \frac{1}{2}w \times \sin\theta \tag{4-3}$$

$$\mathrm{d}y_2 = |A'_{\text{right-up}}A| = |AA_{\text{right-up}}| \times \cos\angle A'AA_{\text{right-up}} = \frac{1}{2}w \times \cos\theta \tag{4-4}$$

(3) 由(1)和(2)可得 BB 的 4 个角点坐标的计算如下。

点 $A_{\text{right-up}}(x_{\text{right-up}}, y_{\text{right-up}})$ 的笛卡儿坐标：

$$x_{\text{right-up}} = x + \mathrm{d}x_1 + \mathrm{d}x_2 \tag{4-5}$$

$$y_{\text{right-up}} = y + \mathrm{d}y_1 - \mathrm{d}y_2 \tag{4-6}$$

点 $A_{\text{left-up}}(x_{\text{left-up}}, y_{\text{left-up}})$ 的笛卡儿坐标：

$$x_{\text{left-up}} = x + \mathrm{d}x_1 - \mathrm{d}x_2 \tag{4-7}$$

$$y_{\text{left-up}} = y + \mathrm{d}y_1 + \mathrm{d}y_2 \tag{4-8}$$

点 $A_{\text{left-down}}(x_{\text{left-down}}, y_{\text{left-down}})$ 的笛卡儿坐标：

$$x_{\text{left-down}} = x - \mathrm{d}x_1 - \mathrm{d}x_2 \tag{4-9}$$

$$y_{\text{left-up}} = y - \mathrm{d}y_1 + \mathrm{d}y_2 \tag{4-10}$$

点 $A_{\text{right-down}}(x_{\text{right-down}}, y_{\text{right-down}})$ 的笛卡儿坐标：

$$x_{\text{right-down}} = x - \mathrm{d}x_1 + \mathrm{d}x_2 \tag{4-11}$$

$$y_{\text{right-down}} = y - \mathrm{d}y_1 - \mathrm{d}y_2 \tag{4-12}$$

对于 4 个角点笛卡儿坐标的计算，书中是以左上角和右上角点的坐标为例进行了画图说明。对于其他两个角点，读者可以自行画图求解。在 Apollo 6.0 的代码中，对于 $\mathrm{d}y_2$ 的计算，与本书相比较，是 $\mathrm{d}y_2 = -\frac{1}{2}w \times \cos\theta$，相差一个负号。希望读者多加注意。

注意：对于表示障碍物 BB 中心点的选择，一般会选择 BB 底边的中点，如图 4-1 中的 B 点。这是因为在自动驾驶算法中，描述自车坐标系的原点一般选为车辆后轴中央正下方地面点，

因此，对于障碍物的 BB 描述来讲，一般也会选择后轴中点。然而，从上面的描述中，可以见到对于 BB 的描述，书中选择了 BB 的几何中心点，而并非后轴中点。这需要读者把 BB 的坐标原点由后轴中点变化到几何中心点。具体方法在 4.1.2 节会给读者进行详细介绍。

4.1.2 障碍物的几何中心点与后轴中心点的变换

由图 4-2 可知，当用 BB 表示障碍物时，A 表示 BB 的后轴中心点，A' 表示 BB 的后沿中心，C 表示 BB 的几何中心点，线段 AA' 的长度 $\|AA'\|_2$ 表示 BB 的后轴中心距离后沿中心的距离，l 表示 BB 的长，w 表示 BB 的宽，线段 AC 的长度 $\|AC\|_2$ 表示 BB 几何中心点距离后轴中心点的距离，并且 $\|AC\|_2 + \|AA'\|_2 = \frac{1}{2}l$。

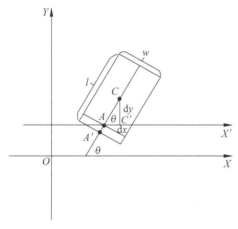

图 4-2 障碍物几何中线点与后轴中心点的关系

如 4.1.1 节所述，在车辆自身坐标系下，一般用后轴中心点表示 BB 的坐标原点，而在 Lattice 算法的障碍物描述中，则会用几何中心点来表示，因此，如果已知 BB 的后轴中心点 A 的坐标为 (x_A, y_A) 且航向角为 θ，则 BB 的几何中心点 C 的坐标 (x_C, y_C) 表示为

$$x_C = x_A + \left(\frac{1}{2}l - \|AA'\|_2\right) \times \cos\theta \qquad (4\text{-}13)$$

$$y_C = y_A + \left(\frac{1}{2}l - \|AA'\|_2\right) \times \sin\theta \qquad (4\text{-}14)$$

4.1.3 障碍物与车道之间关系的描述

障碍物与车道之间关系的描述是碰撞检测的基础。例如自车在本车道内行驶时，需要判断障碍物是否在本车道范围内，如果自车需要借道超车，则需要判断障碍物是否在相邻车道，而对于障碍物与车道之间关系的描述，则主要用 Frenet 坐标系判断。为此，本书也主要对自车在车道内行驶和借道超车两种情况进行分析描述。

1. 自车在车道内行驶

当自车在车道内行驶时(Lane Follow),它需要判断障碍物与自车车道的关系,如图 4-3 所示,图中的 3 条虚线从左至右可分别表示为左车道线、车道中心线和右车道线。可设左车道线距离车道中心线的距离在 Frenet 坐标系下的 l 值为 left_width(该值设置为 $0.5\times 3.75\text{m}$ 或 $0.5\times 4\text{m}$,因为车道宽度一般为 3.75m 或 4m),右侧车道线距离车道中心线的距离在 Frenet 坐标系下的 l 值为 $-$right_width,ego_start_s 表示自车当前轨迹点在 Frenet 坐标系下的 s 值,ego_end_s 表示自车路径规划的终点在 Frenet 坐标系下的 s 值。一般情况下,自车当前轨迹点的 s 值是可以求得的,而自车路径规划的终点在 Lattice 算法中被设为 ego_end_s=ego_start_s+200(单位为 m)。

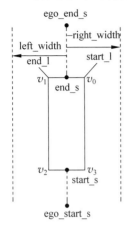

图 4-3 障碍物在车道内示意图

由前面障碍物的描述可知,障碍物的位置可由 4 个角点、几何中心点和航向角表示。可设障碍物的 4 个角点的 Frenet 坐标为

$$v_i = (s_i, l_i) \quad (i=0,1,2,3) \tag{4-15}$$

根据式(4-15),可以计算障碍物的 4 个角点的 Frenet 坐标的极值,公式如下所示。

$$\text{start\_s} = \min_{i}\{s_i\} \tag{4-16}$$

$$\text{end\_s} = \max_{i}\{s_i\} \tag{4-17}$$

$$\text{start\_l} = \min_{i}\{l_i\} \tag{4-18}$$

$$\text{end\_l} = \max_{i}\{l_i\} \tag{4-19}$$

因此,当自车在车道线内行驶时,位于自车车道线内的障碍物的条件可以表示为

$$\text{start\_l} >= -\text{right\_width} \&\& \text{end\_l} <= \text{left\_width} \&\& \\ \text{start\_s} >= \text{ego\_start\_s} \&\& \text{end\_s} <= \text{ego\_end\_s} \tag{4-20}$$

式(4-20)的条件是从本车道出发,考虑障碍物在本车道内时的情况。同样,也可以排除车道外的障碍物。分两种情况:情况一如图 4-4 所示。

图 4-4 这种情况表示的是障碍物不在自车车道范围内,即使障碍物的 s 值在[start_s, end_s]范围内。这种条件可以只考虑障碍物的 l 值,表示为

$$\text{start\_l} > \text{left\_width} \parallel \text{end\_l} < -\text{right\_width} \tag{4-21}$$

情况二:另外一种障碍物不在自车车道内的表示方法则只考虑障碍物与自车 s 值的相对关系,如图 4-5 所示。

从图 4-5 中可以看到,当障碍物满足

$$\text{end\_s} < \text{ego\_start\_s} \parallel \text{start\_s} > \text{ego\_end\_s} \tag{4-22}$$

条件时,则可以只考虑自车与障碍物 s 值的相对关系。式(4-21)和式(4-22)中 start_l、end_l、start_s 和 end_s 的定义可参见式(4-16)~式(4-19)。

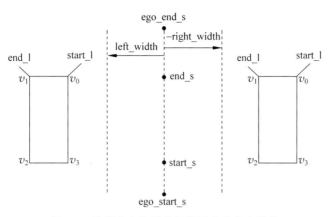

图 4-4　障碍物在路径规划范围内的本车道外

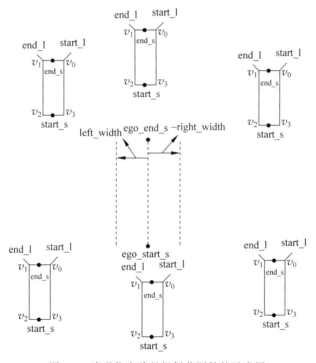

图 4-5　障碍物在路径规划范围外的示意图

因此，在 Lattice 算法中，对于障碍物的选择，既可以按照式(4-20)的条件进行选择，也可以按照式(4-21)和式(4-22)的条件来选择。当然，也可以再加上一个 buffer 值。读者在实际阅读 Apollo 6.0 的 Lattice 代码时会发现，对于障碍物的筛选是按照后者进行判断的。

注意：根据第 2 章 Frenet 坐标的表述，读者可以知道，当自车位于参考中心线左侧时，l 值是负值；当自车位于参考中心线右侧时，l 值为正值，因此，当表示障碍物与左右车道线的关系时，left_width 为正表示左车道线位于车道中心线左侧，-right_width 为负则表示右侧车道线在车道中心线右侧(如图 4-3、图 4-4 和图 4-5 所示)。可以归纳为左正右负,也对应方向盘左打为正,右打为负。具体原因书中在第 2 章中利用旋转进行了解释。希望对读者的理解有所帮助。

2. 自车借道

借道(Lane Borrow)与变道(Lane Change)是有所不同的,借道的场景可以表述为相邻车道有大车,如图 4-6 所示。为了保障自车安全,自车会借用一点相邻车道,当超过相邻车道的大车后,又会回到本车道,而变道,则是本车换到相邻车道行驶。二者所表述的场景是不一样的。此处,表述的是借道。如果读者有兴趣,则可以思考变道的场景如何描述,因此,如果自车行驶时需要借道,则需要分为两种情况:一是借道同向车道;二是借道对向车道。如借道同向车道,则与车道内行驶不同的是,由于自车的路径规划已经跨入相邻车道,所以对于障碍物的判断条件也需要发生改变。

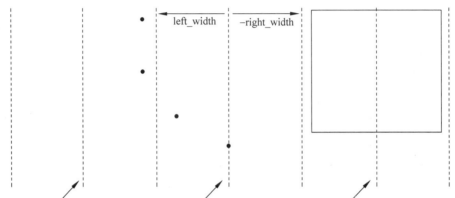

图 4-6 自车借道时障碍物的描述

在该情况下,障碍物的描述对于式(4-22)不会发生变化,而式(4-21)则会如下表示。

$$\text{start\_l} > \text{left\_width} + \text{in\_out\_lane\_buffer} \parallel \text{end\_l} < -(\text{right\_width} + \text{n\_out\_lane\_buffer}) \tag{4-23}$$

式中,in_out_lane_buffer>0 表示自车借道时的动态边界。在 Apollo 6.0 中,该值可以设置为 0.2(单位:m)。当然,读者在实际的工程应用中也可以根据工况进行调整。图 4-6 只是表示了自车向左车道借道的情景,读者可以自己思考向右借道的场景。此处不再赘述。

4.2 静态障碍物与 S-T 图

静态障碍物一般是指在自车路径规划时间内障碍物绝对静止,以及此类障碍物的绝对速度为 0,在 Frenet 坐标系下的 s 和 l 的值不会发生变化。

4.2.1 静态障碍物 S-T 图的构建

如图 4-7 所示,障碍物-1 和障碍物-2 都属于绝对静止的静态障碍物。基于 YOLO 的目标检测模型,检测出的目标一般以 Bounding Box 表示。这个问题我们在 4.1 节已经进行了详细描述,而对于静态障碍物在 Frenet 坐标系下的表示,主要是通过 S-T 图表示,也就是时间 t 与坐标 s 的关系图。在 Lattice 算法中,路径规划的时间为 100ms,因此,Frenet 坐标系下 S-T 图的构建就需要求解 4 个点的 (s,t) 坐标。

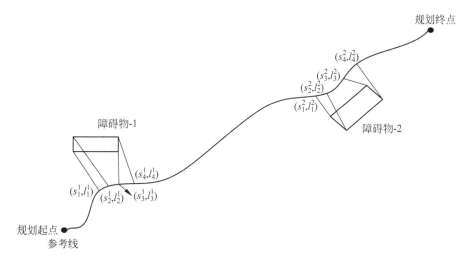

图 4-7 静态障碍物边界的确定

这 4 个点的坐标,可以表示为 $(s(t_0)_{\min},t_0)$、$(s(t_0)_{\max},t_0)$、$(s(t_{end})_{\min},t_{end})$、$(s(t_{end})_{\max},t_{end})$,其中,$t_0$ 表示路径规划的起始时刻,即初始零时刻;t_{end} 表示路径规划的终止时刻。在 Lattice 算法中一般设定 $t_{end}=t_0+100$(单位:ms)。$s(t_0)_{\min}$、$s(t_0)_{\max}$、$s(t_{end})_{\min}$ 和 $s(t_{end})_{\max}$ 的表述如下。

$$s(t_0)_{\min} = \underset{i}{\mathrm{argmin}}\{s_i(t_0)\} \tag{4-24}$$

$$s(t_0)_{\max} = \underset{i}{\mathrm{argmax}}\{s_i(t_0)\} \tag{4-25}$$

$$s(t_{end})_{\min} = \underset{i}{\mathrm{argmin}}\{s_i(t_{end})\} \tag{4-26}$$

$$s(t_{end})_{\max} = \underset{i}{\mathrm{argmax}}\{s_i(t_{end})\} \tag{4-27}$$

式中,i 表示静态障碍物的角点索引。如在图 4-7 中,障碍物-1 有 4 个角点,则 i 的取值可以为 0~3 或 1~4。在静态障碍物中,易知

$$s(t_0)_{\min} = s(t_{end})_{\min} \tag{4-28}$$

$$s(t_0)_{\max} = s(t_{end})_{\max} \tag{4-29}$$

静态障碍物的表示如图 4-8 所示。

由图 4-8 及前述分析可以看出,静态障碍物的 S-T 图是一个矩形。这与后面动态障碍物的描述是有显著区别的。

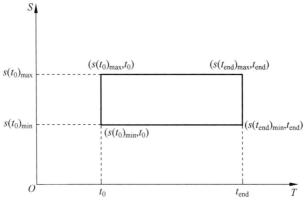

图 4-8 静态障碍物的 S-T 图

注意：在式(4-24)～式(4-27)中，在确定 s 的极值时，没有遍历时间 t。主要原因在于静态障碍物的坐标 s 不会随时间的变化而变化，因此，对于极值的确定，书中只是遍历了障碍物的各个角点的 s 值。在笛卡儿坐标系中，斜率表示为 $\dfrac{\mathrm{d}y}{\mathrm{d}x}$。与此类似，在 Frenet 坐标系中，斜率也可以表示为 $\dfrac{\mathrm{d}s}{\mathrm{d}t}$，它的实际意义则指障碍物的纵向运动速度 v（此处的速度并不是一个向量，而只代表速度的模，为标量）。由图 4-8 易知，$v=\dfrac{\mathrm{d}s}{\mathrm{d}t}=0$。这与静态障碍物的表述也相互间得到了印证。同时，这也是静态障碍物与动态障碍物的不同之处。后面也会配合代码分析进行讲解，读者应多加留心和注意。

4.2.2 静态障碍物 S-T 图的代码解析

静态障碍物 S-T 图反应的是静态障碍物各个端点的 $s(t)$ 值随时间的变化，而从 S-T 图的斜率中则能得出障碍物速度的变化。为了能让读者深刻地理解静态障碍物 S-T 图的实现过程，本节对静态障碍物边界的确定及 S-T 图的构建结合代码进行解析，代码如下：

```cpp
//第 4 章 path_time_graph.cc
SLBoundary PathTimeGraph::ComputeObstacleBoundary(
    const std::vector<common::math::Vec2d>& vertices,
    const std::vector<PathPoint>& discretized_ref_points) const {
  double start_s(std::numeric_limits<double>::max());
  //初始化 s_min(t)，对于最小值的初值会设为最大值，由此迭代找到极小值
  double end_s(std::numeric_limits<double>::lowest());
  //初始化 s_max(t)，对于最大值的初值会设为最小值，由此迭代找到极大值
  double start_l(std::numeric_limits<double>::max());
  //方法同 s_min(t)
  double end_l(std::numeric_limits<double>::lowest());
```

```cpp
//方法同 $s_{max}$(t)

for (const auto& point : vertices) {
  auto sl_point = PathMatcher::GetPathFrenetCoordinate(discretized_ref_points,
                                                       point.x(), point.y());
  //根据第 3 章中匹配点计算方法,计算障碍物各个端点在参考线上的匹配点
  start_s = std::fmin(start_s, sl_point.first);
  //二者取小,迭代 $s_{min}$(t)。sl_point 为 std::pair<double,double>,sl_point.first
  //表示端点在 Frenet 坐标系下的 s 值
  end_s = std::fmax(end_s, sl_point.first);
  //二者取大,迭代 $s_{max}$(t)。sl_point 为 std::pair<double,double>,sl_point.first
  //表示端点在 Frenet 坐标系下的 s 值
  start_l = std::fmin(start_l, sl_point.second);
  //同 $s_{min}$(t),求得 $l_{min}$(t)
  end_l = std::fmax(end_l, sl_point.second);
  //同 $s_{max}$(t),求得 $l_{max}$(t)
}
//经过上面的 for 循环,就可求得式(4-28)和式(4-29)中的极值点

SLBoundary sl_boundary;
sl_boundary.set_start_s(start_s);
sl_boundary.set_end_s(end_s);
sl_boundary.set_start_l(start_l);
sl_boundary.set_end_l(end_l);
//把 4 个极值点存放在类 SLBoundary 中

return sl_boundary;
}
```

根据障碍物的边界计算出 4 个极值点,其中 $s_{min}(t_0)$ 和 $s_{max}(t_0)$ 有两个作用:一是用于判定障碍物的规划起点与规划终点的位置关系;二是用于构建静态障碍物的 S-T 图。$l_{min}(t_0)$ 和 $l_{max}(t_0)$ 的作用主要是判定障碍物与本车道的关系(此时假定自车在车道内行驶),代码如下:

```cpp
//第 4 章 path_time_graph.cc
void PathTimeGraph::SetStaticObstacle(
    const Obstacle * obstacle,
    const std::vector<PathPoint> & discretized_ref_points) {
  const Polygon2d& polygon = obstacle->PerceptionPolygon();
  //获得障碍物的 BoundingBox,障碍物是以 Polygon2d 的形状存储在 obstacle 中,而
  //Polygon2d 的构造函数则是通过 box2d(BoundingBox)实现的

  std::string obstacle_id = obstacle->Id();
  //取得 obstacle 的 ID 号,也是障碍物之间的相互存在且唯一的标识符
  SLBoundary sl_boundary =
      ComputeObstacleBoundary(polygon.GetAllVertices(), discretized_ref_points);
  //计算障碍物的边界,具体解释见前面的代码注释
```

```cpp
double left_width = FLAGS_default_reference_line_width * 0.5;
double right_width = FLAGS_default_reference_line_width * 0.5;
//通常情况下,车道的宽度为3.75m或4m。之所以乘以0.5是表示左车道线到车道中心线
//和右车道线到车道中心线的距离为车道宽度的一半。此处进行初始化

ptr_reference_line_info_ -> reference_line().GetLaneWidth(
    sl_boundary.start_s(), &left_width, &right_width);
//根据障碍物的 s_min(t),在参考线上获取参考线到左车道线和右车道线的距离

if (sl_boundary.start_s() > path_range_.second ||
//path_range_.second 表示路径规划的终点,此处的含义是如果障碍物的 s_min(t)大于路径
//规划终点的 s 值,则忽略此障碍物。说明该障碍物不会和自车在路径规划路径上碰撞

sl_boundary.end_s() < path_range_.first ||
//path_range_.first 表示路径规划的起点,此处的含义是如果障碍物的 s_max(t)小于路径
//规划起点的 s 值,则忽略。说明该障碍物在自车后方,不会和自车在路径规划路径上碰撞

sl_boundary.start_l() > left_width ||
//表明障碍物在本车道左侧,如图 4-4 所示

sl_boundary.end_l() < - right_width) {
//表明障碍物在本车道右侧,如图 4-4 所示

    ADebug << "Obstacle [" << obstacle_id << "] is out of range.";
    return;
}

path_time_obstacle_map_[obstacle_id].set_id(obstacle_id);
//在障碍物 S-T 中设置障碍物的 ID 号

path_time_obstacle_map_[obstacle_id].set_bottom_left_point(
    SetPathTimePoint(obstacle_id, sl_boundary.start_s(), 0.0));
//设置障碍物 S-T 图的左下方端点

path_time_obstacle_map_[obstacle_id].set_bottom_right_point(SetPathTimePoint(
    obstacle_id, sl_boundary.start_s(), FLAGS_trajectory_time_length));
//设置障碍物 S-T 图的右下方端点

path_time_obstacle_map_[obstacle_id].set_upper_left_point(
    SetPathTimePoint(obstacle_id, sl_boundary.end_s(), 0.0));
//设置障碍物 S-T 图的左上方端点

path_time_obstacle_map_[obstacle_id].set_upper_right_point(SetPathTimePoint(
    obstacle_id, sl_boundary.end_s(), FLAGS_trajectory_time_length));
//设置障碍物 S-T 图右上方端点

static_obs_sl_boundaries_.push_back(std::move(sl_boundary));
ADebug << "ST - Graph mapping static obstacle: " << obstacle_id
    << ", start_s : " << sl_boundary.start_s()
```

```
        << ", end_s : " << sl_boundary.end_s()
        << ", start_l : " << sl_boundary.start_l()
        << ", end_l : " << sl_boundary.end_l();
}
```

注意：在进行静态障碍物 S-T 代码解析时，读者可以看到，静态障碍物的左下方端点和右下方端点的 s 均为 sl_boundary.start_s()，左上方端点和右上方端点的 s 均为 sl_boundary.end_s()。可见，静态障碍物的 S-T 图为矩形。这与书中的式(4-28)和式(4-29)，以及图4-8得到了相互印证。同时，由于每次规划时，规划起点的 s 值均为 0，t 也均为 0，所以规划终点的 s 值即为 FLAGS_trajectory_time_length，t 值则为 FLAGS_trajectory_time_length（一般设为 0.1s 或 100ms）。这与书中的分析过程是一致的。

4.3 动态障碍物与 S-T 图

从静态障碍物的描述中可以看到，在 Frenet 坐标系下静态障碍物各个端点的 $(s(t),l(t))$ 坐标不会随着时间 t 的变化而变化，因此，它的 S-T 图可以非常容易地理解为一个矩形，矩形长边的斜率始终为 0，而动态障碍物则不是这样。因为每个动态障碍物都有一条运动轨迹，如图 4-9 所示，因此，在求解动态障碍物各个端点的 $(s(t),l(t))$ 坐标之前，需要根据它的轨迹确定各个时刻的位置。

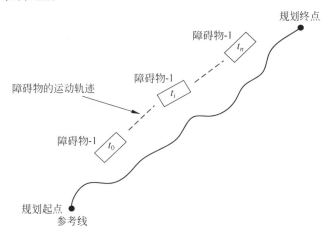

图 4-9　动态障碍物运动轨迹描述

4.3.1　动态障碍物位置的确定

动态障碍物的轨迹是一系列点的集合，而每个点又记录了时间戳，因此，对于任意时刻障碍物的位置，首先需要根据给定的时间戳在动态障碍物的轨迹点集合中寻找时间最邻近点,并采用线性插值的方法求解。

(1) 最邻近时间点的确定。假设需要在动态障碍物的轨迹点中找出时间 t_x 的最邻近时间点,则需要遍历动态障碍物所有的轨迹点的时间戳,而最邻近时间点的确定,则需要满足以下条件:

$$t_{i-1} < t_x \& t_i \geq t_x \quad (i=0,1,2,\cdots,n) \tag{4-30}$$

式中,i 表示动态轨迹点的索引号,n 表示动态轨迹点的个数。由于动态轨迹点的离散时间间隔可能会和遍历的时间不一致(在 Lattice 算法中,遍历动态轨迹点的时间间隔为 100ms),因此,为了更精确地计算动态障碍物的位置,不仅要记录下索引号 i,同时也要记录下索引号 $i-1$,如图 4-10 所示。

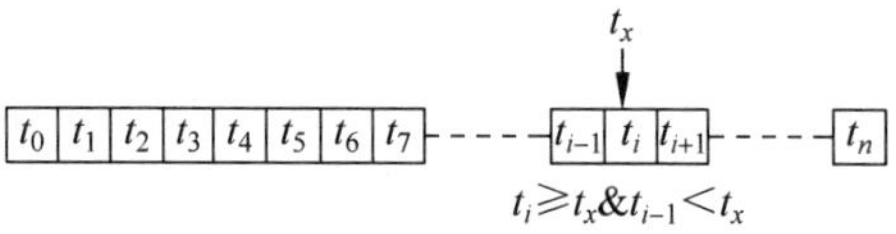

图 4-10 最邻近时间点匹配

(2) 利用线性插值,计算动态障碍物集合中心点的位置。根据(1)的描述,可以设 $P(t_{i-1})$ 和 $P(t_i)$ 分别为与索引号相对应的轨迹点,而后,利用 3.3.2 节的线性插值方法,结合时间点 t_i、t_x、t_{i-1} 和轨迹点 $P(t_{i-1})$、$P(t_i)$,计算动态障碍物在时刻点 t_x 的位置 $P(t_x)$(此处主要指它的几何中心点和航向角)。

4.3.2 动态障碍物的重构及端点极值的确定

在利用线性插值的方法计算出动态障碍物的位置 $P(t_x)$ 后,即可利用几何中心点、航行角和障碍物的长与宽来重构时刻 t_x 动态障碍物的 BB。

如同静态障碍物的 S-T 图一样,任何一个动态障碍物的 S-T 图也需要求解初始时刻 t_0 和终止时刻 t_{end} 的极大值点与极小值点。初始时刻 $s(t_0)$ 的极大值与极小值点与式(4-24)和式(4-25)相同。终止时刻 $s(t_{end})$ 的极大值与极小值的确定如下所示。

$$s_{\min}(t_{end}) = \underset{i}{\arg\min}(\underset{j}{\arg\min}(s_j(t_i))) \tag{4-31}$$

$$s_{\max}(t_{end}) = \underset{i}{\arg\max}(\underset{j}{\arg\max}(s_j(t_i))) \tag{4-32}$$

式中,$j(j=0,1,2,3)$ 表示动态障碍物端点或角点的个数(一般为 4 个),$i(i=0,1,\cdots,n)$ 表示动态障碍物按照时间顺序的索引(此处假设动态障碍物的轨迹点个数为 n)。从式(4-31)和式(4-32)可以看出,终止时刻 $s(t_{end})$ 极值的求解不仅遍历了障碍物的各个端点的 (s,l) 坐标,也遍历了各个时刻动态障碍物的位置。具体过程如图 4-11 所示。

注意:在起始时刻 $s(t_0)$ 的极小值对应动态障碍物的左下方的端点(LeftBottom),极大值则对应动态障碍物的左上方的端点(LeftUp)。读者需要注意的是,此时动态障碍物初始时刻的极值与终止时刻的极值一般不会再相等。

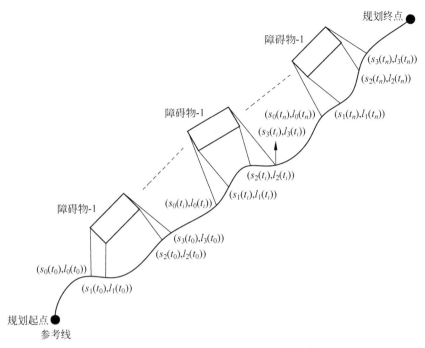

图 4-11 动态障碍物运动轨迹及坐标变化

4.3.3 动态障碍物 S-T 图的构建

由前述可知,根据动态障碍物的轨迹,经过动态障碍物位置的确定、重构,遍历所有端点各时刻的 $s(t)$ 值,即可求得动态障碍物 S-T 图 4 个角点的坐标,即左下角 $(s_{\min}(t_0), t_0)$、左上角 $(s_{\max}(t_0), t_0)$、右上角 $(s_{\max}(t_{end}), t_{end})$ 和右下角 $(s_{\min}(t_{end}), t_{end})$,如图 4-12 所示。

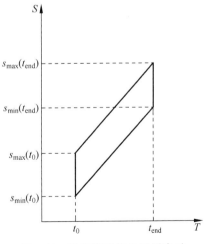

图 4-12 动态障碍物 S-T 图表示

注意： 在动态障碍物 S-T 的构建过程中，并没有再对障碍物的选择进行描述，无论是静态障碍物，还是动态障碍物，其选择的过程可以参考 4.1.3 节对于自车在车道内行驶时障碍物的描述。读者也可以结合代码进行体会。

4.3.4 动态障碍物 S-T 图构建的代码解析

与静态障碍物 S-T 图像比，动态障碍物 S-T 图的构建则略显复杂一些。静态障碍物由于速度为 0，所以它的 $s(t)$ 或 $l(t)$ 的值不会随时间的变化而变化，因此，遍历障碍物历经所有时间的端点则退化为固定时刻的端点，状态单一且固定。而动态障碍物则不同，由于动态障碍物有一条轨迹线，所以首先需要根据每个时刻确定障碍物的位置并重构障碍物。为了让读者更好地理解这一过程，书中特意截取这段代码并进行了解析，代码如下：

```cpp
//第 4 章 path_time_graph.cc

void PathTimeGraph::SetDynamicObstacle(
    const Obstacle* obstacle,
    const std::vector<PathPoint>& discretized_ref_points) {
  double relative_time = time_range_.first;
  //路径规划的起始时刻，在 Lattice 算法中该值为 0

  while (relative_time < time_range_.second) {
    TrajectoryPoint point = obstacle->GetPointAtTime(relative_time);
    //根据障碍物的轨迹点确定每个时刻障碍物的位置，理论分析见 4.3.1 节

    Box2d box = obstacle->GetBoundingBox(point);
    //根据轨迹点重构障碍物，该轨迹点包含了几何中心点坐标和航向角等信息，理论分析见 4.3.2 节

    SLBoundary sl_boundary =
        ComputeObstacleBoundary(box.GetAllCorners(), discretized_ref_points);
    //具体分析过程见 4.2.2 节

    double left_width = FLAGS_default_reference_line_width * 0.5;
    double right_width = FLAGS_default_reference_line_width * 0.5;
    //具体分析过程见 4.2.2 节

    ptr_reference_line_info_->reference_line().GetLaneWidth(
        sl_boundary.start_s(), &left_width, &right_width);
    //具体分析过程见 4.2.2 节

    if (sl_boundary.start_s() > path_range_.second ||
        sl_boundary.end_s() < path_range_.first ||
        sl_boundary.start_l() > left_width ||
        sl_boundary.end_l() < -right_width) {
    //上面的条件用于筛选障碍物，对于本车道外和路径规划范围外的障碍物会忽略。具体
    //含义见 4.2.2 节
```

```cpp
    if (path_time_obstacle_map_.find(obstacle->Id()) !=
        path_time_obstacle_map_.end()) {
      //说明该障碍已经存在于障碍物的 S-T "容器"中,也预示着障碍物的遍历结束,因此,
      //当遇到此种情况时将直接退出程序。这也说明这是一个程序退出的判断条件

        break;
    }

    relative_time += FLAGS_trajectory_time_resolution;
    //FLAGS_trajectory_time_resolution 的值为 0.1s 或 100ms
    continue;
    //如果该障碍物属于被忽略的情况,则时间递增,继续执行
}

if (path_time_obstacle_map_.find(obstacle->Id()) ==
    path_time_obstacle_map_.end()) {
  //一个动态障碍物只有一个 ID,但是有多个轨迹点,因此,该段代码只在每个动态障碍物
  //的初始时刻有效,因此,对于每个动态障碍物,这段代码只执行一次。后续
  //bottom_left_point 和 upper_left_point 的值会在每个动态障碍物的初始时刻建立

    path_time_obstacle_map_[obstacle->Id()].set_id(obstacle->Id());
  //在 S-T 图容器中存储动态障碍物的 ID

    path_time_obstacle_map_[obstacle->Id()].set_bottom_left_point(
       SetPathTimePoint(obstacle->Id(), sl_boundary.start_s(),
                    relative_time));
  //设置动态障碍物 S-T 图左下方的端点

    path_time_obstacle_map_[obstacle->Id()].set_upper_left_point(
       SetPathTimePoint(obstacle->Id(), sl_boundary.end_s(), relative_time));
  //设置动态障碍物 S-T 图左上方的端点
}

path_time_obstacle_map_[obstacle->Id()].set_bottom_right_point(
    SetPathTimePoint(obstacle->Id(), sl_boundary.start_s(), relative_time));
  //设置动态障碍物 S-T 图右下方的端点
path_time_obstacle_map_[obstacle->Id()].set_upper_right_point(
    SetPathTimePoint(obstacle->Id(), sl_boundary.end_s(), relative_time));
  //设置动态障碍物 S-T 图右上方的端点

relative_time += FLAGS_trajectory_time_resolution;
  //时间迭代步长为 0.1s
}
}
```

注意：在动态障碍物 S-T 的构建过程中，对于左下方和左上方的端点，s 值会设置为初始零时刻的 sl_boundary_start_s() 和 sl_boundary_end_s()，对于同一个 ID 号的障碍物，后面即使有很多轨迹点，也不会影响左下方和左上方端点的取值。而右下方和右上方的端点取值则不同，它会随着时间步长的迭代，不断地进行更新。而且，在每个迭代的时间点都会重新计算动态障碍物 s 和 l 的极值。读者从 sl_boundary 变量的作用范围也可以看出来。

4.4 自车速度的限制与规划目标的确定

在 Lattice 算法中纵向规划的速度限制来自参考线（它以 ReferenceLineInfo 类的形式存储）。在参考线中，各个离散点的速度限制信息均存储在 ReferenceLine 类中，而速度的限制信息则是以 SpeedLimit 结构体的形式作为私有成员变量保存在 ReferenceLine 中，如图 4-13 所示。

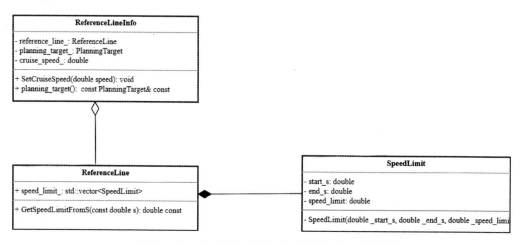

图 4-13　参考线信息类、参考线类和速度限制类的关系

从图 4-13 可以看到，速度限制信息与参考线离散点的 Frenet 坐标 s 是紧密联系的，因此，自车速度的限制则是根据规划起点的 $s(t_0)$ 的值确定的。假设"容器"内存储了 n 个 SpeedLimit 类的实例化对象 $P_i(i=0,1,\cdots,n-1)$，每个实例化对象存储的是速度限制的起点与终点的 $s(t)$ 值，以及速度限制值，可以表示为 $P_i = \{v_i^{\text{limit}}, s_i^{\text{start}}, s_i^{\text{end}}\}$，因此，自车速度限制的取值 $v_{\text{limit}}(t_0)$ 由下式决定：

$$v_{\text{limit}}(t_0) = v_i^{\text{limit}} \quad (\text{if } s(t_0) \geqslant s_i^{\text{start}} \ \& \ s(t_0) \leqslant s_i^{\text{end}}) \tag{4-33}$$

纵向规划目标的信息主要包括自车的巡航速度及停止点，而停止点则主要用于纵向规划。在后面的章节中会进行详细解释。

4.5 小结

本章向读者着重介绍了障碍物的描述、静态障碍物与动态障碍物的 S-T 图的构建,其中,障碍物的描述是碰撞检测中 AABB 与 OBB 碰撞检测方法的前提与基础,而静态障碍物与动态障碍物 S-T 图的构建则是横纵向轨迹生成的前提与基础。静态障碍物对于读者而言比较易于理解,而动态障碍物的 S-T 图的描述则稍显复杂,需要读者注意理解每个离散时刻点的具体含义,例如如何确定它在每个离散点的横向、纵向的极值点,以及动态障碍物 S-T 图中各个离散点切线的具体意义等,这些都需要读者结合书中的图例进行充分理解、消化和吸收。

第 5 章 纵向运动轨迹规划

31min

在 Lattice 算法中,规划问题主要分为纵向运动轨迹规划和横向运动轨迹规划两部分。纵向运动轨迹规划主要是车辆的速度规划,对应于车辆的油门和刹车的控制。而横向运动轨迹规划则主要是车辆的转向规划,对应于车辆的方向盘控制。本章则主要向读者介绍纵向运动轨迹的生成。

5.1 纵向运动场景的分类与描述

纵向运动轨迹的规划一般可以划分为两种情况:一是有障碍物的情况;二是障碍物不存在的情况,其中,后者又可以分为定速巡航和固定停车点停车两个场景。在具体的解算方法上主要是基于时间 t 的 4 次或 5 次多项式,如图 5-1 所示。

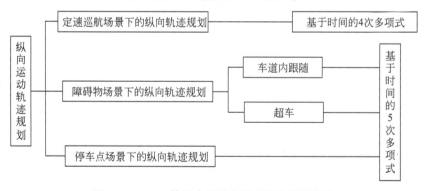

图 5-1　Lattice 算法中的纵向运动轨迹场景分类

5.2 基于定速巡航的纵向运动轨迹的生成

基于定速巡航的纵向运动轨迹的规划,主要考虑车辆的速度大小,因为速度是常量,加速度为 0,而 s 又属于自由变量,因此,定速巡航条件下纵向运动轨迹的末状态更多地进行巡航速度的考量。

5.2.1 可行驶区域的描述与计算

在定速巡航阶段的纵向运动轨迹的规划中,Lattice 算法不仅考虑了巡航速度,还对巡航阶段随时有可能出现的"意外"情况进行了速度极值、距离极值与时间下限的预测,并把该区域定义为"可行驶区域"(feasible_region)。该区域的定义与计算主要通过自车在初始时刻的位于规划起点的 $s(t_0)$ 与速度 $v(t_0)$。

1. 可行驶区域内速度极值的计算

在定速巡航阶段对速度进行规划时,Lattice 算法中需要根据此时的速度 $v(t_0)$、最小径向加速度 $a_{\min}$(在 Lattice 算法中,该值一般设为 $-6\mathrm{m/s^2}$)和最大径向加速度 $a_{\max}$(在 Lattice 算法中,该值一般设为 $4\mathrm{m/s^2}$)计算紧急刹车所需要的时间 Δt 及车辆停止时的纵向距离 $s(t_{\mathrm{end}})$。计算公式根据物体做匀加速运动时的状态方程可得

$$\Delta t = \frac{v(t_0)}{-a_{\min}} \tag{5-1}$$

$$s(t_{\mathrm{end}}) = s(t_0) + \frac{v^2(t_0)}{-2a_{\min}} \tag{5-2}$$

由此可知,定速巡航阶段的速度上限 $v_{\mathrm{upper}}(t)$ 与速度下限 $v_{\mathrm{lower}}(t)$ 分别为

$$v_{\mathrm{upper}}(t) = v(t_0) + a_{\max} \times (t - t_0) \tag{5-3}$$

$$v_{\mathrm{lower}}(t) = \begin{cases} v(t_0) + a_{\min} \times (t - t_0) & (t - t_0) \leqslant \Delta t \\ 0 & (t - t_0) > \Delta t \end{cases} \tag{5-4}$$

2. 可行驶区域内 s 极值的计算

由第 2 章可知,在自车规划起点(或者起始时刻)时,自车的 $s(t_0)$、$v(t_0)$、$a(t_0)$ 均已知。由此可得可行驶区域的 $s_{\mathrm{lower}}(t)$ 和 $s_{\mathrm{upper}}(t)$ 如下:

$$s_{\mathrm{lower}}(t) = \begin{cases} s(t_0) + \frac{1}{2} \times a_{\min} \times (t - t_0)^2 & (t - t_0) < \Delta t \\ s(t_{\mathrm{end}}) & (t - t_0) \geqslant \Delta t \end{cases} \tag{5-5}$$

$$s_{\mathrm{upper}}(t) = s(t_0) + \frac{1}{2} \times a_{\max} \times (t - t_0)^2 \tag{5-6}$$

3. 可行驶区域内时间下限 t_{lower}

由前述可知,自车在初始时刻位于 $s(t_0)$,可以假设在时间 t 时自车所在的位置为 $s(t)$。由此,可知在 $\Delta t = t - t_0$ 时间范围内,自车的纵向运动距离为 $\Delta s = s(t) - s(t_0)$。对于一个做匀加速运动的物体,可知:

$$s(t) = s(t_0) + \frac{1}{2} \times a \times (t - t_0)^2 \tag{5-7}$$

式中,a 表示物体的加速度。由式(5-7)可知,当 Δs 一定时,加速度 a 与 Δt 呈反比,因此,根据物体匀加速运动方程

$$v^2(t) - v^2(t_0) = 2 \times a \times \Delta s \tag{5-8}$$

$$v(t) = v(t_0) + a \times (t - t_0) \tag{5-9}$$

由式(5-8)和式(5-9)可知,可行驶区域内自车行驶时间的下限 t_{lower} 可由最大加速度 $a_{\max}$ 求得

$$t_{\text{lower}} = \frac{\sqrt{v^2(t_0) + 2 \times a_{\max} \times \Delta s} - v(t_0)}{a_{\max}} \tag{5-10}$$

注意:在第2章,已知 $\dot{s} = \dfrac{\partial s}{\partial t}$ 和 $\ddot{s} = \dfrac{\partial^2 s}{\partial t^2}$。读者在实际的工程计算中,往往需要计算在某个时刻的径向速度或加速度。此时的解决方法便是在已知求解公式的基础上加上初始条件。例如式(5-1)~式(5-10)中的 $v(t_0)$ 即可利用 $v(t_0) = \dot{s}(t_0)\big|_{t=t_0} = \dfrac{\partial s}{\partial t}\big|_{t=t_0}$ 求得。对于加速度的计算方法同理。

5.2.2 纵向运动轨迹生成算法描述

由第2章笛卡儿坐标与Frenet坐标的相互转换,可知自车运动的初始状态为 $(s(t_0), \dot{s}(t_0), \ddot{s}(t_0))$,因此,纵向运动轨迹的生成主要分为两方面:一是离散时间点的采样;二是对于每个离散时间进行末状态的采样。

1. 离散时间点采样

离散时间的采样是Lattice算法中纵向运动轨迹生成的前提与基础,也是其他场景纵向运动规划的必要条件。每个周期内离散时间点采样如下:

$$t_i = \begin{cases} 0.01 & i = 0 \\ \dfrac{i}{M-1} \times T_{\text{trajectory\_time\_length}} & i = 1, 2, \cdots, M-1 \end{cases} \tag{5-11}$$

式中,i 表示离散时间点索引;M($M=9$)表示每个周期内离散时间点的个数;$T_{\text{trajectory\_time\_length}}$ 表示离散时间点采样周期(该值为8s)。

由式(5-11)可知,在一个规划周期内,Lattice算法共分为9个离散时间点。第1个离散时间点为0.01s,后续8个离散时间点的间隔对8s进行了均分,如图5-2所示。

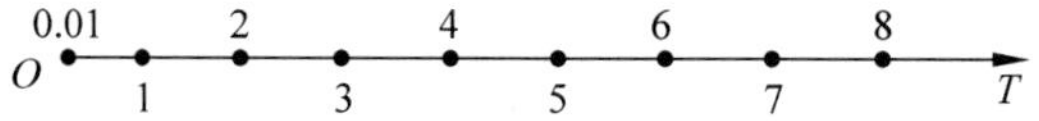

图5-2 离散时间点分布

2. 末状态的采样

末状态的采样需要遍历每个离散时间点 $t_i(i=0,1,\cdots,M-1)$,然后计算每个离散时间点对应的末状态 $(s(t_i), \dot{s}(t_i), \ddot{s}(t_i))(i=0,1,\cdots,M-1)$。在定速巡航阶段,纵向轨迹的末状态中的 $\ddot{s}(t_i) = 0 (i=0,1,\cdots,M-1)$。在定速巡航条件下,车辆做匀速运动,所以加速度

为 0,因此,各个离散时间点的末状态 $\ddot{s}(t_i)=0(i=0,1,\cdots,M-1)$。

由此可知,在定速巡航条件下末状态的求解可归结于计算各个离散时间点的速度 $\dot{s}(t_i)(i=0,1,\cdots,M-1)$。由 5.2.1 节的分析可知,自车在每个规划起点都对应 s 极值、速度极值和时间下限,因此,在一个轨迹规划周期内的速度规划,则需要综合考虑设定的巡航速度与可行驶区域内的速度极限值。这也就表明,对于同一个离散时间点的速度规划有两种情况,如下所示:

$$\dot{s}_{\text{upper}}(t_i) = \min\{v_{\text{upper}}(t_i), v_{\text{cruise\_speed}}\} \quad (i=0,1,\cdots,M-1) \tag{5-12}$$

$$\dot{s}_{\text{lower}}(t_i) = v_{\text{lower}}(t_i) \quad (i=0,1,\cdots,M-1) \tag{5-13}$$

式中,$v_{\text{cruise\_speed}}$ 为设定的自车巡航速度,为一个常量,因此,对于每个离散时间点包括两种状态量:$(0,\dot{s}_{\text{upper}}(t_i),0)$ 和 $(0,\dot{s}_{\text{lower}}(t_i),0)$。这些状态量都需要放入末状态集合中。

为了保证纵向运动中速度规划的平滑性,Lattice 算法对 $\dot{s}_{\text{upper}}(t_i)$ 和 $\dot{s}_{\text{lower}}(t_i)$ 之间的速度也进行了规划。步骤如下:

(1) 求解 $\dot{s}_{\text{upper}}(t_i)$ 和 $\dot{s}_{\text{lower}}(t_i)$ 之间的速度差并按比例均分。

$$N = \min\left\{\text{velocity\_sample} - 2, \frac{\dot{s}_{\text{upper}}(t_i) - \dot{s}_{\text{lower}}(t_i)}{\text{velocity\_gap}}\right\} \quad (i=0,1,2,\cdots,M-1) \tag{5-14}$$

$$\Delta v_i = \frac{\dot{s}_{\text{upper}}(t_i) - \dot{s}_{\text{lower}}(t_i)}{N+1} \quad (i=0,1,2,\cdots,M-1) \tag{5-15}$$

式中,min 不仅表示取极小值,也表示取整的操作;velocity_sample 为常数,一般设为 6。velocity_gap 也为常数,一般设为 1。

(2) 求解 $\dot{s}_{\text{upper}}(t_i)$ 和 $\dot{s}_{\text{lower}}(t_i)$ 之间的速度。

$$\dot{s}_j(t_i) = s_{\text{lower}}(t_i) + \Delta v_i \times \frac{j}{N} \quad (j=0,1,\cdots,N-1) \tag{5-16}$$

由式(5-14)可以看到,当 $\dot{s}_{\text{upper}}(t_i)$ 和 $\dot{s}_{\text{lower}}(t_i)$ 之间的速度差满足下式时

$$v(t_i) = \dot{s}_{\text{upper}}(t_i) - \dot{s}_{\text{lower}}(t_i) < \text{velocity\_gap} \tag{5-17}$$

可以看出,每个离散时间点的末状态只有两个,而当满足下式时

$$v(t_i) = \dot{s}_{\text{upper}}(t_i) - \dot{s}_{\text{lower}}(t_i) \geqslant \text{velocity\_gap} \tag{5-18}$$

则每个离散时间点 $t_i(i=0,1,\cdots,M-1)$ 的末状态在 2~6 个。不仅包括 $(0,\dot{s}_{\text{upper}}(t_i),0)$ 和 $(0,\dot{s}_{\text{lower}}(t_i),0)$,还包括 $(0,\dot{s}_j(t_i),0)(j=0,1,\cdots,N-1)$。由此,在各种不同情况下,每个离散时间点末状态中可能的速度分布如图 5-3 所示。

注意:在对每个离散时刻点进行末状态的采样过程中,状态中的 $s(t_i) \equiv 0$,其主要的原因在于初始状态车辆的速度与末状态车辆的速度时间的关系不确定,这也就使初始状态的车辆的加速度与末状态的加速度之间的关系也是不确定的。例如,如果初始状态的速度大于末状态的巡航速度,并且初始状态加速度大于零,则加速度可能会降低,车辆会做匀减速。反

之,如果初始状态的加速度小于零,则车辆可能会继续匀减速运动。当然,还有初始状态的速度小于巡航速度的情况,所以车辆的 $s(t)$ 很难依靠初始状态的 $s(t_0)$、速度与加速度,以及末状态的速度与加速度确定。同时,对于车辆的定速巡航这一运动状态,车辆的运动只需考虑速度即可,不需要考虑车辆的运动距离。由此可知,它是一个自由变量,不受约束,因此,可以把它设为 0,不考虑。这也同时说明了为什么在求解时用的是 4 次多项式,而不是 5 次多项式。读者在下面的内容中会看到。这就是书中认为在每个末状态的 $s(t_i)$ 恒为 0 的原因,而加速度为 0,其主要原因则是由匀速运动导致的。二者的原因是不同的。读者也可以结合后续的实例进行分析并仔细思考。

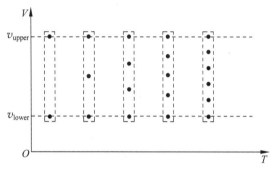

图 5-3 每个离散时间点可能的速度分布

5.2.3 纵向运动轨迹的生成

在自车的初始状态 $\left(s(t_0), \dfrac{\partial s}{\partial t}\bigg|_{t=t_0}, \dfrac{\partial^2 s}{\partial t^2}\bigg|_{t=t_0}\right)$ 已知的条件下,当利用离散时间点对自车的末状态 $(0, v_i(t_i), 0)$ 采样之后,可以假设自车 Frenet 坐标系下的 $s(t)$ 为时间 t 的 4 次多项式,因此,自车在不同时刻的 $s(t)$ 即可利用时间 t 的 4 次多项式进行求解。

1. 基于时间 t 的 4 次多项式的描述

设时间 t 的 4 次多项式如下所示。

$$s(t)=a_0+a_1 t+a_2 t^2+a_3 t^3+a_4 t^4 \tag{5-19}$$

式中,$a_i(i=0,1,2,3,4)$ 表示多项式次数,为待求量。由前述分析可知,自车的初始状态是已知的,可以表示为 $\left(s(t_0), \dfrac{\partial s}{\partial t}\bigg|_{t=t_0}, \dfrac{\partial^2 s}{\partial t^2}\bigg|_{t=t_0}\right)$。末状态 $\left(\dfrac{\partial s}{\partial t}\bigg|_{t=t_i}, \dfrac{\partial^2 s}{\partial t^2}\bigg|_{t=t_i}\right)$ 也为已知,其中,$\dfrac{\partial s}{\partial t}\bigg|_{t=t_0}$ 表示自车在 t_0 时刻的速度,$\dfrac{\partial s}{\partial t}\bigg|_{t=t_i}$ 则表示自车在 t_i 时刻的巡航速度的大小。也可以分别表示为 $\|\boldsymbol{v}(t_0)\|_2$ 和 $\|\boldsymbol{v}_i(t_i)\|_2$。同理可知,$\dfrac{\partial^2 s}{\partial^2 t}\bigg|_{t=t_0}$ 和 $\dfrac{\partial^2 s}{\partial^2 t}\bigg|_{t=t_i}$ 分别表示自车在 t_0 和 t_i 时刻加速度的大小。由于是定速巡航,所以自车在 t_i 时刻加速度的大小为 0,因此,自车在 t_0 和 t_i 时刻的初状态和末状态的 5 种状态量全部为已知。由此可得

$$s(t_0) = a_0 + a_1 t_0 + a_2 t_0^2 + a_3 t_0^3 + a_4 t_0^4 \tag{5-20}$$

$$\left.\frac{\partial s}{\partial t}\right|_{t=t_0} = a_1 + 2a_2 t_0 + 3a_3 t_0^2 + 4a_4 t_0^3 \tag{5-21}$$

$$\left.\frac{\partial^2 s}{\partial t^2}\right|_{t=t_0} = 2a_2 + 6a_3 t_0 + 12a_4 t_0^2 \tag{5-22}$$

$$\left.\frac{\partial s}{\partial t}\right|_{t=t_i} = a_1 + 2a_2 t_i + 3a_3 t_i^2 + 4a_4 t_i^3 \tag{5-23}$$

$$\left.\frac{\partial^2 s}{\partial t^2}\right|_{t=t_i} = 2a_2 + 6a_3 t_i + 12a_4 t_i^2 \tag{5-24}$$

式中,t_0 是自车规划起点的初始时刻,在实际的工程应用中 $t_0=0$,所以上式的(5-20)~式(5-22)可写为

$$a_0 = s(t_0) \tag{5-25}$$

$$a_1 = \left.\frac{\partial s}{\partial t}\right|_{t=t_0} \tag{5-26}$$

$$a_2 = \frac{1}{2} \times \left.\frac{\partial^2 s}{\partial t^2}\right|_{t=t_0} \tag{5-27}$$

由此可直接求得 a_0、a_1 和 a_2,因此,式(5-23)和式(5-24)只剩下两个未知变量 a_3 和 a_4。这相当于求解一个二元一次方程组,比较容易,书中就不再详细地给出求解步骤了。此处直接给出结论。令

$$b_0 = \left.\frac{\partial s}{\partial t}\right|_{t=t_i} - \left.\frac{\partial^2 s}{\partial t^2}\right|_{t=t_0} \times t_i - \left.\frac{\partial s}{\partial t}\right|_{t=t_0} \tag{5-28}$$

$$b_1 = \left.\frac{\partial^2 s}{\partial t^2}\right|_{t=t_i} - \left.\frac{\partial^2 s}{\partial t^2}\right|_{t=t_0} \tag{5-29}$$

可知:

$$a_3 = \frac{3 \times b_0 - b_1 \times t_i}{3t_i^2} \tag{5-30}$$

$$a_4 = \frac{-2 \times b_0 + b_1 \times t_i}{4t_i^3} \tag{5-31}$$

注意:在 4 次多项式的分析过程中,可以看到,初状态是 3 个量,分别表示位置、速度和加速度的大小,而在末状态中,则没有了位置 s,只有速度和加速度的大小。这同前面的分析一致。这也是定速巡航的特有状态。

2. 基于定速巡航的纵向轨迹代码解析

为了让读者对定速巡航场景下的纵向轨迹规划的基本思想和方法有一个更为深刻的理

解和认识,书中也将对定速巡航的末状态采集及 4 次多项式的计算方法结合代码进行解析。

(1) 定速巡航状态下末状态采集的代码解析如下:

```cpp
//第 5 章 end_condition_sampler.cc
std::vector<Condition> EndConditionSampler::SampleLonEndConditionsForCruising(
    const double ref_cruise_speed) const {
  CHECK_GT(FLAGS_num_velocity_sample, 1);

  static constexpr size_t num_of_time_samples = 9;
  //规定采样点的个数,如式(5-11)所示

  std::array<double, num_of_time_samples> time_samples;
  //存储每个离散时间及其索引

  for (size_t i = 1; i < num_of_time_samples; ++i) {
    auto ratio =
        static_cast<double>(i) / static_cast<double>(num_of_time_samples - 1);
    //一共将时间分为 8 份,每份递增 1/8,依次为 1/8,2/8,…,1

    time_samples[i] = FLAGS_trajectory_time_length * ratio;
    //FLAGS_trajectory_time_length 的值初始化为 8s,此处将采样的时间点划分为 1s~8s
    //共 8 个时间点,序号为 1~8,该段没有计算序号为 0 的时间点
  }
  time_samples[0] = FLAGS_polynomial_minimal_param;
  //表明序号为 0 的第 1 个时间点为 0.01s,由此可知,9 个时间点分别为 0.01,1,2,…,8

  std::vector<Condition> end_s_conditions;
  for (const auto& time : time_samples) {
    double v_upper = std::min(feasible_region_.VUpper(time), ref_cruise_speed);
    //根据设定的巡航速度与该时刻可行驶区域的最大速度进行取小操作
    double v_lower = feasible_region_.VLower(time);
    //取出该时刻可行驶区域的最小速度

    State lower_end_s = {0.0, v_lower, 0.0};
    //具备最小速度的末状态,3 个变量分别表示为距离、速度和加速度
    end_s_conditions.emplace_back(lower_end_s, time);
    //将末状态和对应的时间存入末状态"容器"

    State upper_end_s = {0.0, v_upper, 0.0};
    //具备最大速度的末状态,3 个变量为距离、速度和加速度
    end_s_conditions.emplace_back(upper_end_s, time);
    //将末状态和对应的时间存储到末状态"容器"

    double v_range = v_upper - v_lower;
    //计算最大速度与最小速度的差值

    size_t num_of_mid_points =
        std::min(static_cast<size_t>(FLAGS_num_velocity_sample - 2),
                 static_cast<size_t>(v_range / FLAGS_min_velocity_sample_gap));
    //FLAGS_num_velocity_sample 的值为 6,表示速度的可采样点数,此处减 2,表明为 4
```

```
//FLAGS_min_velocity_sample_gap 的值为 1,表明可采样的速度步长。速度差值除以该
//值,则表示可能的速度采样点数,和 4 进行取小操作

    if (num_of_mid_points > 0) {
      double velocity_seg =
          v_range / static_cast<double>(num_of_mid_points + 1);
//计算实际的速度步长,可以看到,此处的速度采样点数为 num_of_mid_points + 1,
//读者应加以注意

      for (size_t i = 1; i <= num_of_mid_points; ++i) {
        State end_s = {0.0, v_lower + velocity_seg * static_cast<double>(i), 0.0};
        //计算每个速度采样点对应的末状态,此处速度的采样值在(v_lower,v_upper),此处
        //是一个开区间,并不包括起始的两个端点,因为上面已经进行了采样

        end_s_conditions.emplace_back(end_s, time);
        //将该时刻点与其对应的末状态压入"容器"
      }
    }
  }
  return end_s_conditions;
}
```

(2) 4 次多项式计算方法代码解析。

对于自车定速巡航状态的建模过程,Apollo 6.0 中使用了 4 次多项式的方法,代码如下:

```
//第 5 章 quartic_polynomial_curve1d.cc
void QuarticPolynomialCurve1d::ComputeCoefficients(
    const double x0, const double dx0, const double ddx0, const double dx1,
    const double ddx1, const double p) {
  CHECK_GT(p, 0.0);

  coef_[0] = x0;
  //代入 t 的初始值 0,计算 a0 的值
  coef_[1] = dx0;
  //代入 t 的初始值 0,计算 a1 的值
  coef_[2] = 0.5 * ddx0;
  //代入 t 的初始值 0,计算 a2 的值

  double b0 = dx1 - ddx0 * p - dx0;
  //根据 t 的末时刻 $t_1$ 和初始时刻 $t_0$ 计算系数 $b_0$。主要为了计算 $a_3$ 和 $a_4$ 做准备
  double b1 = ddx1 - ddx0;
  //同上,计算系数 b1

  double p2 = p * p;
  //此处是 $t^2$ 的含义
  double p3 = p2 * p;
  //此处是 $t^3$ 的含义
```

```
    coef_[3] = (3 * b0 - b1 * p) / (3 * p2);
    //计算系数 a₃,见式(5-30)
    coef_[4] = (-2 * b0 + b1 * p) / (4 * p3);
    //计算系数 a₄,见式(5-31)
}
```

5.3 有障碍物条件下纵向运动轨迹的生成

障碍物是影响自车纵向运动的重要因素。自车需要根据障碍物运动状态的不同采取不同的纵向运动轨迹规划策略。在Lattice算法中,在有障碍物的条件下,划分了两类:一是车道跟随(Lane Follow);二是超车(Overtake)。

5.3.1 车道跟随条件下末状态的采样策略

当自车跟随车道内动态障碍物(一般可以认为是前车)运动时(此时自车的运动一般认为是车道内跟停跟走),不难理解,自车末状态的采样依赖于障碍物的S-T图(详见第4章),因此,在车道内跟随障碍物运动时,自车末状态S-T点的采样过程可以分为3个阶段:一是车道内障碍物S-T点的采样;二是自车参考速度的计算;三是自车末状态S-T点的采样。

1. 动态障碍物 S-T 点采样

由第4章动态障碍物S-T图的构建过程可知,它主要由4个端点组成,如图5-4所示的左下端点 A,右下端点 B,右上端点 C 和左上端点 D。如果自车跟随动态障碍物在车道内运动,在不发生碰撞的条件下,对于动态障碍物的S-T采样,则只需重点关注左下端点 A 和右下端点 B。

因此,对于动态障碍物的S-T点采样可以分为3步:

(1) 提取动态障碍物S-T图左下角和右下角的S-T点,如图5-3所示的 $A(s_0, t_0)$ 和 $B(s_1, t_1)$。

(2) 根据左下角和右下角的时间差,计算离散采样点的数量与采样时间间隔。可设

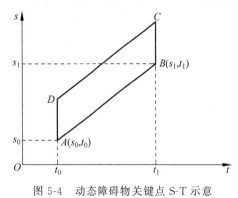

图 5-4 动态障碍物关键点 S-T 示意

$$\Delta t = t_1 - t_0 \qquad (5\text{-}32)$$

采样点数 n 的计算如下:

$$n = \left\lceil \frac{\Delta t}{N} \right\rceil \qquad (5\text{-}33)$$

式中,N 为常数,表示采样周期。在Lattice算法中设为2s。由此可知,采样时间间隔 T 的

计算如下：

$$T = \frac{\Delta t}{n} \tag{5-34}$$

（3）计算动态障碍物的离散采样点。

$$t(i) = t_0 + i \times T \quad (i = 0, 1, \cdots, n) \tag{5-35}$$

$$s(i) = \varepsilon + s_0 + (s_1 - s_0) \times \frac{t(i) - t_0}{\Delta t} \tag{5-36}$$

式中，ε 表示常数，在 Lattice 算法中的车道内跟随的场景下设为 $-1\text{e-}6$。

因此，通过对动态障碍物的 S-T 采样，在时间 t_0 与 t_1 之间采样点数为 $n+1$。

2. 自车参考速度的计算

纵向运动规划的重点是速度规划。如上所述，自车 S-T 点的采样会跟随动态障碍物的变化而变化，与此相同的是，自车速度的规划也是根据动态障碍物的速度在参考线上的投影而计算的。计算步骤如下所示。

（1）在动态障碍物的轨迹点上寻找与各个离散时刻点在时间上匹配的轨迹点。

$$P_{t_{\text{match}}} = \begin{cases} t_i & t_i \geqslant t, \quad i = 0, 1, \cdots, n \\ 0.0 & \end{cases} \tag{5-37}$$

式中，t_i 表示动态障碍物 t_i 时刻的轨迹点，i 表示动态障碍动态轨迹点的索引，N 表示动态障碍动态轨迹点的数量，n 的含义如式(5-33)中 n 的含义。

（2）根据匹配点提取障碍物的速度，并在参考线上进行投影，如图 5-5 所示，可以看到，A 点按照式(5-37)所示方法，经过匹配后，它的动态障碍物的轨迹点为 $P_{t_{\text{match}}}$，该轨迹点的速度为 $\boldsymbol{v}_{\text{obstacle}}$，$\boldsymbol{T}_r$ 为式(5-36)中的 $s(j)$ 在参考线上所对应的匹配点 B 处的切线方向（匹配点的计算方法如第 2 章）。

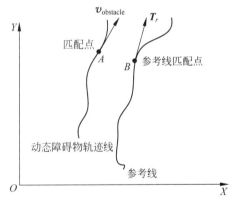

图 5-5　动态障碍物匹配点与参考线的关系

轨迹点的速度和参考线匹配点的切向方向可表示为

$$\boldsymbol{v}_{\text{obstacle}} = (|\boldsymbol{v}_{\text{obstacle}}|_2 \cos\theta, |\boldsymbol{v}_{\text{obstacle}}|_2 \sin\theta)^{\mathrm{T}} \tag{5-38}$$

$$\boldsymbol{T}_r = (\cos\theta_{\text{ref}}, \sin\theta_{\text{ref}})^{\mathrm{T}} \tag{5-39}$$

式中，θ 和 θ_{ref} 分别表示障碍物在 A 点处的航向角和参考线匹配点 B 处的切线方向。此时，自车速度的规划需要把 $\boldsymbol{v}_{\text{obstacle}}$ 向 $\boldsymbol{T}_r$ 进行投影，如图 5-6 所示。

计算方法如下：

$$|\boldsymbol{v}_{\text{ego}}|_2 = \boldsymbol{v}_{\text{obstacle}} \cdot \boldsymbol{T}_r = |\boldsymbol{v}_{\text{obstacle}}|_2 \cos\theta \cos\theta_{\text{ref}} + |\boldsymbol{v}_{\text{obstacle}}|_2 \sin\theta \sin\theta_{\text{ref}} \tag{5-40}$$

式中，$\cdot$ 表示点积，$|\boldsymbol{v}_{\text{ego}}|_2$ 表示自车规划速度的大小。

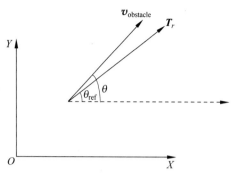

图 5-6 障碍物速度与参考线切线方向的关系

注意：在式(5-37)寻找动态障碍物轨迹点的匹配点时，在 Lattice 算法中是通过函数 std::lower_bound()实现的。它使用二分查找算法在已按升序排列的序列中返回指向第 1 个不小于给定值的元素的迭代器(std::upper_bound 返回指向第 1 个大于给定值的元素的迭代器，注意二者的细微差别)。

3. 自车末状态 S-T 点采样

在得到车道内跟随条件下动态障碍物的 S-T 图/点与自车参考速度后，就可以对自车末状态进行 S-T 点采样了。步骤如下：

(1) 计算自车末状态中 s 的极值。由前面的分析可知，车道内自车跟随的行为，可以理解为自车沿着动态障碍物(例如前车)的轨迹点进行时滞的行为，因此，前面得到的动态障碍物的 S-T 点，也可以理解为自车的运动轨迹点。同时，为了避免碰撞，需要对前车或者动态障碍物的 s 值进行限制，如图 5-7 所示。一般情况下，车辆前沿与车辆质心/中心的距离会大于车辆后沿与车辆质心/中心的距离。根据第 4 章动态障碍物的描述，可以知道，动态障碍物的坐标原点是在质心(车辆的坐标原点一般在车辆后轮中心正下方地面点)。

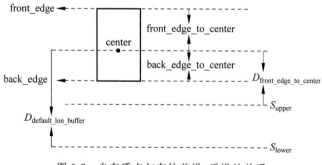

图 5-7 自车质点与车体前沿、后沿的关系

因此，根据式(5-36)中不同时刻动态障碍物的坐标 $s(i)$，可以求得它的极限值，表述如下：

$$s_{\text{upper}} = s(i) - D_{\text{front\_edge\_to\_center}} \tag{5-41}$$

$$s_{\text{lower}} = s_{\text{upper}} - D_{\text{default\_lon\_buffer}} \tag{5-42}$$

式中,$D_{\text{front\_edge\_to\_center}}$ 为常数,表示车辆前沿到车辆质心的距离;$D_{\text{default\_lon\_buffer}}$ 为常数,在 Lattice 算法中初始化为 5m。

(2)计算离散采样间隔 Δs。计算方法如下:

$$\Delta s = \frac{D_{\text{default\_lon\_buffer}}}{N_{\text{number\_sample\_follow\_per\_timestamp}} - 1} \tag{5-43}$$

式中,$N_{\text{number\_sample\_follow\_per\_timestamp}}$ 表示采样点数,为常数(在 Lattice 算法中设为 3)。

(3)计算每个时刻点的 s 值。计算方法如下:

$$s(i)_k = s_{\text{lower}} + k \times \Delta s \quad (k = 0, 1, 2, \cdots, N_{\text{number\_sample\_follow\_per\_timestamp}} - 1) \tag{5-44}$$

通过上述离散采样点的计算过程描述及图 5-8,可以看到,自车在每个固定时刻会在 $[s_{\text{lower}}, s_{\text{upper}}]$ 区间等距离采集 3 个离散点。不同时刻自车采样点的分布情况如图 5-9 所示。由此,可以判断出,在跟随条件下自车的运动轨迹滞后于动态障碍物,这也反映出自车跟随前车运动的特点。

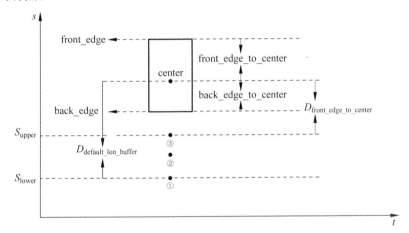

图 5-8 固定时刻自车跟随条件下 s 离散采样

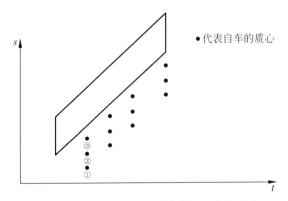

图 5-9 不同时刻自车跟随条件下 s 离散采样

4. 代码解析

为了使读者更好地理解自车跟随条件下自车纵向运动规划的理论方法,书中结合动态障碍物 S-T 点采样、自车参考速度的计算和自车末状态 S-T 点采样三部分的源代码进行详细解析。

(1) 动态障碍物 S-T 点采样代码解析如下:

```
//第 5 章 path_time_graph.cc
std::vector<STPoint> PathTimeGraph::GetObstacleSurroundingPoints(
    const std::string& obstacle_id, const double s_dist,
    const double t_min_density) const {
  ACHECK(t_min_density > 0.0);
  std::vector<STPoint> pt_pairs;
  if (path_time_obstacle_map_.find(obstacle_id) ==
      path_time_obstacle_map_.end()) {
    return pt_pairs;
  }
  //if 的条件判断语句说明,如果在障碍物的 S-T 图中没有找到障碍物的 ID 号,则返回
  //pt_pairs。不过,此时的 pt_pairs 为空

  const auto& pt_obstacle = path_time_obstacle_map_.at(obstacle_id);
  //由于此处表明已找到障碍物,所以返回

  double s0 = 0.0;
  //此处表明的是左下角的 s 初始化值
  double s1 = 0.0;
  //此处表明的是右下角的 s 初始化值

  double t0 = 0.0;
  //与左下角坐标 s 对应的 t 初始化值
  double t1 = 0.0;
  //与右下角坐标对应的 t 初始化值
  if (s_dist > 0.0) {
    //当处于超车状态时,s_dist>0,为 1e-6
    s0 = pt_obstacle.upper_left_point().s();
    s1 = pt_obstacle.upper_right_point().s();
    //获取超车状态下动态障碍物的左上角和右上角的 s 坐标

    t0 = pt_obstacle.upper_left_point().t();
    t1 = pt_obstacle.upper_right_point().t();
    //获取超车状态下动态障碍物左上角和右上角 s 坐标对应的时间 t

  } else {
    //在自车跟随条件下,s_dist 的值是小于零的,为 -1e-6,所以会执行 else 语句
    s0 = pt_obstacle.bottom_left_point().s();
    s1 = pt_obstacle.bottom_right_point().s();
    //将左下角和右下角的坐标值 s 赋给 s0 与 s1

    t0 = pt_obstacle.bottom_left_point().t();
```

```
    t1 = pt_obstacle.bottom_right_point().t();
    //将障碍物轨迹中左下角和右下角对应的 t 值赋给 t0 和 t1
  }

  double time_gap = t1 - t0;
  //计算动态障碍物轨迹左下角和右下角的时间差
  ACHECK(time_gap > - FLAGS_numerical_epsilon);
  //确保时间差大于零
  time_gap = std::fabs(time_gap);
  //之所以加绝对值,是因为如果左下角的时间和右下角的时间几乎相等,则差值可能是一个极小值,
  //而这个极小值可能比零大也可能比零小,为了避免比零小的情况出现,此处使用了绝对值

  size_t num_sections = static_cast<size_t>(time_gap / t_min_density + 1);
  //t_min_density 的值为 1,表示在时间步长为 2s 的条件下,需要迭代的次数
  double t_interval = time_gap / static_cast<double>(num_sections);
  //计算迭代的时间步长
  for (size_t i = 0; i <= num_sections; ++i) {
    double t = t_interval * static_cast<double>(i) + t0;
    //计算每步的时间,一般情况下 t0 的值为 0
    double s = lerp(s0, t0, s1, t1, t) + s_dist;
    //根据时间 t 的线性插值法计算相应的 s 值
    STPoint ptt;
    ptt.set_t(t);
    ptt.set_s(s);
    pt_pairs.push_back(std::move(ptt));
    //保存自车的 S-T 点
  }

  return pt_pairs;
}
```

(2)自车参考速度计算源代码解析如下:

```
//第 5 章 prediction_querier.cc
double PredictionQuerier::ProjectVelocityAlongReferenceLine(
    const std::string& obstacle_id, const double s, const double t) const {
  ACHECK(id_obstacle_map_.find(obstacle_id) != id_obstacle_map_.end());

  const auto& trajectory = id_obstacle_map_.at(obstacle_id)->Trajectory();
  int num_traj_point = trajectory.trajectory_point_size();
  if (num_traj_point < 2) {
    return 0.0;
  }
  //if 语句表明,如果轨迹点只有一个,则是一个静态障碍物,此时的规划的速度应该是 0.0
  //即此时停车

  if (t < trajectory.trajectory_point(0).relative_time() ||
      t > trajectory.trajectory_point(num_traj_point - 1).relative_time()) {
```

```cpp
            return 0.0;
    }
    //该 if 语句表示的是 t 值如果小于轨迹点的第 1 个时间点或大于轨迹点的最后一个时间点,则自
    //车的速度也应该为 0。因为此时时间应该在第 1 个轨迹点的时间和最后一个轨迹点的时间之间

    auto matched_it =
        std::lower_bound(trajectory.trajectory_point().begin(),
                         trajectory.trajectory_point().end(), t,
                         [](const common::TrajectoryPoint& p, const double t) {
                             return p.relative_time() < t;
                         });
    //该语句实现的是在动态障碍物的轨迹点集合中找到第 1 个时间大于或等于给定时间的轨迹点

    double v = matched_it->v();
    //取出该轨迹点的速度,这个速度是动态障碍物的速度
    double theta = matched_it->path_point().theta();
    //取出动态障碍物在该轨迹点的航向角
    double v_x = v * std::cos(theta);
    double v_y = v * std::sin(theta);
    //把动态障碍物的速度在航向角的方向上进行分解,主要是为了求解 X-Y 方向的分量,为后续点
    //积的计算做准备

    common::PathPoint obstacle_point_on_ref_line =
        common::math::PathMatcher::MatchToPath( * ptr_reference_line_, s);
    //计算障碍物的轨迹点在参考线上的匹配点
    auto ref_theta = obstacle_point_on_ref_line.theta();
    //计算参考线上匹配点的航向角

    return std::cos(ref_theta) * v_x + std::sin(ref_theta) * v_y;
    //把障碍物的速度在参考线的航向角进行投影
}
```

(3) 自车末状态 S-T 点采样源代码解析如下:

```cpp
//第 5 章 end_condition_sampler.cc

void EndConditionSampler::QueryFollowPathTimePoints(
    const common::VehicleConfig& vehicle_config, const std::string& obstacle_id,
    std::vector<SamplePoint> * const sample_points) const {
  std::vector<STPoint> follow_path_time_points =
      ptr_path_time_graph_->GetObstacleSurroundingPoints(
          obstacle_id, -FLAGS_numerical_epsilon, FLAGS_time_min_density);
      //FLAGS_numerical_epsilon 的值为 1e-6
      //FLAGS_time_min_density 的值为 1.0

  for (const auto& path_time_point : follow_path_time_points) {
    double v = ptr_prediction_querier_->ProjectVelocityAlongReferenceLine(
        obstacle_id, path_time_point.s(), path_time_point.t());
```

```cpp
//计算自车的参考速度,见(2)的代码解析

double s_upper = path_time_point.s() -
                 vehicle_config.vehicle_param().front_edge_to_center();
//计算自车 s 的上限值,具体见式(5-41)
double s_lower = s_upper - FLAGS_default_lon_buffer;
//计算自车 s 的下限值,具体见式(5-42),FLAGS_default_lon_buffer 的值为 5
CHECK_GE(FLAGS_num_sample_follow_per_timestamp, 2);
//FLAGS_num_sample_follow_per_timestamp 的值为 3

double s_gap =
    FLAGS_default_lon_buffer /
    static_cast<double>(FLAGS_num_sample_follow_per_timestamp - 1);
//计算 s 的迭代步长,此处为 5/(3-1)=2.50,具体见式(5-43)

for (size_t i = 0; i < FLAGS_num_sample_follow_per_timestamp; ++i) {
    double s = s_lower + s_gap * static_cast<double>(i);
    //计算每个时间点的 s 值,具体见式(5-44)
    SamplePoint sample_point;
    sample_point.path_time_point = path_time_point;
    sample_point.path_time_point.set_s(s);
    sample_point.ref_v = v;
    sample_points->push_back(std::move(sample_point));
  }
 }
}
```

5.3.2 超车条件下末状态的采样策略

超车条件下末状态的采样与跟车基本一致,也分为动态障碍物 S-T 点采样、自车参考速度的计算和自车末状态 S-T 点采样 3 个阶段,其中,自车参考速度的计算与跟车状态下的方法相同,此处不再赘述。而动态障碍物 S-T 点采样和自车末状态 S-T 点采样则与跟车条件下略有区别。

1. 动态障碍物 S-T 点采样

在自车跟随状态下,对障碍物的 S-T 点采样时,是以 S-T 图的左下角和右下角为基准进行采样的,而在超车状态下,则会有明显区别。最显著的特点是,动态障碍物的采样点会以动态障碍物 S-T 图的左上角和右上角为基准,如图 5-10 所示。由于需要超越动态障碍物或者前车,所以采样的基准点是 A 点和 B 点。可知 $s(t) \in [s_0, s_1]$, $t \in [t_0, t_1]$。通常情况下 $t_0 = 0$。

其他步骤同跟车状态下的障碍物 S-T 采样。

2. 自车末状态 S-T 点采样

与跟车状态下自车末状态不同的是,在超车状态下比较简单,在某个时刻点的采样点只有一个,这一点与跟随状态有比较大的区别,如图 5-11 所示。在超车状态下,自车末状态的

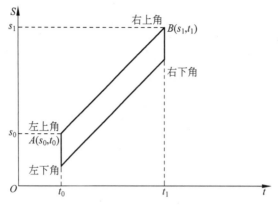

图 5-10　超车状态下障碍物 S-T 关系示意

S-T 采样是位于动态障碍物 $s(t)$ 坐标的前方 5m 处。计算公式如下：

$$s(t_i) = s(t_j) + D_{default\_lon\_buffer} \quad (i,j = 0,1,\cdots,N) \tag{5-45}$$

式中，N 表示介于动态障碍物左上角 $A(s_0,t_0)$ 与右上角 $B(s_1,t_1)$ 之间的采样点数，具体见式(5-33)。$s(t_j)$ $(s(t_j) \in [s(t_0),s(t_1)])$ 表示位于左上角与右上角之间的 s 值。$D_{default\_lon\_buffer}$ 为常数，它的值被初始化为 5。

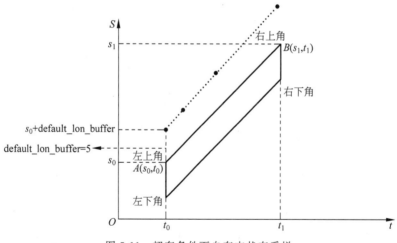

图 5-11　超车条件下自车末状态采样

3. 代码解析

在超车状态下，自车末状态 S-T 点的采样，有部分与跟车状态下的自车末状态的过程类似，在此就不再重复。只对差异性的地方结合代码进行解析说明。为此，下面对超车情况下的自车 S-T 点采样代码进行解析：

```
//第 5 章 end_condition_sampler.cc
void EndConditionSampler::QueryOvertakePathTimePoints(
```

```cpp
    const common::VehicleConfig& vehicle_config, const std::string& obstacle_id,
    std::vector<SamplePoint>* sample_points) const {
  std::vector<STPoint> overtake_path_time_points =
      ptr_path_time_graph_->GetObstacleSurroundingPoints(
          obstacle_id, FLAGS_numerical_epsilon, FLAGS_time_min_density);
//获取超车状态下的左上角和右上角的 S-T 坐标

  for (const auto& path_time_point : overtake_path_time_points) {
    double v = ptr_prediction_querier_->ProjectVelocityAlongReferenceLine(
        obstacle_id, path_time_point.s(), path_time_point.t());
    //获取自车的目标速度,同定速巡航
    SamplePoint sample_point;
    sample_point.path_time_point = path_time_point;
    sample_point.path_time_point.set_s(path_time_point.s() +
                                       FLAGS_default_lon_buffer);
    //计算自车的 S 值,具体见式(5-45)
    sample_point.ref_v = v;
    sample_points->push_back(std::move(sample_point));
  }
}
```

5.3.3 自车末状态 S-T 点的筛选

由前述分析可知,对于有障碍物条件下的纵向运动轨迹的生成,在 Lattice 算法中主要分为两种情况:跟车状态和超车状态。在对两种情况下的自车末状态进行采样后,还需要根据 s 和 t 对 S-T 点进行筛选。

1. 自车末状态 S-T 图的构建

自车末状态 S-T 图的构建步骤如下。

(1) 舍弃时间异常点。公式如下:

$$s(t_i) = \begin{cases} \text{delete}, & t_i < \text{polynomial\_minimal\_param} (i=1,2,\cdots,M) \\ s(t_i), & \text{其他} \end{cases} \quad (5\text{-}46)$$

式中,polynomial_minimal_param 表示时间常数,一般被初始化为 0.01s;$t_i \in [t_0, t_1]$;M 表示介于 $[t_0, t_1]$ 的所有的采样点数。

(2) 舍弃 s 异常值点。公式如下:

$$s(t_i) = \begin{cases} \text{delete}, & s(t_i) > s_{\text{upper}}(t_i) \,||\, s(t_i) < s_{\text{lower}}(t_i) \\ s(t_i), & \text{其他} \end{cases} \quad (5\text{-}47)$$

式中,$s_{\text{upper}}(t_i)$ 和 $s_{\text{lower}}(t_i)$ 表示 t_i 时刻可行驶区域 s 的极大值和极小值,具体见 5.2.1 节。i 的定义同式(5-46)。

(3) 保留其他符合条件的 S-T 点。完成自车末状态 S-T 图的构建。

2. 代码解析

在进行跟车条件和超车条件下的 S-T 点采样完毕后,为了避免异常点导致纵向规划错误,需要对所有的点集进行筛选。为了使读者更好地理解这一过程,对其实现的代码进行详细解析:

```cpp
//第 5 章 end_condition_sampler.cc

std::vector<Condition>
EndConditionSampler::SampleLonEndConditionsForPathTimePoints() const {
  std::vector<Condition> end_s_conditions;

  std::vector<SamplePoint> sample_points = QueryPathTimeObstacleSamplePoints();
  //提取跟随与超车情况下的自车 S-T 点集

  for (const SamplePoint& sample_point : sample_points) {
    if (sample_point.path_time_point.t() < FLAGS_polynomial_minimal_param) {
        //剔除时间异常点,见式(5-46)
        continue;
    }
    double s = sample_point.path_time_point.s();
    double v = sample_point.ref_v;
    double t = sample_point.path_time_point.t();
    if (s > feasible_region_.SUpper(t) || s < feasible_region_.SLower(t)) {
        //剔除 S 异常点,见式(5-47)
        continue;
    }
    State end_state = {s, v, 0.0};
    end_s_conditions.emplace_back(end_state, t);
    //将自车末状态及其时间压入末状态集合
  }
  return end_s_conditions;
}
```

5.3.4 纵向运动轨迹的生成

同定速巡航条件下纵向轨迹生成的过程,在构建完自车末状态在跟车与超车下的 S-T 图后,需要根据已知初状态和末状态构建并求解关于时间 t 的 5 次多项式自动运动模型。

1. 基于时间的 5 次多项式的描述

设基于时间 t 的 5 次多项式描述如下:

$$s(t)=a_0+a_1t+a_2t^2+a_3t^3+a_4t^4+a_5t^5 \tag{5-48}$$

式中,$a_i(i=0,1,2,3,4,5)$ 表示待求的基于 t 的 5 次多项式的系数。由前述分析可知,自车运动的初状态 $\left(s(t_0),\left.\frac{\partial s}{\partial t}\right|_{t=t_0},\left.\frac{\partial^2 s}{\partial t^2}\right|_{t=t_0}\right)$ 和末状态 $\left(s(t_i),\left.\frac{\partial s}{\partial t}\right|_{t=t_i},\left.\frac{\partial^2 s}{\partial t^2}\right|_{t=t_i}\right)$ 均为已知,其

中,$\left.\dfrac{\partial s}{\partial t}\right|_{t=t_0}$ 和 $\left.\dfrac{\partial s}{\partial t}\right|_{t=t_i}$ 的物理意义可以理解为自车在 t_0 和 t_i 时刻的速度大小(因为速度是一个向量,而此处只是一个表示速度大小的标量)。同理,$\left.\dfrac{\partial^2 s}{\partial t^2}\right|_{t=t_0}$ 和 $\left.\dfrac{\partial^2 s}{\partial t^2}\right|_{t=t_i}$ 分别表示自车在 t_0 和 t_i 时刻加速度的大小(理由同上)。通过前面的分析可以知道,初状态和末状态的 6 个量全部是已知的,因此,可以得到关于 t 的 6 个方程。

$$s(t_0) = a_0 + a_1 t_0 + a_2 t_0^2 + a_3 t_0^3 + a_4 t_0^4 + a_5 t_0^5 \tag{5-49}$$

$$\left.\frac{\partial s}{\partial t}\right|_{t=t_0} = a_1 + 2a_2 t_0 + 3a_3 t_0^2 + 4a_4 t_0^3 + 5a_5 t_0^4 \tag{5-50}$$

$$\left.\frac{\partial^2 s}{\partial t^2}\right|_{t=t_0} = 2a_2 + 6a_3 t_0 + 12a_4 t_0^2 + 20 t_0^3 \tag{5-51}$$

$$s(t_i) = a_0 + a_1 t_i + a_2 t_i^2 + a_3 t_i^3 + a_4 t_i^4 + a_5 t_i^5 \tag{5-52}$$

$$\left.\frac{\partial s}{\partial t}\right|_{t=t_i} = a_1 + 2a_2 t_i + 3a_3 t_i^2 + 4a_4 t_i^3 + 5a_5 t_i^4 \tag{5-53}$$

$$\left.\frac{\partial^2 s}{\partial t^2}\right|_{t=t_i} = 2a_2 + 6a_3 t_i + 12a_4 t_i^2 + 20a_5 t_i^3 \tag{5-54}$$

对于这个方程组的求解,比较简单的方法是利用线性方程组求解的思路。可以设该方程组为

$$\boldsymbol{AX} = \boldsymbol{b} \tag{5-55}$$

式中,

$$\boldsymbol{A} = \begin{pmatrix} 1 & t_0 & t_0^2 & t_0^3 & t_0^4 & t_0^5 \\ 0 & 1 & 2t_0 & 3t_0^2 & 4t_0^3 & 5t_0^4 \\ 0 & 0 & 2 & 6t_0 & 12t_0^2 & 20t_0^3 \\ 1 & t_i & t_i^2 & t_i^3 & t_i^4 & t_i^5 \\ 0 & 1 & 2t_i & 3t_i^2 & 4t_i^3 & 5t_i^4 \\ 0 & 0 & 2 & 6t_i & 12t_i^2 & 20t_i^3 \end{pmatrix} \tag{5-56}$$

$$\boldsymbol{X} = \begin{pmatrix} a_0 \\ a_1 \\ a_2 \\ a_3 \\ a_4 \\ a_5 \end{pmatrix} \tag{5-57}$$

$$b = \begin{pmatrix} s(t_0) \\ \left.\dfrac{\partial s}{\partial t}\right|_{t=t_0} \\ \left.\dfrac{\partial^2 s}{\partial^2 t}\right|_{t=t_0} \\ s(t_i) \\ \left.\dfrac{\partial s}{\partial t}\right|_{t=t_i} \\ \left.\dfrac{\partial^2 s}{\partial^2 t}\right|_{t=t_i} \end{pmatrix} \tag{5-58}$$

因此,可知

$$X = A^{-1} b \tag{5-59}$$

我们知道,矩阵运算比较消耗算力,因此,在实际的 Lattice 算法中,求解方法比较简单。因为 $t_0 = 0$,所以在初状态已知的条件下,可知:

$$s(t_0) = a_0 \tag{5-60}$$

$$\left.\dfrac{\partial s}{\partial t}\right|_{t=t_0} = \|\boldsymbol{v}(t_0)\|_2 = a_1 \tag{5-61}$$

$$\left.\dfrac{\partial^2 s}{\partial^2 t}\right|_{t=t_0} = 2a_2 \Rightarrow a_2 = 0.5 \times \left.\dfrac{\partial^2 s}{\partial^2 t}\right|_{t=t_0} \tag{5-62}$$

因此,利用自车的初始状态就可以求得系数 a_0, a_1, a_2。将式(5-60)、式(5-61)和式(5-62)代入式(5-52)、式(5-53)和式(5-54),即可求得 a_3, a_4, a_5。在 Lattice 算法中,为了节省算力,提升计算速度,它进行如下假设,令

$$c_0 = \dfrac{s(t_i) - 0.5 \times t_i^2 \times \left.\dfrac{\partial^2 s}{\partial^2 t}\right|_{t=t_0} - \left.\dfrac{\partial s}{\partial t}\right|_{t=t_0} \times t_i - s(t_0)}{t_i^3} \tag{5-63}$$

$$c_1 = \dfrac{\left.\dfrac{\partial s}{\partial t}\right|_{t=t_i} - \left.\dfrac{\partial^2 s}{\partial^2 t}\right|_{t=t_0} \times t_i - \left.\dfrac{\partial s}{\partial t}\right|_{t=t_0}}{t_i^2} \tag{5-64}$$

$$c_2 = \dfrac{\left.\dfrac{\partial^2 s}{\partial^2 t}\right|_{t=t_i} - \left.\dfrac{\partial^2 s}{\partial^2 t}\right|_{t=t_0}}{t_i} \tag{5-65}$$

式中,c_0, c_1, c_2 为常数,因此,可以求得 a_3, a_4, a_5。

$$a_3 = 0.5 \times (20.0 \times c_0 - 8.0 \times c_1 + c_2) \tag{5-66}$$

$$a_4 = \dfrac{-15.0 \times c_0 + 7.0 \times c_1 - c_2}{t_i} \tag{5-67}$$

$$a_5 = \frac{6.0 \times c_0 - 3.0 \times c_1 + 0.5 \times c_2}{t_i^2} \tag{5-68}$$

注意：在求解 5 次多项式的系数时，可以发现，各个系数都有物理意义。例如，系数 a_0 表示初始时刻在 Frenet 坐标系下的 $s(t_0)$，a_1 表示初始时刻自车速度的大小 $\left.\frac{\partial s}{\partial t}\right|_{t=t_0}$，$a_2$ 表示初始时刻自车加速度大小的二分之一，即 $\left.0.5 \times \frac{\partial^2 s}{\partial^2 t}\right|_{t=t_0}$。按照这个思路，系数 a_3, a_4, a_5 也可以找到它的物理意义。读者可以进行尝试分析。

2．代码解析

与定速巡航的过程类似，为了使读者对 5 次多项式在实际工程中的应用有更为深刻的理解和认识，笔者对求解过程的代码进行了较为详细的解析。

```
//第 5 章 quintic_polynomial_curve1d.cc
void QuinticPolynomialCurve1d::ComputeCoefficients(
    const double x0, const double dx0, const double ddx0, const double x1,
    const double dx1, const double ddx1, const double p) {
  CHECK_GT(p, 0.0);

  coef_[0] = x0;
  //求解系数 a₀，见式(5-63)
  coef_[1] = dx0;
  //求解系数 a₁，见式(5-64)
  coef_[2] = ddx0 / 2.0;
  //求解系数 a₂，见式(5-65)

  const double p2 = p * p;
  //令 p2 为 t²
  const double p3 = p * p2;
  //令 p3 为 t³

  //数值的计算方法至少比矩阵的求逆快 6 倍
  const double c0 = (x1 - 0.5 * p2 * ddx0 - dx0 * p - x0) / p3;
  //设定常数 c₀，见式(5-63)
  const double c1 = (dx1 - ddx0 * p - dx0) / p2;
  //设定常数 c₁，见式(5-64)
  const double c2 = (ddx1 - ddx0) / p;
  //设定常数 c₂，见式(5-65)

  coef_[3] = 0.5 * (20.0 * c0 - 8.0 * c1 + c2);
  //求解系数 a₃，见式(5-66)
  coef_[4] = (-15.0 * c0 + 7.0 * c1 - c2) / p;
```

```
    //求解系数 a₄,见式(5-67)
    coef_[5] = (6.0 * c0 - 3.0 * c1 + 0.5 * c2) / p2;
    //求解系数 a₅,见式(5-68)
}
```

5.4 有停车点的条件下纵向运动轨迹的生成

在有停车点(Stopping Point)的情况下,纵向运动轨迹的生成主要包括3个步骤:一是离散时间点的采样(同5.2.2节);二是自车末状态的采样;三是基于时间的5次多项式的轨迹的生成(同5.3.4节)。由于第1步与第3步,书中在本章中已经进行了详细分析,在此主要对自车末状态的采样过程与相关的代码解析进行详细分析。

5.4.1 自车末状态 S-T 采样

自车末状态的 S-T 采样是基于离散时间点的,由前面的分析已经知道,离散时间点有9个,分别是 0.01s、1s、2s、3s、4s、5s、6s、7s、8s,而自车末状态的采样则是基于这9个离散的时间点,因此,在有停车点的情况下,可知自车末状态的速度和加速度的大小皆同时为0,末状态 s 的表述如下

$$s(t_i) = \max\{s_{init}, s_{stop}\} \quad (i = 0, 1, \cdots, 8) \tag{5-69}$$

式中,s_{init} 表示自车在规划时的初始状态,s_{stop} 为一个常数,即规定停车点的 s 值。由此不难看出在所有时刻自车的末状态 s 都是相同的。每个离散时间的末状态也可以表示如下:

$$\boldsymbol{s}_{end}(t_i) = \{s(t_i), 0, 0\} \tag{5-70}$$

式中,i 的定义同式(5-69)。

5.4.2 代码解析

在有停车点的条件下,代码的实现相较于定速巡航和有障碍物的情况来讲比较简单。具体的代码分析如下:

```
//第 5 章 end_condition_sampler.cc

std::vector<Condition>
EndConditionSampler::SampleLonEndConditionsForStopping(
    const double ref_stop_point) const {

  static constexpr size_t num_of_time_samples = 9;
  //规定了9个离散的时间点
  std::array<double, num_of_time_samples> time_samples;
  //规定了9个 double 类型的数组
  for (size_t i = 1; i < num_of_time_samples; ++i) {
    auto ratio =
```

```
        static_cast<double>(i) / static_cast<double>(num_of_time_samples - 1);
    //第 1~8 份的分配比例,这 9 份是按照 0~8 的顺序排序的
    time_samples[i] = FLAGS_trajectory_time_length * ratio;
    //第 1~8 份的时间点,FLAGS_trajectory_time_length 为常数 8,因此,此处的 8 个时
    //间点分别是 1~8
}
time_samples[0] = FLAGS_polynomial_minimal_param;
//第 0 份的时间点的值为 FLAGS_polynomial_minimal_param(初始化的值为 0.01)

std::vector<Condition> end_s_conditions;
for (const auto& time : time_samples) {
    State end_s = {std::max(init_s_[0], ref_stop_point), 0.0, 0.0};
    //对自车当前的 s 值与停车点的值取大,见式(5-69)
    //ref_stop_point 表示参考的停车点的 s 值
    //所有停车点的速度和加速度均为 0
    end_s_conditions.emplace_back(end_s, time);
}
return end_s_conditions;
}
```

5.5 小结

对于 Lattice 算法中纵向运动轨迹的生成,本章主要讲解了定速巡航、有障碍物和停车点 3 种情况,其中,有停车点的场景是比较简单的;其次,定速巡航末状态的确定更多地是它对于巡航速度的考虑。可以看到,在定速巡航条件下需要考虑可行驶区域的速度限制,类似于高速场景下的限速指示或要求。由于在定速巡航条件下是不考虑障碍物影响的,所以对于末状态中的 s 没有要求,因此,可以看到,它的规划问题的求解是基于时间的 4 次多项式的。这也是它区别于其他两种情况的主要特点。而在这 3 种情况中,有障碍物条件下的纵向轨迹的规划问题是最复杂的。在 Lattice 算法中,它主要考虑了跟车与超车两种情况,并根据动态障碍物(前车)的 S-T 图进行了采样。希望读者对这部分仔细地进行研读与思考。

第 6 章 横向运动轨迹规划

44min

横向运动轨迹规划主要是对于车辆方向盘转向的控制策略。它的求解方法一般可以分为基于 s 的 5 次多项式的方法和基于二次规划的方法。本章将重点对这两种方法进行详细分析。

6.1 基于 s 的 5 次多项式的横向运动轨迹的生成

与基于 5 次多项式的纵向运动轨迹的生成方法类似,横向运动轨迹的生成也同样需要对车辆的末状态进行采样,而不同之处在于纵向运动轨迹的末状态包括自车 s、$\frac{\partial s}{\partial t}$、$\frac{\partial^2 s}{\partial^2 t}$ 和时间 t,而横向运动轨迹的末状态则包括 l、$\frac{\partial l}{\partial s}$、$\frac{\partial^2 l}{\partial^2 s}$ 和纵向距离 s,因此,可以看到,在纵向运动轨迹规划中,自变量是时间 t,而在横向运动轨迹规划中,自变量是 Frenet 坐标系下的 s。

6.1.1 横向运动轨迹生成的算法描述

在横向运动轨迹生成中是以自变量 s 实现的对于横向运动轨迹的规划。它的算法描述过程主要分为两步:

(1) 自变量 s 的离散化取值。在 Lattice 算法中,自变量 s 的取值按照下式取值。

$$s \in \{10, 20, 40, 80\} \tag{6-1}$$

从式(6-1)可以看到,Lattice 算法中横向运动轨迹的自变量 s 的取值分别为 10、20、40 和 80。如果用索引号表示,则可以表示为 $s(0)=10$,$s(1)=20$,$s(2)=40$,$s(3)=80$。

(2) 自车末状态的取值。在 Lattice 算法中,横向距离 l 的取值按照下式取值。

$$l \in \{-0.5, 0, 0.5\} \tag{6-2}$$

对于 $\frac{\partial l}{\partial s}$ 和 $\frac{\partial^2 l}{\partial^2 s}$ 的取值均为 0,因此,对于不同的自变量的取值,自车对应的末状态的表示如下。

$$l_i^j = (l(i), 0, 0, s(j)) \quad (i=0,1,2; j=0,1,2,3) \tag{6-3}$$

从式(6-3)可以看出,如果用索引表示,则 $l(0)=-0.5, l(1)=0, l(2)=0.5$,因此,结合式(6-1)和式(6-2)可知:横向运动的末状态一共有 12 个,所以在横向运动轨迹的规划中可以得到 12 条轨迹,如图 6-1 所示。不难看出,这 12 条轨迹分布在 $10\sim80m$ 的径向距离内,而横向距离的范围则为 $-0.5\sim0.5m$。

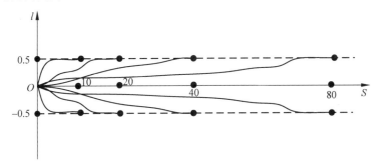

图 6-1 基于撒点的横向运动轨迹

注意:在第 5 章,我们进行了纵向运动轨迹的规划,分别对定速巡航、车道内跟随、超车和定点停车等情况进行了分析,而在横向运动中,我们会发现在 Lattice 算法中,车辆的横向运动距离只在 $-0.5\sim0.5m$,而一个车道宽为 $3.75\sim4m$。所以,Lattice 算法中横向运动轨迹并不能涵盖纵向运动轨迹中超车的行为,因此,如果想要进行换道超车,则可加大横向运动的距离或者替换参考中心线。建议读者可以根据实际运行效果进行观察和思考。

6.1.2 基于 s 的 5 次多项式的描述

类似基于时间 t 的 5 次多项式,基于 s 的 5 次多项式的横向运动轨迹方程可以如下描述。

$$l(s) = a_0 + a_1 s + a_2 s^2 + a_3 s^3 + a_4 s^4 + a_5 s^5 \tag{6-4}$$

式中,$a_i(i=0,1,2,3,4,5)$ 为待求系数。初始状态 $l_{s_0} = \left(l(s)|_{s=s_0}, \dfrac{\partial l}{\partial s}\bigg|_{s=s_0}, \dfrac{\partial^2 l}{\partial^2 s}\bigg|_{s=s_0}, s_0\right)$ 已知,并且 $s_0=0$,代入式(6-4)可得

$$l(s)\big|_{s=s_0} = a_0 \tag{6-5}$$

$$\dfrac{\partial l}{\partial s}\bigg|_{s=s_0} = a_1 \tag{6-6}$$

$$\dfrac{\partial^2 l}{\partial^2 s}\bigg|_{s=s_0} = 2a_2 \Rightarrow 0.5 \times \dfrac{\partial^2 l}{\partial^2 s}\bigg|_{s=s_0} = a_2 \tag{6-7}$$

由式(6-3)可知,横向运动轨迹的末状态有 12 种,对于每个末状态 $l_i^j = (l(i), 0, 0, s(j))$ 都可以得到 3 个方程,即

$$l(i)\big|_{s=s(j)} = a_0 + a_1 s(j) + a_2 s(j)^2 + a_3 s(j)^3 + a_4 s(j)^4 + a_5 s(j)^5 \quad (6\text{-}8)$$

$$0 = a_1 + 2a_2 s(j) + 3a_3 s(j)^2 + 4a_4 s(j)^3 + 5a_5 s(j)^4 \quad (6\text{-}9)$$

$$0 = 2a_2 + 6a_3 s(j) + 12a_4 s(j)^2 + 20a_5 s(j)^3 \quad (6\text{-}10)$$

由此,根据式(6-5)~式(6-10),可以求得 6 个待求系数 $a_i (i=0,1,2,3,4,5)$。当然,也可以采用类似第 5 章中的思路,令

$$c_0 = \frac{l(i) - 0.5 \times s(j)^2 \times \dfrac{\partial^2 l}{\partial^2 s}\bigg|_{s=s_0} - \dfrac{\partial l}{\partial s}\bigg|_{s=s_0} \times s(j) - l(s)\big|_{s=s_0}}{s(j)^3} \quad (6\text{-}11)$$

$$c_1 = \frac{\dfrac{\partial l}{\partial s}\bigg|_{s=s(j)} - \dfrac{\partial^2 l}{\partial^2 s}\bigg|_{s=s_0} \times s(j) - \dfrac{\partial l}{\partial s}\bigg|_{s=s_0}}{s(j)^2} \quad (6\text{-}12)$$

$$c_2 = \frac{\dfrac{\partial^2 l}{\partial^2 s}\bigg|_{s=s(j)} - \dfrac{\partial^2 l}{\partial^2 s}\bigg|_{s=s_0}}{s(j)} \quad (6\text{-}13)$$

式中,c_0, c_1, c_2 为常数,因此,可以求得 a_3, a_4, a_5。

$$a_3 = 0.5 \times (20.0 \times c_0 - 8.0 \times c_1 + c_2) \quad (6\text{-}14)$$

$$a_4 = \frac{-15.0 \times c_0 + 7.0 \times c_1 - c_2}{t_i} \quad (6\text{-}15)$$

$$a_5 = \frac{6.0 \times c_0 - 3.0 \times c_1 + 0.5 \times c_2}{t_i^2} \quad (6\text{-}16)$$

注意:在第 5 章,我们利用式(5-63)~式(5-68)表示的特定系数 c_0, c_1, c_2 对待求系数 a_3, a_4, a_5 进行了求解。读者需要注意的是,式(6-11)~式(6-13)同式(5-63)~式(5-65)在数学表达上是有区别的。例如纵向运动轨迹的规划是对自变量时间 t 和纵向运动状态的表达,而横向运动轨迹的规划,则是对自变量 s 和横向运动状态的表达。读者通过对比二者的表达式也可以看出差异,然而,它们在实际的求解过程中并无明显区别,即都调用同一个函数。读者通过阅读相关代码即可有所体会。

6.1.3 代码解析

第 5 章已经介绍了纵向运动过程中自车末状态的代码,对于横向运动而言,差异点是自变量由时间 t 换成纵向距离 s,因变量则由纵向距离 s 变为横向距离 l。代码的解析如下:

```
//第 6 章 end_condition_sampler.cc

std::vector< Condition > EndConditionSampler::SampleLatEndConditions() const {
  std::vector< Condition > end_d_conditions;
```

```cpp
    std::array< double, 3 > end_d_candidates = {0.0, - 0.5, 0.5};
    //自车末状态时横向运动的距离,如式(6-2)所示
    std::array< double, 4 > end_s_candidates = {10.0, 20.0, 40.0, 80.0};
    //自车末状态纵向运动的距离,如式(6-1)所示

    for (const auto& s : end_s_candidates) {
      for (const auto& d : end_d_candidates) {
        State end_d_state = {d, 0.0, 0.0};
        //对于每个纵向距离值,遍历所有的横向距离,由此可知,共有 3 × 4 = 12 条轨迹

        end_d_conditions.emplace_back(end_d_state, s);
        //末状态以纵向运动轨迹为自变量
      }
    }
    return end_d_conditions;
}
```

6.2 基于二次规划的横向运动轨迹的生成

区别于基于 5 次多项式的横向运动轨迹模型,基于二次规划的横向运动轨迹的生成则略显复杂。在构建此类模型时,需要分为目标函数与约束条件两部分分别进行考虑。读者不仅需要理解目标函数的具体含义,同时也需要理解约束条件的物理含义及其构建过程与思路。

6.2.1 等间隔横向采样

与基于 5 次多项式的横向运动轨迹规划算法类似,基于二次规划的横向运动轨迹规划也同样需要进行离散点采样,如图 6-2 所示。

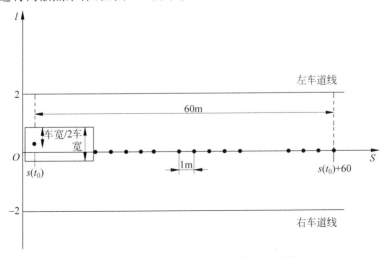

图 6-2 基于自车后轮中心的等间隔采样

1. 等间隔横向采样描述

基于二次规划的横向运动轨迹规划的等间隔横向采样是在自车车道范围内,在 Lattice 算法中将车道宽度设为 4m。具体过程描述如下:

(1) 设置 s 采样点的范围。令采样点的起点 $s_{min}=s(t_0)$,采样点的终点 $s_{max}=s(t_0)+60$。t_0 表示自车规划的起始时刻,一般设为 0。

(2) 设置采样点的间隔 $\Delta s=1$,如图 6-2 所示。

(3) 计算采样点数。令

$$N = \frac{s_{max} - s_{min}}{\Delta s} \tag{6-17}$$

2. 代码解析

等间隔采样是基于二次规划的横向运动轨迹规划的前提,在代码中的实现过程贯穿了 trajectory1d_generator.cc 和 path_time_graph.cc 等两个文件。可以概括为参数的初始化和等间隔采样两方面。

(1) 参数的初始化,代码如下:

```
//第 6 章 trajectory1d_generator.cc
void Trajectory1dGenerator::GenerateLateralTrajectoryBundle(
    Trajectory1DBundle* ptr_lat_trajectory_bundle) const {
  if (!FLAGS_lateral_optimization) {
    //将 FLAGS_lateral_optimization 初始化为 false,也就是默认状态下 Lattice 算法中的
    //横向运动轨迹规划是基于撒点的 5 次多项式方法
    auto end_conditions = end_condition_sampler_.SampleLatEndConditions();
    //根据撒点的方式采集自车末状态的点集,过程如 6.1 节所示

    //Use the common function to generate trajectory bundles.
    GenerateTrajectory1DBundle<5>(init_lat_state_, end_conditions,
                                  ptr_lat_trajectory_bundle);
  } else {
    double s_min = init_lon_state_[0];
    //将自车在 t0 时刻的 s 值,即 s(t0)作为自变量的最小值

    double s_max = s_min + FLAGS_max_s_lateral_optimization;
    //将 FLAGS_max_s_lateral_optimization 初始化为 60,即自变量 s 的最大值为 s(t0)+60

    double delta_s = FLAGS_default_delta_s_lateral_optimization;
    //FLAGS_default_delta_s_lateral_optimization 表示自变量 s 的步长,在 Lattice
    //算法中被初始化为 1.0

    auto lateral_bounds =
        ptr_path_time_graph_->GetLateralBounds(s_min, s_max, delta_s);
    //初始化部分完成,将参数 s_min,s_max 和 delta_s 传入 GetLateralBounds 函数,准备
    //进行等间隔采样

    //下述代码的具体含义会在后续结合原理的阐述进行详细分析,在此先暂时略过
```

```cpp
//LateralTrajectoryOptimizer lateral_optimizer;
    std::unique_ptr<LateralQPOptimizer> lateral_optimizer(
        new LateralOSQPOptimizer);

    lateral_optimizer->optimize(init_lat_state_, delta_s, lateral_bounds);

    auto lateral_trajectory = lateral_optimizer->GetOptimalTrajectory();

    ptr_lat_trajectory_bundle->push_back(
        std::make_shared<PiecewiseJerkTrajectory1d>(lateral_trajectory));
  }
}
```

（2）等间隔采样，代码如下：

```cpp
//第6章 path_time_graph.cc

std::vector<std::pair<double, double>> PathTimeGraph::GetLateralBounds(
    const double s_start, const double s_end, const double s_resolution) {
  CHECK_LT(s_start, s_end);
  CHECK_GT(s_resolution, FLAGS_numerical_epsilon);
  std::vector<std::pair<double, double>> bounds;
  //该变量用于存储自车运动的边界条件，作为规划的约束

  std::vector<double> discretized_path;
  //该变量用于存储离散的 s 值(介于 s_start 和 s_end)

  double s_range = s_end - s_start;
  //计算 s 的范围
  double s_curr = s_start;
  size_t num_bound = static_cast<size_t>(s_range / s_resolution);
  //计算 s 的采样点数，如式(6-17)所示

  const auto& vehicle_config =
      common::VehicleConfigHelper::Instance()->GetConfig();
  double ego_width = vehicle_config.vehicle_param().width();
  //获取自车的宽度，如图 6-2 所示
  //由于后续代码和此过程无关，暂时省略。后续会跟随理论分析进行补充
}
```

6.2.2 根据参考线更新边界

与基于 5 次多项式的横向运动轨迹规划类似，自车的横向运动也需要受到参考线、车道线及障碍物的限制，因此，自车的运动约束也同样需要根据二者进行计算与更新。此处，首先考虑的是参考线与车道线的限制。

1. 依据参考中心线的边界更新方法描述

由式(6-17)可知，将纵向距离以 1m 的间距划分为 N 份，而更新参考线边界则是更新这

些点的横向边界。

(1) 计算参考线上每个对应点 s_i 的左边界与右边界。

$$B_{\text{left}}(s_i) = W_{\text{left\_width}}(s_i) \quad (i = 0, 1, \cdots, N-1) \quad (6\text{-}18)$$

$$B_{\text{right}}(s_i) = -W_{\text{right\_width}}(s_i) \quad (i = 0, 1, \cdots, N-1) \quad (6\text{-}19)$$

式中,s_i 表示第 i 个规划点的纵向距离,并且 $s_i = s_{\min} + i \times \Delta s$。$W_{\text{left\_width}}(s_i)$ 和 $-W_{\text{right\_width}}(s_i)$ 分别表示参考线在 s_i 处对应的左车道线和右车道线的 l 坐标值(它的大小一般为半个车道的宽度,l 坐标的方向问题已经在书中的第 2 章分析过,为"左正右负")。

(2) 计算自车的左边界与右边界。由前述可知,Frenet 坐标系下自车在 $s(t_0)$ 处的 l 坐标为 $l(s(t_0))$,如图 6-3 所示。一般情况下,自车会被抽象为具有长和宽的矩形盒,所以自车的边界需要扩展。令

$$\text{ego}_{\text{left\_boundary}}(s_i) = l(s(t_0)) + 0.5 \times \text{ego}_{\text{width}} \quad (6\text{-}20)$$

$$\text{ego}_{\text{right\_boundary}}(s_i) = l(s(t_0)) - 0.5 \times \text{ego}_{\text{width}} \quad (6\text{-}21)$$

式中,$\text{ego}_{\text{left\_boundary}}(s_i)$ 和 $\text{ego}_{\text{right\_boundary}}(s_i)$ 分别表示自车更新后的边界,$\text{ego}_{\text{width}}$ 为常数,表示自车的车身宽度,具体数值根据车辆的实际宽度确定。i 的定义同式(6-18)。

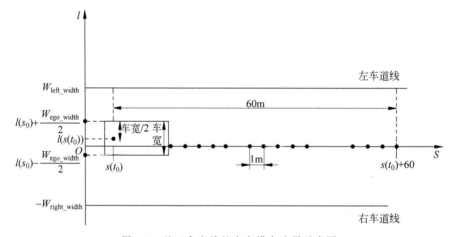

图 6-3 基于参考线的自车横向边界示意图

(3) 依据参考线更新自车边界。可以看到,在不考虑障碍物的条件下,自车横向运动的限制条件受到参考线和自车的约束,因此,此时自车的横向边界为

$$B_{\min}(s_i) = \min\{B_{\text{right}}(s_i), \text{ego}_{\text{right\_boundary}}(s_i) - D_{\text{bound\_buffer}}\} \quad (i = 0, \cdots, N-1)$$
$$(6\text{-}22)$$

$$B_{\max}(s_i) = \max\{B_{\text{left}}(s_i), \text{ego}_{\text{left\_boundary}}(s_i) + D_{\text{bound\_buffer}}\} \quad (i = 0, \cdots, N-1)$$
$$(6\text{-}23)$$

式中,$B_{\min}(s_i)$ 和 $B_{\max}(s_i)$ 分别表示 Frenet 坐标系下纵向距离 s_i 对应的横向距离的最小值和最大值。s_i 的定义同式(6-18)。$D_{\text{bound\_buffer}}$ 为常数,表示横向边界的缓冲距离,在 Lattice 算法中被初始化为 0.1m。

注意: 在图 6-3 中可以看到,各个时刻的 s 值所对应的左车道与右车道的 l 坐标值等相等。例如,左车道线的 l 坐标均为 $W_{\text{left\_width}}$,右车道线的 l 坐标均为 $-W_{\text{right\_width}}$。然而,在实际的工程实践中,需要根据参考线与左、右车道线的关系分别计算,如式(6-18)与式(6-19)所示,也可参见后续代码解析。单纯地认为参考线与左、右车道线等间隔,可能会导致不可预测的问题,而式(6-22)和式(6-23)中,对于常数 $D_{\text{bound\_buffer}}$ 的处理,右侧选择减去该常数,然后取小,而左侧则选择加上该常数,然后取大。主要原因还是 Frenet 坐标系下 l 坐标的方向选择问题,即"左正右负"。

2. 代码解析

根据参考线更新车辆的横向运动边界,在实际的代码实现中是通过 for 循环实现的。具体解析如下:

```
//第 6 章 path_time_graph.cc
//此段是接续根据参考中心线跟新边界的后续代码解析

std::vector< std::pair< double, double >> PathTimeGraph::GetLateralBounds(
    const double s_start, const double s_end, const double s_resolution) {
    //Initialize bounds by reference line width
    for (size_t i = 0; i < num_bound; ++i) {
    double left_width = FLAGS_default_reference_line_width / 2.0;
    //参数 FLAGS_default_reference_line_width 的初始值为 4.0,即默认车道宽 4.0m
    //因此,此时默认车辆在车道中心线,所以左边界为 2.0m

    double right_width = FLAGS_default_reference_line_width / 2.0;
    //含义同 left_width

    ptr_reference_line_info_ -> reference_line().GetLaneWidth(s_curr, &left_width,&right_width);
    //根据 s_curr 的值获取参考线对应的左车道与右车道的距离,同式(6-18)和式(6-19)

    double ego_d_lower = init_d_[0] - ego_width / 2.0;
    //因为自车坐标系下的原点在车辆后轮中央,所以车辆在 Frenet 坐标系下的 l 值在初始时刻
    //为 init_d_[0]。在考虑到车辆宽度的情况下,需要减去 0.5 个车宽,如图 6-3 所示

    double ego_d_upper = init_d_[0] + ego_width / 2.0;
    //同上,此处计算了自车横向距离 l 的上限

    bounds.emplace_back(
        std::min(-right_width, ego_d_lower - FLAGS_bound_buffer),
        std::max(left_width, ego_d_upper + FLAGS_bound_buffer));
    //根据式(6-22)和式(6-23)计算自车的横向运动边界

    discretized_path.push_back(s_curr);
    s_curr += s_resolution;
    }
}
```

注意：经过参考线的左车道线和右车道线对自车的横向运动边界进行更新后，可以看到，自车的横向运动空间仍旧会被限制在本车车道范围内。这个问题与基于5次多项式的横向运动轨迹方程类似，因为它也依旧没有解决纵向考虑了超车的情况，但是横向运动却没有考虑换道或者增大横向运动距离的情况，这个问题也需要引起读者的关注。在实际的工程实践中，如果遇到换道超车，则需要修改。

6.2.3 根据静态障碍物更新边界

自车横向运动边界的更新除了基于参考线的左右车道的限制之外，非常重要的一个影响因素就是静态障碍物。

1. 自车横向运动轨迹与静态障碍物关系的描述

根据静态障碍物的纵向起始位置、横向起始位置和自车纵向规划与参考线之间的关系，可以分为5种情况：一是静态障碍物滞后自车起点，表示为

$$s_{\text{static}}^{\max}(j) < s_{\min} \quad (j = 0, 1, 2, \cdots, M-1) \tag{6-24}$$

式中，$s_{\text{static}}^{\max}(j)$ 表示 Frenet 坐标系下第 j 个静态障碍物纵向坐标的最大值，M 表示静态障碍物的个数。$s_{\min}$ 的含义同式(6-17)。二是静态障碍物超前自车的规划终点，可表示为

$$s_{\text{static}}^{\min}(j) > s_{\max} \tag{6-25}$$

式中，$s_{\text{static}}^{\min}(j)$ 表示 Frenet 坐标系下静态障碍物纵向坐标的最小值，j 的含义同式(6-24)。$s_{\max}$ 的含义同式(6-17)。三是静态障碍物横跨参考线，可表示为

$$l_{\text{static}}^{\min}(j) < \text{epsilon} \,\&\&\, l_{\text{static}}^{\max}(j) > -\text{epsilon} \,\&\&\, s_{\min} \leqslant s_{\text{static}}^{\max}(j) \leqslant s_{\max} \tag{6-26}$$

式中，epsilon 表示无限小的常数，在 Lattice 算法中设为 1e-6。$l_{\text{static}}^{\min}(j)$ 和 $l_{\text{static}}^{\max}(j)$ 分别表示第 j 个静态障碍物在 Frenet 坐标系下 l 的极小值和极大值(式(6-27)和式(6-28)同上)。j 的含义同式(6-24)。四是静态障碍物位于参考线右侧，可表示为

$$l_{\text{static}}^{\max}(j) < \text{epsilon} \,\&\&\, s_{\min} \leqslant s_{\text{static}}^{\max}(j) \leqslant s_{\max} \tag{6-27}$$

五是静态障碍物位于参考线左侧，可表示为

$$l_{\text{static}}^{\min}(j) > -\text{epsilon} \,\&\&\, s_{\min} \leqslant s_{\text{static}}^{\max}(j) \leqslant s_{\max} \tag{6-28}$$

式中，j 的含义同式(6-24)。自车横向运动轨迹与静态障碍物的5种情况的关系如图6-4所示。

2. 自车横向运动边界的更新策略

根据自车运动轨迹与静态障碍物位置之间关系的描述，自车横向运动边界的更新策略可以归纳如下：

（1）对于第1种和第2种情况，可以忽略不计。因为静态障碍物都在自车运动规划范围外。

（2）对于第3种至第5种情况而言，由于障碍物的纵向坐标在自车轨迹规划范围内，因此需要根据静态障碍物 s 的起始与终点坐标记录其在纵向规划中的索引，并更新自车横向

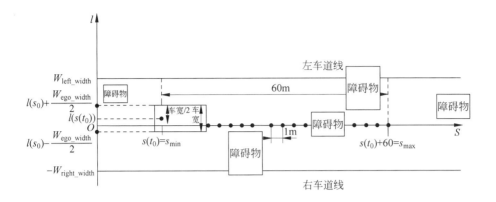

图 6-4 静态障碍物与自车运动轨迹规划关系示意图

运动的边界。首先，需要记录

$$i_{\text{start}} = i \quad \text{if} \quad s_i \geqslant s_{\text{static}}^{\min}(j) \tag{6-29}$$

$$i_{\text{end}} = i \quad \text{if} \quad s_i > s_{\text{static}}^{\max}(j) \tag{6-30}$$

式中，s_i 同式(6-19)。这表明索引号 $[i_{\text{start}}, i_{\text{end}})$ 范围内的自车横向运动边界需要更新。对于第 3 种情况的自车横向运动边界更新方法如下：

$$B_{\min}(s_j) = -\text{epsilon} \quad j \in [i_{\text{start}}, i_{\text{end}}) \tag{6-31}$$

$$B_{\max}(s_j) = \text{epsilon} \quad j \in [i_{\text{start}}, i_{\text{end}}) \tag{6-32}$$

式中，$B_{\min}(s_j)$ 和 $B_{\max}(s_j)$ 的定义如式(6-22)和式(6-23)所示。对于第 4 种情况的自车横向运动边界更新方法如下：

$$B_{\min}(s_j) = \max\{B_{\min}(s_j), l_{\text{static}}^{\max}(s_j) + \text{nudge\_buffer}\} \quad j \in [i_{\text{start}}, i_{\text{end}}) \tag{6-33}$$

式中，nudge_buffer 为常数，表示横向缓冲距离，在 Lattice 算法中为 0.3m。对于第 5 种情况的自车横向运动边界更新方法如下：

$$B_{\max}(s_j) = \min\{B_{\max}(s_j), l_{\text{static}}^{\min}(s_j) - \text{nudge\_buffer}\} \quad j \in [i_{\text{start}}, i_{\text{end}}) \tag{6-34}$$

式中，nudge_buffer 的含义同式(6-33)。

（3）还原自车横向运动边界。通过前面的分析可知，与每个 s_i 对应的 $B_{\min}(s_i)$ 和 $B_{\max}(s_i)$ 都没有涵盖车身的宽度的一半，如式(6-20)和式(6-21)所示，因此，在得到车身"矩形盒"的横向运动边界后，需要对所有的横向运动边界值进行还原，即

$$B_{\min}(s_i) = B_{\min}(s_i) + \text{ego}_{\text{width}} \quad i \in [0, N-1] \tag{6-35}$$

$$B_{\max}(s_i) = B_{\max}(s_i) - \text{ego}_{\text{width}} \quad i \in [0, N-1] \tag{6-36}$$

式中，$\text{ego}_{\text{width}}$ 的含义同式(6-20)。s_i 的含义同式(6-18)。

（4）异常值的处理。在对自车横向运动边界进行计算和更新时，有可能出现一些异常值，因此，最后需要检查与更新。处理方法如下：

$$B_{\min}(s_i) = B_{\max}(s_i) = \begin{cases} 0.0 & \text{if } B_{\min}(s_i) \geqslant B_{\max}(s_i) \quad i \in [0, N-1] \\ \text{不变} & \text{其他} \end{cases} \tag{6-37}$$

3. 代码解析

根据静止障碍物进行自车横向运动边界的更新是利用二次规划求解之前进行数据准备的最后一步。此处的理论分析与具体的工程实现也会有一些差异或不同的理解。具体的代码解析如下：

```cpp
//第 6 章 path_time_graph.cc

void PathTimeGraph::UpdateLateralBoundsByObstacle(
    const SLBoundary& sl_boundary, const std::vector<double>& discretized_path,
    const double s_start, const double s_end,
    std::vector<std::pair<double, double>>* const bounds) {
  if (sl_boundary.start_s() > s_end || sl_boundary.end_s() < s_start) {
    //这表示静态障碍物滞后或者超前自车的纵向规划距离,对应第1种情况和第2种情况,具体如
    //式(6-24)和式(6-25)所示

    return;
  }
  auto start_iter = std::lower_bound(
      discretized_path.begin(), discretized_path.end(), sl_boundary.start_s());
  //在自车纵向规划的距离范围内找到静态障碍物最小 s 值所对应的自车纵向距离的索引,
  //具体如式(6-29)所示。std::lower_bound 表示大于或等于静态障碍物起始值的索引

  auto end_iter = std::upper_bound(
      discretized_path.begin(), discretized_path.end(), sl_boundary.start_s());
  //在自车纵向规划的距离范围内找到静态障碍物最大 s 值所对应的自车纵向距离的索引
  //std::upper_bound 表示大于静态障碍物终点坐标 s 值的索引。此处的
  //代码疑有错误,sl_boundary.start_s()应改为 sl_boundary.end_s(),具体如
  //式(6-29)所示

  size_t start_index = start_iter - discretized_path.begin();
  //计算静止障碍物对应的起始索引在 $s_{min}$ - $s_{max}$ 中的索引位置

  size_t end_index = end_iter - discretized_path.begin();
  //计算静止障碍物对应的终点索引在 $s_{min}$ - $s_{max}$ 中的索引位置

  if (sl_boundary.end_l() > -FLAGS_numerical_epsilon && //1e-6
      sl_boundary.start_l() < FLAGS_numerical_epsilon) {
    //对应静止障碍物横跨参考线,对应第 3 种情况,如式(6-26)所示
    for (size_t i = start_index; i < end_index; ++i) {
      bounds->operator[](i).first = -FLAGS_numerical_epsilon;
      bounds->operator[](i).second = FLAGS_numerical_epsilon;
      //自车横向运动边界的最小值和最大值都是极小值,意味着自车在此处无法通过,如
      //式(6-31)和式(6-32)所示
    }
    return;
```

```
      }
      if (sl_boundary.end_l() < FLAGS_numerical_epsilon) {
        //静止障碍物位于参考线右侧,对应第 4 种情况,如式(6-27)所示

        for (size_t i = start_index; i < std::min(end_index + 1, bounds->size());
             ++i) {
          bounds->operator[](i).first =
              std::max(bounds->operator[](i).first,
                       sl_boundary.end_l() + FLAGS_nudge_buffer);
          //更新自车横向运动的最小值,一般情况下会认为自车横跨参考线,如式(6-33)所示
        }
        return;
      }
      if (sl_boundary.start_l() > -FLAGS_numerical_epsilon) {
        //静止障碍物位于参考线左侧,对应于第 5 种情况,如式(6-28)所示
        for (size_t i = start_index; i < std::min(end_index + 1, bounds->size());
             ++i) {
          bounds->operator[](i).second =
              std::min(bounds->operator[](i).second,
                       sl_boundary.start_l() - FLAGS_nudge_buffer);
          //更新自车横向运动的最大值,如式(6-34)所示
        }
        return;
      }
    }
```

读者应该可以发现,前面的理论分析与后续的代码解析在确定静止障碍物对应的索引位置时会有一些差异,如图 6-5 所示。

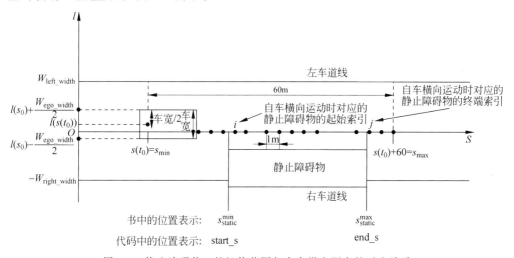

图 6-5　静止障碍物 s 的极值范围与自车纵向距离的对应关系

注意：如图 6-5 所示，在确定静止障碍物在自车纵向距离上对应的索引时，应计算静止障碍物纵向的最小值 start_s（这是代码中的表示方法，在书中表示为 $s_{\text{static}}^{\min}$，二者都是同一含义）和最大值 end_s（在书中表示为 $s_{\text{static}}^{\max}$）对应的索引，如图 6-5 所示的索引 i 和 j，而在 Lattice 算法中，皆是通过 start_s 利用函数 std::lower_bound() 和 std::upper_bound() 表示。作者对此有不同理解，认为应该分别通过 start_s 与对应的 std::lower_bound()，以及 end_s 与对应的 std::upper_bound() 求解，这样才能体现出静止障碍物跨越的索引范围。供读者参考。

6.2.4 基于二次规划（OSQP）的横向运动轨迹规划模型的构建与求解

OSQP（Operator Splitting Quadratic Program）是一种特殊的非线性规划，也是标准的凸优化问题，能够快速求解。在路径/轨迹优化中经常建模为二次优化问题并对此进行求解。

1. 基于二次规划的横向运动轨迹模型

优化在很多领域发挥着重要应用，其中自动驾驶的运动规划可以看作一个优化问题，根据实际情况进行合理简化和建模。一个优化问题包含优化目标和约束条件（包含等式约束和不等式约束）。

常见的二次规划问题的标准形式如下：

$$\text{minimize} \quad \frac{1}{2}\boldsymbol{x}^{\text{T}}\boldsymbol{P}\boldsymbol{x} + \boldsymbol{q}^{\text{T}}\boldsymbol{x}$$

$$\text{subject to} \quad \boldsymbol{l} \leqslant \boldsymbol{A}^{\text{T}}\boldsymbol{x} \leqslant \boldsymbol{u} \tag{6-38}$$

式中，$\boldsymbol{x} \in \boldsymbol{R}^N$ 表示待优化的变量，$\boldsymbol{P} \in \boldsymbol{S}_+^n$ 是半正定阵，$\boldsymbol{q} \in \boldsymbol{R}^N$。subject to $\boldsymbol{l} \leqslant \boldsymbol{A}\boldsymbol{x} \leqslant \boldsymbol{u}$ 表示约束条件，$\boldsymbol{l}$（lower bound）和 $\boldsymbol{u}$（upper bound）分别表示约束的上下限，并且 $\boldsymbol{l},\boldsymbol{u} \in \boldsymbol{R}^m$，表示有 m 个约束条件。$\boldsymbol{A}^{\text{T}} \in \boldsymbol{R}^{m \times N}$。

2. 基于二次规划的横向运动轨迹模型的目标函数的描述与构建

在实际构造横向运动轨迹模型时，主要的思想是二次规划。为了便于读者的理解，书中分别对目标函数和约束条件进行详细分析。基于二次规划的横向运动轨迹模型的目标函数描述如下：

$$\text{minimize}\left\{ w_d \sum_{i=0}^{N-1} x_i^2 + w_{d'} \sum_{i=0}^{N-1} (x_i')^2 + w_{d''} \sum_{i=0}^{N-1} (x_i'')^2 + w_{\text{obs}} \left[\sum_{i=0}^{N-1} (x_i - B_{\min}(i))^2 + \sum_{i=0}^{N-1} (x_i - B_{\max}(i))^2 \right] \right\} \tag{6-39}$$

式中,x_i,x_i',x_i''分别表示第i个轨迹点的横向偏移量(此处指的是相对参考线而言),横向偏移量对纵向距离的一阶导数$\left(可以表示为\frac{\partial x}{\partial s}\right)$和横向偏移量对纵向距离的二阶偏导数$\left(可以表示为\frac{\partial^2 x}{\partial^2 s}\right)$。$N$的含义同式(6-18),在Lattice算法中该值被设为60。$B_{\min}(i)$和$B_{\max}(i)$的含义同式(6-37),只不过把s_i换成了i,含义都表示第i个纵向轨迹点。w_d、$w_{d'}$、$w_{d''}$和w_{obs}分别表示横向偏移量、横向偏移量的一阶偏导数、二阶偏导数和自车与运动边界距离的惩罚系数,具体如图6-6所示。可以看到,目标函数在构造时并没有考虑横向偏移量的三阶偏导数。

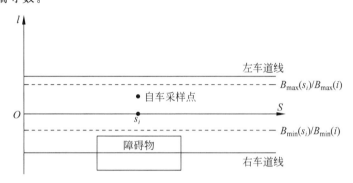

图6-6 二次规划目标函数中横向偏移量与障碍物的关系

此时的目标函数和标准型还有一些差异,需要对式(6-39)进行进一步推导,过程如下:

$$w_d \sum_{i=0}^{N-1} x_i^2 + w_{d'} \sum_{i=0}^{N-1} (x_i')^2 + w_{d''} \sum_{i=0}^{N-1} (x_i'')^2 + w_{obs} \left[\sum_{i=0}^{N-1} (x_i - B_{\min}(i))^2 + \sum_{i=0}^{N-1} (x_i - B_{\max}(i))^2 \right]$$

$$= w_d \sum_{i=0}^{N-1} x_i^2 + w_{d'} \sum_{i=0}^{N-1} (x_i')^2 + w_{d''} \sum_{i=0}^{N-1} (x_i'')^2 + w_{obs} \left[\sum_{i=0}^{N-1} x_i^2 - 2\sum_{i=0}^{N-1} x_i B_{\min}(i) + \sum_{i=0}^{N-1} B_{\min}^2(i) + \sum_{i=0}^{N-1} x_i^2 - 2\sum_{i=0}^{N-1} x_i B_{\max}(i) + \sum_{i=0}^{N-1} B_{\max}^2(i) \right]$$

$$= w_d \sum_{i=0}^{N-1} x_i^2 + w_{d'} \sum_{i=0}^{N-1} (x_i')^2 + w_{d''} \sum_{i=0}^{N-1} (x_i'')^2 + w_{obs} \left[2\sum_{i=0}^{N-1} x_i^2 - 2\sum_{i=0}^{N-1} x_i (B_{\min}(i) + B_{\max}(i)) + \sum_{i=0}^{N-1} B_{\min}^2(i) + \sum_{i=0}^{N-1} B_{\max}^2(i) \right]$$

$$= (w_d + 2w_{obs}) \sum_{i=0}^{N-1} x_i^2 + w_{d'} \sum_{i=0}^{N-1} (x_i')^2 + w_{d''} \sum_{i=0}^{N-1} (x_i'')^2 - 2w_{obs} \sum_{i=0}^{N-1} x_i \sum B(i) + w_{obs} \times \left[\sum_{i=0}^{N-1} B_{\min}^2(i) + \sum_{i=0}^{N-1} B_{\max}^2(i) \right] \tag{6-40}$$

式中,$B(i)$表示$B_{\min}(i) + B_{\max}(i)$。由前述及式(6-37)可知,$B_{\min}(i)/B_{\min}(s_i)$与$B_{\max}(i)/$

$B_{\max}(s_i)$ 都是常数，因此，$\sum_{i=0}^{N-1} B_{\min}^2(i) + \sum_{i=0}^{N-1} B_{\max}^2(i)$ 是常数，对目标函数没有影响，可以不予考虑。因为 $2w_{\text{obs}}$ 和 w_{obs} 都是常数，所以可以把 $\sum_{i=0}^{N-1} x_i^2$ 的系数 $2w_{\text{obs}}$ 重写为 w_{obs}，将一次项 $\sum_{i=0}^{N-1} x_i \sum B(i)$ 的系数 w_{obs} 重写为 w'_{obs}，以示区别，这并不会影响目标函数的表达，因此，式(6-40)可以重写为

$$(w_d + w_{\text{obs}}) \sum_{i=0}^{N-1} x_i^2 + w_{d'} \sum_{i=0}^{N-1} (x'_i)^2 + w_{d''} \sum_{i=0}^{N-1} (x''_i)^2 - 2w'_{\text{obs}} \sum_{i=0}^{N-1} x_i \sum B(i)$$

(6-41)

为了和式(6-38)二次规划标准模型的目标函数保持一致，主要是二次项的系数为 1/2，所以式(6-41)可以写为

$$\text{minimize} \quad \frac{1}{2} \left\{ (2w_d + 2w_{\text{obs}}) \sum_{i=0}^{N-1} x_i^2 + 2w_{d'} \sum_{i=0}^{N-1} (x'_i)^2 + 2w_{d''} \sum_{i=0}^{N-1} (x''_i)^2 \right\}$$
$$- 2w'_{\text{obs}} \sum_{i=0}^{N-1} x_i \sum B(i)$$

(6-42)

式中，二次项前面的常数 2 主要是为了抵消标准型中的系数 1/2。接下来就需要把目标函数的形式整理成为标准的二次型。由前面的分析可以知道，自车在 t_0 时刻每间隔 Δs（$\Delta s = 1\text{m}$），在 $[s(t_0), s(t_0)+60]$ 区间内规划了 N（$N=60$）个离散点，而每个点都需要求解横向运动距离 l_i，以及横向运动距离的一阶偏导数 $l'_i \Big/ \dfrac{\partial l_i}{\partial s}$ 和二阶偏导数 $l''_i \Big/ \dfrac{\partial^2 l_i}{\partial^2 s}$，如图 6-7 所示。

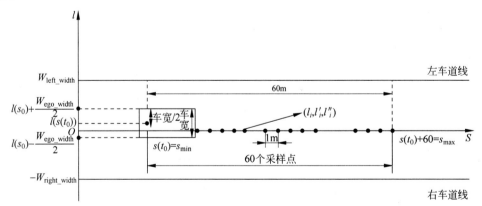

图 6-7 自车离散采样点与单个采样点的关系示意

因此，可以知道，横向运动轨迹模型的自变量共有 $60 \times 3 = 180$ 个。它的向量形式表示如下：

$$\boldsymbol{x} = \begin{pmatrix} x_0 \\ x_1 \\ \cdots \\ x_i \\ \cdots \\ x_{59} \\ x'_{60} \\ \cdots \\ x'_i \\ \cdots \\ x'_{119} \\ x''_{120} \\ \cdots \\ x''_i \\ \cdots \\ x''_{179} \end{pmatrix}_{180 \times 1} \quad (6\text{-}43)$$

在明确了自变量的表现形式后,需要分两步考虑目标函数的矩阵。第 1 步解决半正定矩阵 $\boldsymbol{P}$ 的表示问题。对于这个问题,可以分段考虑一下半正定矩阵的表示(每段对应 60 个变量)。首先考虑 0~59 行与 0~59 列的系数,根据式(6-42)可知半正定矩阵 $\boldsymbol{P}$ 的前 0~59 行和列的系数如图 6-8 所示。该系数对应的变量是式(6-42)目标函数中的 x_i^2。在 Lattice 算法中,$w_d = 1.0$ 且 $w_{\text{obs}} = 0.0$。

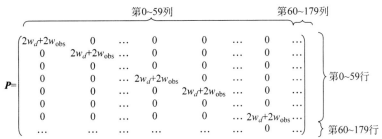

图 6-8 半正定矩阵 $\boldsymbol{P}$ 中 0~59 行与 0~59 列的系数

同理可知,半正定矩阵 $\boldsymbol{P}$ 的第 60~119 行与 60~119 列的系数表示如图 6-9 所示。该段系数对应的变量是式(6-42)目标函数中的 $(x'_i)^2$。在 Lattice 算法中,$w'_d = 500$。

由此依次可推知,半正定矩阵 $\boldsymbol{P}$ 的第 120~179 行与 120~179 列的系数表示如图 6-10 所示。该段系数对应的变量是式(6-42)目标函数中的 $(x''_i)^2$。在 Lattice 算法中,$w''_d = 1000$。

所以,目标函数中的半正定矩阵 $\boldsymbol{P}$ 可表示为

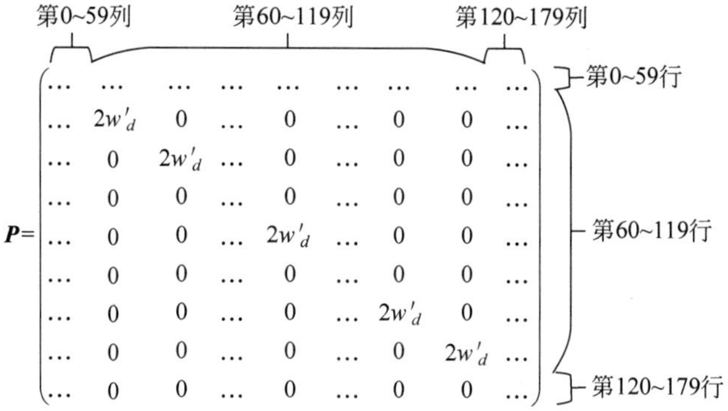

$$P = \begin{bmatrix} \cdots & \cdots & \cdots & \cdots & \cdots & \cdots & \cdots & \cdots \\ \cdots & 2w'_d & 0 & \cdots & 0 & \cdots & 0 & \cdots \\ \cdots & 0 & 2w'_d & \cdots & 0 & \cdots & 0 & \cdots \\ \cdots & 0 & 0 & \cdots & 0 & \cdots & 0 & \cdots \\ \cdots & 0 & 0 & \cdots & 2w'_d & \cdots & 0 & \cdots \\ \cdots & 0 & 0 & \cdots & 0 & \cdots & 0 & \cdots \\ \cdots & 0 & 0 & \cdots & 0 & 2w'_d & 0 & \cdots \\ \cdots & 0 & 0 & \cdots & 0 & \cdots & 2w'_d & \cdots \\ \cdots & 0 & 0 & \cdots & 0 & \cdots & 0 & \cdots \end{bmatrix}$$

图 6-9 半正定矩阵 P 中第 $60\sim119$ 行与第 $60\sim119$ 列的系数

$$P = \begin{bmatrix} \cdots & \cdots & \cdots & \cdots & \cdots & \cdots & \cdots \\ \cdots & 2w''_d & 0 & \cdots & 0 & 0 & \cdots & 0 \\ \cdots & 0 & 2w''_d & \cdots & 0 & 0 & \cdots & 0 \\ \cdots & 0 & 0 & \cdots & 0 & 0 & \cdots & 0 \\ \cdots & 0 & 0 & \cdots & 2w''_d & 0 & \cdots & 0 \\ \cdots & 0 & 0 & \cdots & 0 & 2w''_d & \cdots & 0 \\ \cdots & 0 & 0 & \cdots & 0 & 0 & \cdots & 0 \\ \cdots & 0 & 0 & \cdots & 0 & 0 & \cdots & 2w''_d \end{bmatrix}$$

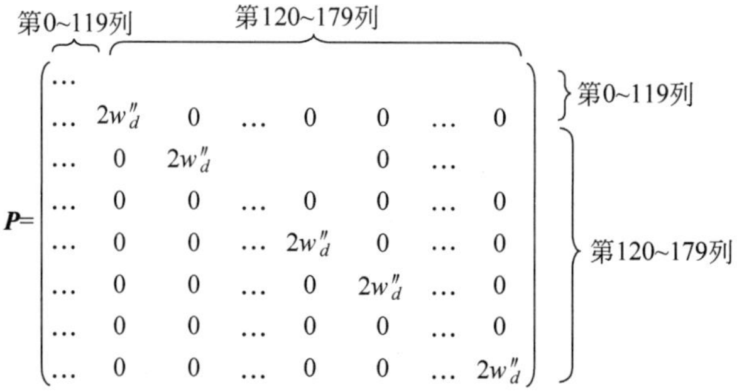

图 6-10 半正定矩阵 P 中第 $60\sim119$ 行与第 $60\sim119$ 列的系数

$$P = \begin{bmatrix} 2w_d+2w_{obs} & 0 & \cdots & 0 & 0 & 0 & 0 & \cdots & 0 & 0 & 0 & \cdots & 0 & 0 \\ 0 & 2w_d+2w_{obs} & \cdots & 0 & 0 & 0 & 0 & \cdots & 0 & 0 & 0 & \cdots & 0 & 0 \\ 0 & 0 & \cdots & 0 & 0 & 0 & 0 & \cdots & 0 & 0 & 0 & \cdots & 0 & 0 \\ 0 & 0 & \cdots & 2w_d+2w_{obs} & 0 & 0 & 0 & \cdots & 0 & 0 & 0 & \cdots & 0 & 0 \\ 0 & 0 & \cdots & 0 & 2w_d+2w_{obs} & 0 & 0 & \cdots & 0 & 0 & 0 & \cdots & 0 & 0 \\ 0 & 0 & \cdots & 0 & 0 & 2w'_d & 0 & \cdots & 0 & 0 & 0 & \cdots & 0 & 0 \\ 0 & 0 & \cdots & 0 & 0 & 0 & 2w'_d & \cdots & 0 & 0 & 0 & \cdots & 0 & 0 \\ \cdots & \cdots & \cdots & \cdots & \cdots & \cdots & \cdots & \cdots & \cdots & \cdots & \cdots & \cdots & \cdots & \cdots \\ 0 & 0 & \cdots & 0 & 0 & 0 & 0 & \cdots & 2w'_d & 0 & 0 & \cdots & 0 & 0 \\ 0 & 0 & \cdots & 0 & 0 & 0 & 0 & \cdots & 0 & 2w'_d & 0 & \cdots & 0 & 0 \\ 0 & 0 & \cdots & 0 & 0 & 0 & 0 & \cdots & 0 & 0 & 2w''_d & \cdots & 0 & 0 \\ 0 & 0 & \cdots & 0 & 0 & 0 & 0 & \cdots & 0 & 0 & 0 & \cdots & 2w''_d & 0 \\ 0 & 0 & \cdots & 0 & 0 & 0 & 0 & \cdots & 0 & 0 & 0 & \cdots & 0 & 2w''_d \end{bmatrix}$$

(6-44)

在得到了目标函数的二次项半正定系数矩阵 P 后,第 2 步则需要解决目标函数中一次项系数矩阵 q。由式(6-42)可知,每个自变量 x_i 所对应的系数为

$$-2w'_{\text{obs}}\sum B(i) = -2w'_{\text{obs}}(B_{\min}(i) + B_{\max}(i)) \tag{6-45}$$

因此,根据式(6-43),可得一次项系数矩阵 q 的表示。

$$q = \begin{bmatrix} -2w_{\text{obs}}(B_{\min}(0) + B_{\max}(0)) \\ -2w_{\text{obs}}(B_{\min}(1) + B_{\max}(1)) \\ \cdots \\ -2w_{\text{obs}}(B_{\min}(58) + B_{\max}(58)) \\ -2w_{\text{obs}}(B_{\min}(59) + B_{\max}(59)) \\ 0 \\ \cdots \\ 0 \end{bmatrix} \tag{6-46}$$

由式(6-46)可知,对于系数矩阵 q 的第 0~59 行分别为

$$-2w'_{\text{obs}}(B_{\min}(i) + B_{\max}(i)) \quad (i = 0, 1, \cdots, 59) \tag{6-47}$$

其余行的值皆为 0。在 Lattice 算法中,$w'_{\text{obs}} = 0.0$,因此,可得目标函数的表示为

$$\text{minimize} \quad \frac{1}{2}\boldsymbol{x}^{\mathrm{T}}\boldsymbol{P}\boldsymbol{x} + \boldsymbol{q}^{\mathrm{T}}\boldsymbol{x} \tag{6-48}$$

式中,x 的含义见式(6-43),P 的含义见式(6-44),q 的含义见式(6-46)。

注意:通过对于目标函数中二次项的半正定矩阵 P 一次项系数矩阵 q 的分析可知,反映自车横向运动距离与障碍物的差值的惩罚系数 w_{obs} 和一次项惩罚系数 w'_{obs} 的初值均被设为 0。这表明在基于二次规划的横向运动轨迹模型的工程实现过程中,并没有考虑自车与障碍物的距离。自车与障碍物的这种关系是否应该考虑?在哪里考虑?这个问题也希望读者独立思考。后续会和读者继续分享这个话题。

---

3. 基于二次规划的横向运动轨迹模型的约束条件的描述与构建

约束条件是二次规划描述的核心问题之一。在 Lattice 算法中,对于约束条件的描述可以分为 3 部分:一是关于横向运动轨迹连续性、光滑性和舒适性(横向运动的加加速度)的描述;二是关于横向运动距离、横向运动距离的一阶导和二阶导的限制的描述;三是关于横向运动初值的描述。

1) 横向运动轨迹连续性、光滑性和舒适性的描述

横向运动轨迹的连续性和光滑性是通过泰勒展开进行的描述,而舒适性则是通过对横向加加速度的限制达成的。

(1) 横向运动轨迹的连续性描述。

数学上,对于在点 x_0 连续的定义可以描述为

$$\lim_{\Delta x \to 0} \Delta y = \lim_{\Delta x \to 0} [f(x_0 + \Delta x) - f(x_0)] = 0 \tag{6-49}$$

由此,也有了左连续和右连续的定义。如果 $\lim_{x \to x_0^-} f(x) = f(x_0^-)$ 存在且等于 $f(x_0)$,即

$$f(x_0^-) = f(x_0) \tag{6-50}$$

则表明函数 $f(x)$ 在 x_0 左连续。如果 $\lim\limits_{x \to x_0^+} f(x) = f(x_0^+)$ 存在且等于 $f(x_0)$，即

$$f(x_0^+) = f(x_0) \tag{6-51}$$

则表明函数 $f(x)$ 在 x_0 右连续。类比于函数在点 x_0 处连续的定义，对于横向运动轨迹二次规划的变量，由式(6-43)可知，可以设在 $s_{i-1}, s_i, s_{i+1}(i=1,2,\cdots,N-2)$ 处的变量分别为 $(l_{i-1}, l'_{i-1}, l''_{i-1})$、$(l_i, l'_i, l''_i)$ 和 $(l_{i+1}, l'_{i+1}, l''_{i+1})$。为了与二次规划的自变量表示一致，我们设为 $(x_{i-1}, x'_{i-1}, x''_{i-1})$、$(x_i, x'_i, x''_i)$ 和 $(x_{i+1}, x'_{i+1}, x''_{i+1})$。为了与代码一致，将 Δx 记为 Δs，因此，横向运动轨迹在点 x_i 和 x_{i+1} 点处连续，分别可以描述为

$$x_i = x_{i-1} + x'_{i-1}\Delta s + \frac{1}{2!}x''_{i-1}\Delta s^2 + \frac{1}{3!}x'''_{i-1}\Delta s^3 \tag{6-52}$$

$$x_{i+1} = x_i + x'_i\Delta s + \frac{1}{2!}x''_i\Delta s^2 + \frac{1}{3!}x'''_i\Delta s^3 \tag{6-53}$$

可以看到，无论是式(6-52)还是式(6-53)，等号左侧都是待求解的自变量，而右侧则是函数在点 x_i 和 x_{i+1} 处的泰勒展开。读者可能会有疑问，为什么要用泰勒展开？泰勒展开在这儿表示什么意思？对于这个问题会在后续和大家探讨。

通过对式(6-52)和式(6-53)，与式(6-49)～式(6-51)中连续的描述，不难看出，在约束条件中连续表达的是右连续，这是由变量 Δs 大于零所导致的。这也体现出理论与工程实践的差异性。

然而，读者会发现，式(6-52)和式(6-53)都属于泰勒的 3 次项展开，而前面给出的二次规划标准型中的变量只涉及了二阶导，因此，这就涉及用二阶导表示三阶导。令

$$x'''_{i-1} = \frac{x''_i - x''_{i-1}}{\Delta s} \tag{6-54}$$

$$x'''_i = \frac{x''_{i+1} - x''_i}{\Delta s} \tag{6-55}$$

因此，式(6-52)可修改为

$$\begin{aligned} x_i &= x_{i-1} + x'_{i-1}\Delta s + \frac{1}{2!}x''_{i-1}\Delta s^2 + \frac{1}{3!}x'''_{i-1}\Delta s^3 \\ &= x_{i-1} + x'_{i-1}\Delta s + \frac{1}{2!}x''_{i-1}\Delta s^2 + \frac{1}{6} \times \frac{x''_i - x''_{i-1}}{\Delta s} \times \Delta s^3 \\ &= x_{i-1} + x'_{i-1}\Delta s + \frac{1}{3}x''_{i-1}\Delta s^2 + \frac{1}{6}x''_i\Delta s^2 \end{aligned} \tag{6-56}$$

同理可得

$$x_{i+1} = x_i + x'_i\Delta s + \frac{1}{3}x''_i\Delta s^2 + \frac{1}{6}x''_{i+1}\Delta s^2 \tag{6-57}$$

因此，横向运动轨迹连续性约束可以表示为

$$0 \leqslant x_{i+1} - x_i - x'_i\Delta s - \frac{1}{3}x''_i\Delta s^2 - \frac{1}{6}x''_{i+1}\Delta s^2 \leqslant 0 \quad (i=0,1,\cdots,N-2) \tag{6-58}$$

式中,可以看到左右约束均为 0,或者表示为 lower_bound(i)=0,并且 upper_bound(i)=0。为了与代码中的表示一致,式(6-58)也可以表示为

$$\text{lower\_bound}(i) \leqslant x_{i+1} - x_i - x'_i \Delta s - \frac{1}{3} x''_i \Delta s^2 - \frac{1}{6} x''_{i+1} \Delta s^2 \leqslant \text{upper\_bound}(i) \tag{6-59}$$

式中,lower_bound(i)和 lower_bound(i)分别表示第 i 个约束条件的上下边界,i 的含义同式(6-58)。

注意:式(6-52)~式(6-59)处的索引号 i,涉及的是横向运动 x_i,从式(6-43)可以知道,索引号的范围都是 $i \in [0, N-1]$,或者 $i \in [0, 58]$,而对于相对应的 x'_i 和 x''_i,索引序号按照式(6-43)的表示方法,应该分别是 $i \in [N, 2N-1]$ 和 $i \in [2N, 3N-1]$,或者 $i \in [60, 119)$ 和 $i \in [120, 179)$。之所以没有按式(6-43)的顺序进行标注,主要是为了读者便于理解连续性和泰勒公式的表示。在实际的工程代码中还是有所区别的,也希望读者在对照理论与代码时注意理解。

---

(2) 横向运动轨迹的光滑性(平滑性)描述。

数学中,曲线的光滑性一般用可导性表示。我们知道,车辆在行驶过程中,为了保持转向中的舒适性,一般需要避免猛打方向盘,所以如果横向运动轨迹曲线在某点连续却不可导,则会导致方向盘"猛打",从而带来非常差的驾车体验。这种现象无论是横向规划还是控制都是不希望发生的,如图 6-11 所示。可以看到,曲线中的 A 点与 B 点都不可导。虽然整段运动曲线是连续的,但是可导性却反映了对于车辆横向运动时的稳定性。

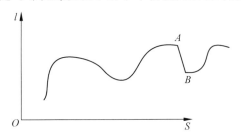

图 6-11 具有不可导点的横向运动轨迹曲线示意图

对于曲线在点 x_0 处的可导性,一般定义

$$f'(x_0) = \lim_{\Delta x \to 0} \frac{\Delta y}{\Delta x} = \lim_{\Delta x \to 0} \frac{f(x_0 + \Delta x) - f(x_0)}{\Delta x} \tag{6-60}$$

式中,如果点 x_0 处的极限存在,则说明该曲线在点 x_0 可导。同连续中的左连续和右连续一样,点 x_0 的导数也存在左导数与右导数,而在点 x_0 可导的充要条件也是左导数与右导数存在且相等,而对于光滑性的定义,在理论上一般认为该函数有无穷阶导数,而在实际的工程实践中很难找到这样的曲线函数,因此,一般会考虑曲线的有限阶可导性。例如一阶、二阶或三阶等。在 Lattice 算法中,对于二次规划的约束条件则主要考虑了一阶导数的连续性。如式(6-56)所示,函数曲线在点 x_{i+1} 的泰勒展开如下式所示。

$$x_{i+1} = x_i + x'_i \Delta s + \frac{1}{2!} x''_i \Delta s^2 + \frac{1}{3!} x'''_i \Delta s^3 \tag{6-61}$$

一阶导数的连续性可表示如下：

$$x'_{i+1} = x'_i + x''_i \Delta s + \frac{1}{2} x'''_i \Delta s^2 \tag{6-62}$$

将式(6-55)代入，可得

$$x'_{i+1} = x'_i + x''_i \Delta s + \frac{1}{2} \frac{x''_{i+1} - x''_i}{\Delta s} \Delta s^2$$

$$= x'_i + \frac{1}{2}(x''_{i+1} + x''_i) \Delta s \tag{6-63}$$

类似式(6-58)和式(6-59)，式(6-63)可写为

$$0 \leqslant x'_{i+1} - x'_i - \frac{1}{2}(x''_{i+1} + x''_i) \Delta s \leqslant 0 \quad (i = 0,1,\cdots,N-2) \tag{6-64}$$

$$\text{lower\_bound}(i) \leqslant x'_{i+1} - x'_i - \frac{1}{2}(x''_{i+1} + x''_i) \Delta s \leqslant \text{upper\_bound}(i) \quad (i = 0,1,\cdots,N-2) \tag{6-65}$$

注意：式(6-61)~式(6-65)处的索引号 i，涉及的均是 x'_i 和 x''_i，之所以写成 $i \in [0, N-2]$，理由同上，在这里就不再赘述了。

(3) 横向运动轨迹舒适性的描述。

对于物体运动性质的描述，一般会采用位移 s、速度 $\frac{\partial s}{\partial t}$ 和加速度 $\frac{\partial^2 s}{\partial^2 t}$ 等物理量，而加加速度 $\frac{\partial^3 s}{\partial^3 t}$（也称为 jerk）则可以反映自车加速度的变化的平滑性。如果该函数连续，则可以说明驾驶的舒适性。对于横向运动而言，$\frac{\partial^3 x}{\partial^3 s}$ 中 x 表示横向运动距离，为了和二次规划模型一致，没有采用 $\frac{\partial^3 l}{\partial^3 s}$。然而，可以看到，在 Lattice 算法中并没有出现 3 阶偏导数，这也就说明算法中并没有用 3 阶偏导数连续的概念描述横向运动的舒适性，其舒适性的描述用下式表示：

$$-\text{third\_order\_derivative\_max} \leqslant \frac{x''_{i+1} - x''_i}{\Delta s} \leqslant \text{third\_order\_derivative\_max} \tag{6-66}$$

式中，x''_{i+1}，x''_i 的意义同式(6-52)。third_order_derivative_max 表示常数，在 Lattice 算法中被初始化为 0.1。不难看出，对于横向运动轨迹舒适性的描述是通过对 3 阶偏导数 $\frac{\partial^3 x_i}{\partial^3 s}$ 的取值范围进行限制达成的，而为了与前面的描述一致，可以令

$$\text{lower\_bound}(i) = -\text{third\_order\_derivative\_max} \times \Delta s \tag{6-67}$$

$$\text{upper\_bound}(i) = \text{third\_order\_derivative\_max} \times \Delta s \tag{6-68}$$

因此,式(6-66)可以写为

$$\text{lower\_bound}(i) \leqslant x''_{i+1} - x''_i \leqslant \text{upper\_bound}(i) \quad (i = 0, 1, \cdots, N-2) \tag{6-69}$$

注意:通过对横向运动轨迹连续性、平滑性和舒适性这3个约束条件的描述,可以看到,每个约束条件均有 $N-1$ 个,范围为 $[0, N-2]$,所以这3个约束条件构成的约束不等式共有 $3 \times (N-1)$ 个,与代码中也相对应,后续在代码分析中会详细说明。

2) 横向运动距离、横向运动距离的一阶导和二阶导的限制的描述

由图6-6可以看到,每个点 s_i 对应的横向运动距离 x_i 与运动边界的关系如下所示。

$$B_{\min}(i) \leqslant x_i \leqslant B_{\max}(i) \quad (i = 0, 1, 2, \cdots, N-1) \tag{6-70}$$

式中,$B_{\min}(i)$ 和 $B_{\max}(i)$ 的含义同式(6-37)。如将各点 $B_{\min}(i)$ 和 $B_{\max}(i)$ 的值赋给约束条件的上下界,即

$$\text{lower\_bound}(i) = B_{\min}(i) \quad \text{upper\_bound}(i) = B_{\max}(i) \tag{6-71}$$

则式(6-70)可改写为

$$\text{lower\_bound}(i) \leqslant x_i \leqslant \text{upper\_bound}(i) \quad (i = 0, 1, 2, \cdots, N-1) \tag{6-72}$$

对于横向运动距离的一阶导和二阶导,在Lattice算法中则比较简单,是根据经验进行了取值的限定,如下所示。

$$-D_{\text{large\_value}} \leqslant x'_i \leqslant D_{\text{large\_value}} \quad (i = 0, 1, \cdots, N-1) \tag{6-73}$$

$$-D_{\text{large\_value}} \leqslant x''_i \leqslant D_{\text{large\_value}} \quad (i = 0, 1, \cdots, N-1) \tag{6-74}$$

式中,$D_{\text{large\_value}}$ 表示常数,在Lattice算法中设为2。为保持约束条件的一致性会将 $-D_{\text{large\_value}}$ 和 $D_{\text{large\_value}}$ 分别赋值给 x'_i 和 x''_i 的下限 $\text{lower\_bound}(i)$ 和上限 $\text{upper\_bound}(i)$。则横向运动距离 x_i 的一阶导和二阶导可表示为

$$\text{lower\_bound}(i) \leqslant x'_i \leqslant \text{upper\_bound}(i) \quad (i = 0, 1, \cdots, N-1) \tag{6-75}$$

$$\text{lower\_bound}(i) \leqslant x''_i \leqslant \text{upper\_bound}(i) \quad (i = 0, 1, \cdots, N-1) \tag{6-76}$$

注意:在式(6-72)、式(6-75)和式(6-76)中,可以看到总的约束条件的数量为 $3N$ 或180。然而,需要读者注意的是索引在二次规划模型中的顺序。根据式(6-43)可以知道,横向运动距离 x_i 对应的索引号的区间为 $[0,59]$,x'_i 对应的索引号区间为 $[60,119]$,x''_i 对应的索引号区间为 $[120,179]$。这也就决定了上限和下限在约束矩阵 $\boldsymbol{A}$ 中的位置。后续在对约束矩阵 $\boldsymbol{A}$ 的分析与代码解析中,读者可进行前后对比。

3) 横向运动初值的描述

由前述可知,如果自车初始 t_0 时刻的横向运动距离 $l(s(t_0))$、一阶导 $\left.\dfrac{\partial l}{\partial s}\right|_{s=s(t_0)}$ 和二阶导 $\left.\dfrac{\partial^2 l}{\partial^2 s}\right|_{s=s(t_0)}$ 均为已知,则初始时刻的约束条件可如下描述。

$$l(s(t_0)) \leqslant x_i \leqslant l(s(t_0)) \tag{6-77}$$

$$\left.\frac{\partial l}{\partial s}\right|_{s=s(t_0)} \leqslant x'_j \leqslant \left.\frac{\partial l}{\partial s}\right|_{s=s(t_0)} \tag{6-78}$$

$$\left.\frac{\partial^2 l}{\partial^2 s}\right|_{s=s(t_0)} \leqslant x''_k \leqslant \left.\frac{\partial^2 l}{\partial^2 s}\right|_{s=s(t_0)} \tag{6-79}$$

将已知的初值赋给式(6-77)～式(6-79)中对应的上限和下限后,可如下表示。

$$\text{lower\_bound}(i) \leqslant x_i \leqslant \text{upper\_bound}(i) \tag{6-80}$$

$$\text{lower\_bound}(j) \leqslant x'_j \leqslant \text{upper\_bound}(j) \tag{6-81}$$

$$\text{lower\_bound}(k) \leqslant x''_k \leqslant \text{upper\_bound}(k) \tag{6-82}$$

式中,i、j 和 k 为常数,它们分别对应的变量应该是 x_0、x'_{60} 和 x''_{120},即 $i=0$、$j=60$ 和 $k=120$。

4) 约束矩阵 A 的构建

为了与代码一致,我们将主要描述矩阵 A 的构建过程,而在标准型中体现的是 A^T。书中会在构建过程后进行转置的显示。由式(6-38)和式(6-43)的前述分析可知,$A^T \in R^{m \times n}$ 中的 $m=360$,$n=180$,这表明约束条件一共有 360 个,而 A 则是一个 180 行 360 列的矩阵。由此,读者也可以看出,矩阵 A 的行数与轨迹点的数量或者自变量的数目相关,列数反映的则是约束条件的个数,因此,可以看到,约束条件一共 360 个。

(1) 横向运动轨迹舒适性系数的构建。

之所以首先构建横向运动轨迹舒适性条件,主要目的是与代码的实现过程相一致。由前述分析可知,矩阵 A 中的舒适性部分系数如图 6-12 所示。

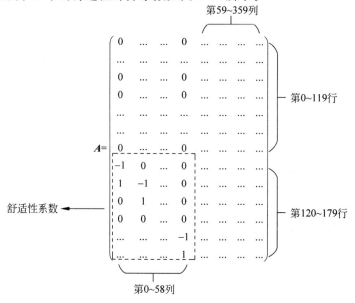

图 6-12 约束矩阵 A 中舒适性部分系数示意图

从图 6-12 可以看出,矩阵 A 的第 $120\sim 179$ 行与第 $0\sim 58$ 列就是横向运动距离三阶导中的二阶导差值系数。

注意:此处运动舒适性系数之所以分布在第 $0\sim 58$ 列,而不是分布在第 $0\sim 59$ 列的原因在于,二次规划的约束条件在反映横向运动的连续性和可导性时都是通过右连续和右可导界定的。所以,对于 60 个采样点而言,均不包括最后一个采样点。运动的舒适性在定义三阶可导时,也是通过右可导的方式实现的,所以这 3 组约束条件的数目一共是 $59\times 3=177$ 个。由于轨迹点的序号是从 0 开始的,因此,根据代码的实现分析,在矩阵 A 中,对应的列序号区间为 $[0,58]$。由此,读者也可以推断出,横向运动轨迹连续性对应的列索引区间为 $[59,117]$、平滑性对应的索引区间为 $[118,176]$。读者也可以在后续的代码分析中进行比对分析。

(2) 横向运动平滑性系数的构建。

同横向运动的舒适性一致,横向运动的平滑性在矩阵 A 中也同样占据 60 行 59 列,根据式(6-65)的分析可知,具体位置与系数的表示方法如图 6-13 所示。

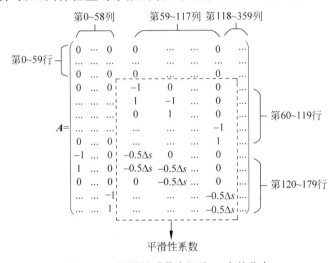

图 6-13 平滑性系数在矩阵 A 中的分布

(3) 横向运动连续性系数的构建。

由前述分析可知,横向运动的舒适性只涉及横向距离的二阶导,所以根据式(6-43),它的系数分布在第 $120\sim 179$ 行,而横向运动的可导性或平滑性涉及横向距离的一阶导和二阶导,所以它的系数分布在第 $60\sim 179$ 行。横向运动的连续性根据前面式(6-59)的分析可知,它的系数应该分布在第 $0\sim 179$ 行。具体分布情况如图 6-14 所示。

(4) 横向运动初值的系数构建。

根据 Apollo 6.0 中的代码实现,在构建完横向运动的连续性、平滑性和舒适性约束条件后,需要根据自车在 t_0 时刻的初值构建约束条件。由前述分析可知,矩阵 A 的列表示的是约束条件位置的索引,因此,可以知道,初始条件的约束应该分布在第 177～179 行。具体如图 6-15 所示。理论分析可见式(6-80)～式(6-82)。

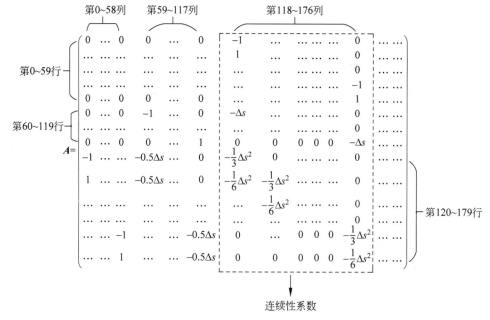

图 6-14 连续性系数在矩阵 A 中的分布

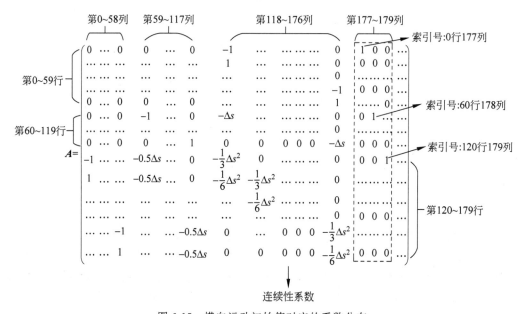

图 6-15 横向运动初始值对应的系数分布

结合图 6-15 与式(6-80)、式(6-81)和式(6-82),可以看到,式中的 i、j 和 k 分别对应 0 行、60 行与 120 行,这与式(6-43)中的自变量的分布相一致。

注意：在式(6-43)的自变量分布中，横向运动的自变量的索引号是 0～59，这里的序号也是同时间对应的，例如需要 0 代表 t_0 时刻，也就是初始时刻，1 代表 t_1 时刻，以此类推，59 则代表 t_{59} 时刻，因此，每个索引号与离散时刻是一一对应的。同理，序号 60～119 和 120～179 则分别对应横向运动的一阶导和二阶导的自变量，而列的索引号则代表了约束条件。按照这个思路来理解，读者会更容易看懂图 6-15。

（5）横向运动距离、横向运动距离的一阶导和二阶导系数的构建。

由式(6-70)～式(6-76)可知，横向运动距离及其横向运动距离的一阶导和二阶导均是对式(6-43)的每个变量取值范围的限制，而且每个自变量都对应一个约束条件，因此，这 3 个方面所对应的约束条件为 180 个，变量也为 180 个，恰好对应一个 180×180 的单位阵。具体如图 6-16 所示。

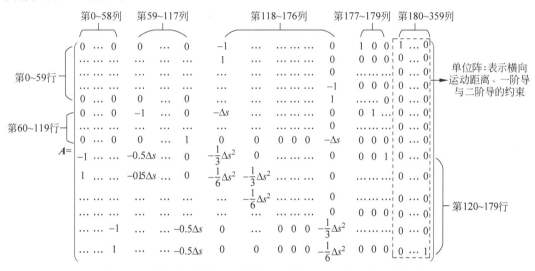

图 6-16　横向运动距离、一阶导与二阶导的自变量对应的系数分布

由于在二次规划的约束条件中，对应的是 A^T，因此，A^T 的具体表现形式如图 6-17 所示。

（6）在约束条件中上限向量 u 与下限向量 l 的构建。

根据前面对于矩阵 A 的分析可知，由于它是一个 180 行 360 列的矩阵，所以它的约束条件也为 360 个，因此，它的下限 lower_bound(i) 和上限 upper_bound(i) 组成了向量 l 和 u，其中，l 与 u 的构建如图 6-18 所示。

4．泰勒展开在二次规划中应用的意义

本节讨论一下泰勒展开的意义。什么是泰勒公式？泰勒公式表达了什么思想？它的应用目的是什么？为什么在描述自车横向运动约束条件时会用到泰勒公式？笔者希望通过这一内容的讲解让读者对于泰勒公式有一个全新的理解和认知。

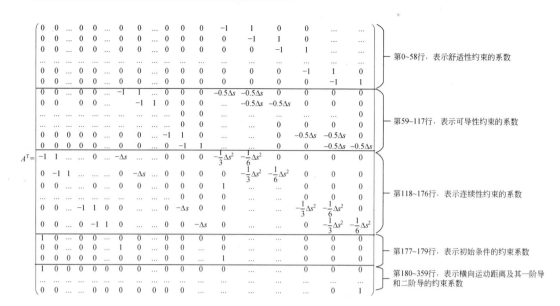

图 6-17　约束矩阵转置 A^T 的系数分布

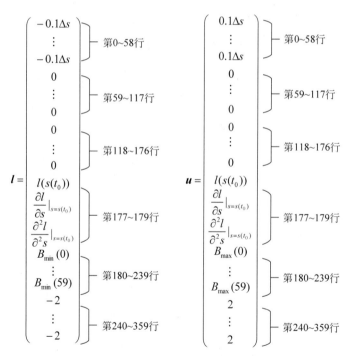

图 6-18　约束条件中的下限与上限向量的阈值分布

1）泰勒展开提出的背景

读者可能在很多工程实践中会碰到这样一个问题,就是利用已知时刻的离散数据去预测未来时刻的数据或者求解各个时刻之间的数据。例如已知 5 个离散时间点的数据

$(x(t_0),y(t_0))$,$(x(t_1),y(t_1))$,$(x(t_2),y(t_2))$,$(x(t_3),y(t_3))$,$(x(t_4),y(t_4))$,可能需要求解当 $x=x(t_5)$ 时,$y(t_5)=?$ 也有可能需要求解当 $x=x(t_1+\Delta t)(t_1<t_1+\Delta t<t_2)$ 时,$y(t_1+\Delta t)=?$ 对于前者,一般称为预测,而对于后者则称为插值。对于插值,相信读者很快就会想到线性插值和基于线性方程的多项式插值(当然,还有很多其他插值方法,此处只是举例,以便使读者理解泰勒展开的背景)。也许此时读者会有疑问,它们和泰勒展开有什么关联呢? 读者可以带着这个疑问,先简单了解一下线性差值、基于线性方程的多项式插值和牛顿插值。

(1) 线性插值。

线性插值较为简单,例如,有 4 个点,如下所示。

$$x_1=1,y_1=3;\ x_2=2,y_2=4;\ x_3=4,y_3=6;\ x_4=5,y_4=8 \quad (6\text{-}83)$$

其分布情况如图 6-19 所示。

线性插值的公式如下:

$$y_k=y_i+\frac{x_k-x_i}{x_{i+1}-x_i}(y_{i+1}-y_i) \quad (6\text{-}84)$$

式中,(x_i,y_i) 和 (x_{i+1},y_{i+1}) 表示线段已知的两个端点的坐标,$x_i\leqslant x_k\leqslant x_{i+1}$,$y_k$ 则是通过线性插值计算出的未知点的纵坐标。

不难看出,线性插值使非线性参量变为线性参量,计算简单方便。缺点则是精度不高。

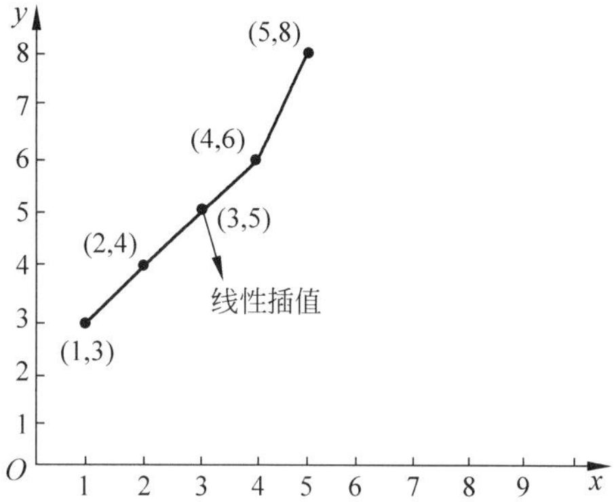

(2) 基于线性方程的多项式插值。

基于多项式的插值,相比于线性插值而言,在数据估算或者预测上精度相对较高。例如,仍然是式(6-83)的 4 组数据,可以假设一个 3 次多项式,如下所示。

图 6-19 线性插值示意图

$$y=a_0+a_1x+a_2x^2+a_3x^3 \quad (6\text{-}85)$$

通过将 4 组数值代入,可以得到一个方程组。

$$\begin{cases} a_0+a_1+a_2+a_3=3 \\ a_0+2a_1+4a_2+8a_3=4 \\ a_0+4a_1+16a_2+64a_3=6 \\ a_0+5a_1+25a_2+125a_3=8 \end{cases} \quad (6\text{-}86)$$

此时,可求得 $a_0=0.25,a_1=-2.25,a_2=7.0,a_3=-2.0$,因此,3 次多项式为

$$y=0.25-2.25\times x+7.0\times x^2-2.0\times x^3 \quad (6\text{-}87)$$

该多项式的曲线性式如图 6-20 所示。通过将 $x=3$ 代入式(6-87),即可得到插值 $y=2.50$。

不难看出,多项式插值的曲线比较平滑,精度相比线性插值高。缺点则是当多项式次数较高时,进行预测时会有明显的"龙格"现象,其次,当有新数据加入时,多项式的系数仍需要重新

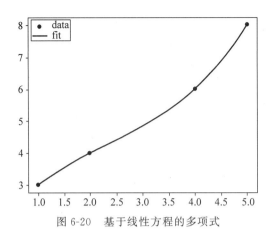

图 6-20　基于线性方程的多项式

计算,这就使计算过程非常繁杂冗余。为此,牛顿插值方法的提出也就有了现实的意义。

(3) 牛顿插值。

关于牛顿插值,可以先看几个例子,通过实例读者可以逐渐明白牛顿插值的基本思路,之后书中会给出求解的基本公式。如已知两点(x_0,y_0)和(x_1,y_1),若要求过两点的曲线,则可设为

$$f(x)=y=y_0+a_1\times(x-x_0) \tag{6-88}$$

不难看出,该函数通过点(x_0,y_0),对于待定系数a_1,可以将点(x_1,y_1)代入式(6-88),可得

$$f(x_1)=y_1=y_0+a_1\times(x_1-x_0) \tag{6-89}$$

因此可得$a_1=\dfrac{y_1-y_0}{x_1-x_0}$。若新加入第 3 点$(x_2,y_2)$,则可设曲线函数为

$$f(x)=y=y_0+a_1\times(x-x_0)+a_2\times(x-x_0)\times(x-x_1) \tag{6-90}$$

可将点(x_2,y_2)代入式(6-90),可得

$$f(x_2)=y_2=y_0+a_1\times(x_2-x_0)+a_2\times(x_2-x_0)\times(x_2-x_1)$$

$$\Rightarrow a_2=\dfrac{y_2-y_0-\dfrac{y_1-y_0}{x_1-x_0}\times(x_2-x_0)}{(x_2-x_0)(x_2-x_1)}$$

$$\Rightarrow a_2=\dfrac{y_2-y_1+\dfrac{y_1-y_0}{x_1-x_0}\times(x_1-x_0)-\dfrac{y_1-y_0}{x_1-x_0}\times(x_2-x_0)}{(x_2-x_0)(x_2-x_1)}$$

$$\Rightarrow a_2=\dfrac{y_2-y_1-\dfrac{y_1-y_0}{x_1-x_0}\times(x_2-x_1)}{(x_2-x_0)(x_2-x_1)}$$

$$\Rightarrow a_2=\left(\dfrac{y_2-y_1}{x_2-x_1}-\dfrac{y_1-y_0}{x_1-x_0}\right)\Big/(x_2-x_0) \tag{6-91}$$

因此，待定系数 a_2 为

$$a_2 = \frac{\dfrac{y_2 - y_1}{x_2 - x_1} - \dfrac{y_1 - y_0}{x_1 - x_0}}{x_2 - x_0} \tag{6-92}$$

以此类推，读者不难推断出，如果给出第 4 个点 (x_3, y_3)，则可设曲线方程为

$$f(x) = y = y_0 + a_1 \times (x - x_0) + a_2 \times (x - x_0) \times (x - x_1) +$$
$$a_3 \times (x - x_0) \times (x - x_1) \times (x - x_2) \tag{6-93}$$

如果读者有兴趣，则可以尝试求解一下待定系数 a_3。由此，根据上述求解待定系数的过程就引出了均差的概念。设一阶均差定义为

$$f[x_j, x_i] = \frac{f(x_j) - f(x_i)}{x_j - x_i} \quad (i \neq j) \tag{6-94}$$

二阶均差可定义为

$$f[x_k, x_j, x_i] = \frac{\dfrac{f(x_k) - f(x_j)}{x_k - x_j} - \dfrac{f(x_j) - f(x_i)}{x_j - x_i}}{x_k - x_i} \quad (i \neq j \neq k) \tag{6-95}$$

读者可以看到，二阶均差来源于一阶均差，以此类推，三阶均差则来自二阶均差，n 阶均差则来自 $n-1$ 阶均差，所以牛顿插值的表示方法为

$$f(x) = f(x_0) + f[x_1, x_0](x - x_0) + f[x_2, x_1, x_0](x - x_0)(x - x_1) + \cdots +$$
$$f[x_{n-2}, x_{n-3}, \cdots, x_0](x - x_0) \cdots (x - x_{n-3}) +$$
$$f[x_{n-1}, x_{n-2}, \cdots, x_0](x - x_0) \cdots (x - x_{n-2}) \tag{6-96}$$

读者看到这里，应该有一种似曾相识的感觉，如果把均差和导数类比，则是不是会得到泰勒展开？

2）泰勒展开及其应用意义

(1) 泰勒展开。

泰勒展开的公式如下所示。

$$f(x) = f(x_0) + \frac{f'(x_0)}{1!}(x - x_0) + \frac{f''(x_0)}{2!}(x - x_0)^2 + \cdots + \frac{f^{(n)}(x_0)}{n!}(x - x_0)^n + R_n(x) \tag{6-97}$$

式中，$R_n(x) = o[(x - x_0)^n]$。看到这里，读者应该会体会到泰勒展开其实就是连续形式的牛顿插值。可令

$$\Delta f(x_0) = f(x_0 + \Delta x) - f(x_0) \tag{6-98}$$

$$\Delta f(x_0 + \Delta x) = f(x_0 + 2\Delta x) - f(x_0 + \Delta x) \tag{6-99}$$

$$\Delta f(x_0 + 2\Delta x) = f(x_0 + 3\Delta x) - f(x_0 + 2\Delta x) \tag{6-100}$$

可认为式(6-98)~式(6-100)皆为函数在 $x_0, x_0 + \Delta x, x_0 + 2\Delta x$ 处的一阶差分。同理，也可定义二阶差分与三阶差分：

$$\Delta^2 f(x_0) = \Delta f(x_0 + \Delta x) - \Delta f(x_0) \tag{6-101}$$

$$\Delta^3 f(x_0) = \Delta^2 f(x_0 + \Delta x) - \Delta^2 f(x_0) \tag{6-102}$$

由此,已知 2 点的牛顿插值(式(6-88))和 3 点的牛顿插值(式(6-90))可表示为

$$f(x) = y = y_0 + \frac{\Delta f(x_0)}{\Delta x} \times (x - x_0) \tag{6-103}$$

$$f(x) = y = y_0 + \frac{\Delta f(x_0)}{\Delta x} \times (x - x_0) + \frac{\Delta^2 f(x_0)}{2\Delta x^2} \times (x - x_0) \times (x - x_1) \tag{6-104}$$

式中,$x_1 = x_0 + \Delta x$。当 $\Delta x = 0$ 时,即可得到泰勒展开:

$$f(x) = y = y_0 + \frac{f'(x_0)}{1!} \times (x - x_0) \tag{6-105}$$

$$f(x) = y = y_0 + \frac{f'(x_0)}{1!} \times (x - x_0) + \frac{f''(x_0)}{2!} \times (x - x_0)^2 \tag{6-106}$$

不难看出,泰勒展开是牛顿插值的又一种表现形式。

(2) 泰勒展开的意义。

对泰勒展开公式的直观理解,泰勒展开是利用多项式去逼近任意函数。而且,从图 6-21 可以看到:泰勒展开的阶数越多,则多项式的次数也就越多,在逼近函数时,和实际值相差的数值会越来越小。那这是不是就意味着可以用已知数据和高阶多项式去逼近或者去预测未来数据呢?

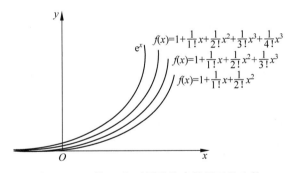

图 6-21 函数 e^x 与不同阶的泰勒展开的比较

就像图 6-21 那样,通过在 $x_0 = 0$ 处的多阶泰勒展开可以尽可能地对原函数进行描述或者预测。这种想法虽然是一种自然而然的事情。然而,在实际的工程实践中却面临诸多的问题,例如在工程中进行数据采集时都会面临数据产生的随机性问题,而数据的随机性分布很难有一个"完美"的数学模型进行描述,因此,数据的随机性与确定性数学模型之间的差异性所导致的结果的不确定性使这一问题无法得到圆满解决。再如,在实际的工程实践中,得到的都是有限时间的有限数据,利用有限数据预测未来数据的结果,从数学归纳的角度而言,也是一种不完全归纳的思想,而不完全归纳的思想也是一种确定性数学模型的思维逻辑。然而,现实世界却充满着随机性。这就好像一辆行驶的汽车,虽然可以根据历史的数据来预测未来的轨迹,但是,不同的驾驶员的开车习惯不一样,即使同一个驾驶员,他的驾驶习惯也可能被各种因素所影响,所以利用不完全归纳的思想来拟合高度不确定性事件,所带来

的误差很难估算。最后，大家也会发现，用有限阶泰勒展开去预测未来数据时，阶数越高，外推的时间越长，误差也会越大，"龙格"现象也就越明显。

虽然，书中列举了很多利用泰勒展开进行数据拟合或者预测时可能会出现的各种各样的问题，然而，在实际的工程实践中，还是有很多可以借鉴的地方。

例如，无论是利用泰勒展开做插值还是做预测都需要尽量控制采样的区间长度。因为，采样的区间长度越小，做插值或者预测时的结果就会越准确，所以对于6.2.4节中约束性条件的描述，可以看到，式(6-56)和式(6-62)中的 x_i 和 x'_{i+1} 可以被认为是实测值，而式子中右侧部分则可以认为是预测值，而这种约束条件的建立也仅限于一个区间长度，这也就恰恰印证了前述的控制采样区间长度的观点。否则可能导致方程无解。

5．代码解析

基于OSQP的横向运动轨迹规划同撒点式的5次多项式相比较，分析的过程与建模步骤比较复杂。书中利用了大篇幅来介绍。为了使读者可以更好地理解上述理论在实际工程中的应用，对OSQP的代码进行了详细分析。

（1）函数CalculateKernel的代码解析如下：

```
//第6章 lateral_osqp_optimizer.cc

void LateralOSQPOptimizer::CalculateKernel(
    const std::vector< std::pair< double, double >> & d_bounds,
    std::vector< c_float > * P_data, std::vector< c_int > * P_indices,
    std::vector< c_int > * P_indptr) {
  const int kNumParam = 3 * static_cast< int >(d_bounds.size());
  //d_bounds.size 的值为60，因此，KNumParam 的值为180。之所以这里的变量为180，具
  //体原因的解释见式(6-42)处的解释

  P_data -> resize(kNumParam);
  //用于存储目标函数中半正定矩阵P对角线的值，因为该矩阵为180×180，所以矩阵P的对角
  //线数有180个。对于二次规划的标准二次型而言，由于它只包括二次项，所以只有对角线上的元
  //素才有值

  P_indices -> resize(kNumParam);
  //初始化半正定矩阵P的行索引大小

  P_indptr -> resize(kNumParam + 1);
  //初始化半正定矩阵P的列索引大小

  for (int i = 0; i < kNumParam; ++i) {
    if (i < static_cast< int >(d_bounds.size())) {
      P_data -> at(i) = 2.0 * FLAGS_weight_lateral_offset +
                        2.0 * FLAGS_weight_lateral_obstacle_distance;
  //FLAGS_weight_lateral_offset 的值为1.0，
  //FLAGS_weight_lateral_obstacle_distance 的值为0.0，此处也可以看到，并没有考
  //虑由自车横向运动距离与上下边界线约束的二次项
  //这一句对应的是赋值给矩阵P中与前0～59个自变量的系数，也就是前60个时刻的横向
```

```
              //运动距离 x_i 所对应的系数

            } else if (i < 2 * static_cast<int>(d_bounds.size())) {
              P_data->at(i) = 2.0 * FLAGS_weight_lateral_derivative;
            //参数 FLAGS_weight_lateral_derivative 的值为 500
            //这一句是赋值式(6-43)中第 60~119 个自变量在矩阵 P 中所对应的系数

            } else {
              P_data->at(i) = 2.0 * FLAGS_weight_lateral_second_order_derivative;
            //参数 FLAGS_weight_lateral_second_order_derivative 的值为 1000.0
            //这一句是赋值式(6-43)中第 120~179 个自变量在矩阵 P 中所对应的系数

            }
            P_indices->at(i) = i;
            //记录矩阵 P 的对角线的行索引

            P_indptr->at(i) = i;
            //记录矩阵 P 的对角线的列索引
        }
        //通过上述的 for 循环,就将矩阵 P 的对角线进行了赋值,同时将对角线的行索引和列索引都分
        //别存储在 P_indices 和 P_indptr 中

        P_indptr->at(kNumParam) = kNumParam;
        //
        CHECK_EQ(P_data->size(), P_indices->size());
    }
```

(2) 函数 Optimize() 的代码解析如下:

```
//第 6 章 lateral_osqp_optimizer.cc

bool LateralOSQPOptimizer::optimize(
    const std::array<double, 3>& d_state, const double delta_s,
    const std::vector<std::pair<double, double>>& d_bounds) {
  std::vector<c_float> P_data;
  //用于存储目标函数中半正定矩阵 P 的对角线的值

  std::vector<c_int> P_indices;
  //用于存储矩阵 P 对角线的行索引

  std::vector<c_int> P_indptr;
  //用于存储矩阵 P 对角线的列索引

  CalculateKernel(d_bounds, &P_data, &P_indices, &P_indptr);
  //给矩阵 P 的对角线赋值,具体见上段代码的详细解释

  delta_s_ = delta_s;
  //纵向 60 个采样点的间隔,该值为 1.0
```

第6章 横向运动轨迹规划

```cpp
const int num_var = static_cast<int>(d_bounds.size());
//边界点的数目,该值为60

const int kNumParam = 3 * static_cast<int>(d_bounds.size());
//该值为180,与式(6-43)中的自变量相对应。原因见前述分析

const int kNumConstraint = kNumParam + 3 * (num_var - 1) + 3;
//该变量表示所有的约束条件,一共有360个,具体原因分析如下
//kNumParam 表示式(6-43)中的 180 个自变量每个自变量构成一个约束,横向运动距离 x_i
//由边界的上限和下限限制(60个),横向运动距离的一阶导由相应的常数约束构成(60个)
//横向运动距离的二阶导由相应的常数约束构成(60个)
//3 * (num_var - 1)表示自车横向运动的连续性、可导性和舒适性构成的约束条件
//连续性条件构成 59 个约束,具体见 6.2.4 节
//可导性条件构成 59 个约束,具体见 6.2.4 节
//舒适性条件构成 59 个约束,具体见 6.2.4 节。读者需要理解的是 59 而不是 60 的原因
//3:表示横向运动初值状态组成的 3 个约束条件
//综上,约束条件一共有 360 个

c_float lower_bounds[kNumConstraint];
//存储 360 个约束对应的 360 个下边界,同约束条件中向量 l 对应
c_float upper_bounds[kNumConstraint];
//存储 360 个约束对应的 360 个上边界,同约束条件中向量 u 对应

const int prime_offset = num_var;
//代表自车横向运动距离一阶导的自变量的起始索引,该值为 60

const int pprime_offset = 2 * num_var;
//代表自车横向运动距离二阶导的自变量的起始索引,该值为 120

std::vector<std::vector<std::pair<c_int, c_float>>> columns;
//存储约束条件中的矩阵 A 中的数值,注意不是 A^T,因此,矩阵 A 是 180×360

columns.resize(kNumParam);
//存储矩阵 A"容器"的大小为 180,因此,"容器"的索引代表的是行号

int constraint_index = 0;
//约束条件的索引序号

//下面的 for 循环实现的是自车横向运动中舒适性条件对应的矩阵 A 的系数构成
//具体分析见 6.2.4 节
// x''_{i+1} - x''_i

for (int i = 0; i + 1 < num_var; ++i) {
    columns[pprime_offset + i].emplace_back(constraint_index, -1.0);
    //此处存储的是横向运动距离的二阶导 x''_i,对应的序号为 120~178
    //之所以此处存储的值为 -1,原因在于 x'''_i = (x''_{i+1} - x''_i)/delta_s_
```

```cpp
        columns[pprime_offset + i + 1].emplace_back(constraint_index, 1.0);
        //此处存储的是横向运动距离的二阶导 x"_{i+1},对应的序号为121~179
        //存储的值为1的原因同上
        //此处也可以看到,反映横向运动舒适性的三阶导的约束一共有59个

        lower_bounds[constraint_index] =
            - FLAGS_lateral_third_order_derivative_max * delta_s_;
        //FLAGS_lateral_third_order_derivative_max 的值为 0.1
        //存储约束条件对应的下限,该值与约束条件中的向量1对应
        //具体原因: - 0.1≤(x"_{i+1} - x"_i)/delta_s_≤0.1
        //可得下限值为 - FLAGS_lateral_third_order_derivative_max * delta_s_

        upper_bounds[constraint_index] =
            FLAGS_lateral_third_order_derivative_max * delta_s_;
        //上限值为 FLAGS_lateral_third_order_derivative_max * delta_s_
        //具体原因同上

        //约束条件的前59个为自车横向运动舒适性的限制,constraint_index∈[0,58]
        ++constraint_index;
    }

    //此时 constraint_index = 59
    //下面的 for 循环是关于自车可导性的约束条件
    //可导性条件为 x'_{i+1} - x'_i - 0.5 * ds * (x"_i + x"_{i+1})
    for (int i = 0; i + 1 < num_var; ++i) {
    //注意判断条件 i + 1 < num_var,表示 i 只能取到58
    //也就说明符合可导性的约束条件一共有59个

        columns[prime_offset + i].emplace_back(constraint_index, - 1.0);
        //由可导性条件的表示可知,可导性条件的泰勒展开与相关推导见6.2.4节
        //此处存储的是 x'_i 的系数,由可导性条件可知,该系数为 - 1.0
        //prime_offset 是从 60 开始迭代

        columns[prime_offset + i + 1].emplace_back(constraint_index, 1.0);
        //此处存储的是 x'_{i+1} 的系数,由可导性条件可知,该系数为 1.0

        columns[pprime_offset + i].emplace_back(constraint_index, - 0.5 * delta_s_);
        //此处存储的是 x"_i 的系数,由可导性条件可知,该系数为 - 0.5 × delta_s_
        //pprime_offset 的索引号从 120 开始

        columns[pprime_offset + i + 1].emplace_back(constraint_index,
                                                    - 0.5 * delta_s_);
        //此处存储的是 x"_{i+1} 的系数,由可导性条件可知,该系数为 - 0.5 × delta_s_

        lower_bounds[constraint_index] = 0.0;
        upper_bounds[constraint_index] = 0.0;
        //由于是通过泰勒展开建立的等式约束,所以约束的上限和下限都是 0
```

```
        ++constraint_index;
        //此处 constraint_index 从 59 开始迭代,到 117 结束
        //constraint_index∈[59,117]
    
    }
    //此时构建的矩阵 A 完成了 180 行和 118 列的系数赋值

    //此处的 for 循环是为了构造自车横向运动的连续性约束条件
    //连续性条件如下表示,具体推导过程可见 6.2.4 节
    //d_i+1 - d_i - d_i' * ds - 1/3 * d_i'' * ds^2 - 1/6 * d_i+1'' * ds^2
    for (int i = 0; i + 1 < num_var; ++i) {
    //此时的 constraint_index 从 118 开始,表示矩阵 A 的列索引

        columns[i].emplace_back(constraint_index, -1.0);
        //此处储存的是 x_i 的系数,由连续性条件可知,它的系数为-1.0
        //所在矩阵 A 的索引号为行索引:i, 列索引:constrain_index
        //下面的表述以此类推

        columns[i + 1].emplace_back(constraint_index, 1.0);
        //此处储存的是 x_{i+1} 的系数,由连续性条件可知,它的系数为 1.0

        columns[prime_offset + i].emplace_back(constraint_index, -delta_s_);
        //此处储存的是 x_i' 的系数,由连续性条件可知,它的系数为-delta_s_
        //prime_offset 的序号从 60 开始

        columns[pprime_offset + i].emplace_back(constraint_index,
                                              -delta_s_ * delta_s_ / 3.0);
        //此处储存的是 x_i'' 的系数,由连续性条件可知,它的系数为-delta_s_ * delta_s_ / 3.0
        //pprime_offset 的序号从 120 开始

        columns[pprime_offset + i + 1].emplace_back(constraint_index,
                                                  -delta_s_ * delta_s_ / 6.0);
        //此处储存的是 x_{i+1}'' 的系数,由连续性条件可知,它的系数为-delta_s_ * delta_s_ / 6.0

        lower_bounds[constraint_index] = 0.0;
        upper_bounds[constraint_index] = 0.0;
        //同理可得由泰勒展开得到的等式约束,上下限均为 0

        ++constraint_index;
        //此处的 constraint_index 的索引到 176 截止
        //constraint_index∈[118,176]
    }
    //3 个 for 循环结束,一共有 177 个约束

    //此处 constraint_index 从 177 开始
    //3 个由自车横向运动初值决定的约束条件,序号从 177~179
    //横向运动距离的初值: l(s(t_0))≤x_0≤l(s(t_0))
```

```cpp
    columns[0].emplace_back(constraint_index, 1.0);
    //columns[0]中的 0 表示初始 0 时刻的自车横向运动变量
    //由初值的条件表示可见矩阵 A 第 0 行第 177 列的系数为 1.0

    lower_bounds[constraint_index] = d_state[0];
    upper_bounds[constraint_index] = d_state[0];
    //由横向运动距离的初值的条件可得约束条件的上界和下界都是初始时刻自车的 Frenet 的 l
    //坐标,即 l(s(t_0)),代码中表示为 d_state[0]
    //书中对于 Frenet 坐标使用的是(l,s),而不是(d,s),因此,理论与代码在表示上有差异

    ++constraint_index;
    //此处 constraint_index 从 178 开始

    //此处表示的是横向运动距离的一阶导,即 $x'_{60}$
    //此处的约束条件可以表示为 $l'(s(t_0)) \leqslant x'_{60} \leqslant l'(s(t_0))$
    columns[prime_offset].emplace_back(constraint_index, 1.0);
    //此处表示的含义为 $x'_{60}$ 的系数为 1.0,具体原因见上

    lower_bounds[constraint_index] = d_state[1];
    upper_bounds[constraint_index] = d_state[1];
    //同上,此处的约束条件的上界与下界均为 $l'(s(t0))$

    ++constraint_index;
    //此处的 constraint_index 从 179 开始

    //横向运动二阶导的初值表示:$l''(s(t_0)) \leqslant x'_{120} \leqslant l''(s(t_0))$
    columns[pprime_offset].emplace_back(constraint_index, 1.0);
    //此处 pprime_offset = 120,系数为 1.0,理由同上

    lower_bounds[constraint_index] = d_state[2];
    upper_bounds[constraint_index] = d_state[2];
    //此处约束条件的上界和下界均为 $l''(s(t_0))$,理由与说明同上

    ++constraint_index;
    //constraint_index 从 180 开始迭代

    //下面的代码开始赋值 180~359 个约束条件
    const double LARGE_VALUE = 2.0;
    //此处的常数主要是为了限制横向运动的一阶导和二阶导的取值范围

    //横向运动距离的限制:bound_min(i) $\leqslant x_i \leqslant$ bound_max(i)   (1)
    //横向运动一阶导的限制: $-$LARGE_VALUE $\leqslant x'_i \leqslant$ LARGE_VALUE   (2)
    //横向运动二阶导的限制: $-$LARGE_VALUE $\leqslant x''_i \leqslant$ LARGE_VALUE   (3)
    //每个自变量有一个约束,180 个自变量,所以一共有 180 个约束条件
    //在约束
    for (int i = 0; i < kNumParam; ++i) {
    //i 从 0 开始迭代,到 179,即 i$\in$[0,179]
```

```cpp
columns[i].emplace_back(constraint_index, 1.0);
//由(1)~(3)可以看出,每个自变量的系数均为1.0
//详细的理论分析见6.2.4节

if (i < num_var) {
    //该判断条件表示需要赋值给横向运动距离 x_i
    //根据式(6-43),序号小于60的都是变量 x_i
    //对横向运动距离 x_i 进行限制
    lower_bounds[constraint_index] = d_bounds[i].first;
    upper_bounds[constraint_index] = d_bounds[i].second;
    //d_bounds[i].first 与(1)中的 bound_min(i)相同,表示下界
    //d_bounds[i].second 与(1)中的 bound_max(i)相同,表示上界
    //具体的理论分析见6.2.4节

} else {
    //序号大于或等于60的都是横向运动距离的一阶导和二阶导
    //对横向运动距离的一阶导 x_i' 和二阶导 x_i'' 进行限制
    lower_bounds[constraint_index] = - LARGE_VALUE;
    upper_bounds[constraint_index] = LARGE_VALUE;
    //详细的理论分析见6.2.4节
}
    ++constraint_index;
}
//此时的 constraint_index = 360,此时的 constraint_index = kNumConstraint
//否则会报错
CHECK_EQ(constraint_index, kNumConstraint);

//需要把矩阵 A 保存为稀疏矩阵
std::vector< c_float > A_data;
//保存矩阵 A 的不为0的元素

std::vector< c_int > A_indices;
//矩阵 A 不为0的列索引号

std::vector< c_int > A_indptr;
//矩阵 A 不为0的行索引号

int ind_p = 0;
for (int j = 0; j < kNumParam; ++j) {
    A_indptr.push_back(ind_p);
    //每行的起始

    for (const auto& row_data_pair : columns[j]) {
    //遍历每行中不为0的 pair 对
        A_data.push_back(row_data_pair.second);
        A_indices.push_back(row_data_pair.first);
    //从前面的代码中可以看出: pair.first 存储的是列序号
    //pair.second 存储的是不为0的值
```

```cpp
      ++ind_p;
    }
  }
  A_indptr.push_back(ind_p);

  //目标函数中一次项系数矩阵q
  double q[kNumParam];
  //表示一次项系数矩阵也有180个分量,同式(6-43)的自变量对应

  for (int i = 0; i < kNumParam; ++i) {
    if (i < num_var) {
//由6.2.4节的分析可知,一次项都是关于横向运动距离 $x_i$ 的条件,而在自变量的分布中
//变量 $x_i$ 的序号为0~59, $x_i'$ 的序号为60~119, $x_i''$ 的序号为120~179
//所以,小于 num_var 的序号表示的变量是 $x_i$
      q[i] = -2.0 * FLAGS_weight_lateral_obstacle_distance *
             (d_bounds[i].first + d_bounds[i].second);
//对于该式的理解详见6.2.4节和6.4节

    } else {
      //该判断表示,当序号大于或等于60时,表示的是横向运动距离的一阶导和二阶导
      //根据6.2.4节的分析可知,该变量对应的系数为0
      q[i] = 0.0;
    }
  }

  //定义OSQP的问题求解器的初始设置
  OSQPSettings * settings =
      reinterpret_cast<OSQPSettings *>(c_malloc(sizeof(OSQPSettings)));

  //定义求解器的设置为默认
  osqp_set_default_settings(settings);
  settings->alpha = 1.0; //Change alpha parameter
  settings->eps_abs = 1.0e-05;
  settings->eps_rel = 1.0e-05;
  settings->max_iter = 5000;
  settings->polish = true;
  settings->verbose = FLAGS_enable_osqp_Debug;

  //数据的初始化
  OSQPData * data = reinterpret_cast<OSQPData *>(c_malloc(sizeof(OSQPData)));
  data->n = kNumParam;
  data->m = kNumConstraint;
  data->P = csc_matrix(data->n, data->n, P_data.size(), P_data.data(),
                       P_indices.data(), P_indptr.data());
  data->q = q;
  data->A = csc_matrix(data->m, data->n, A_data.size(), A_data.data(),
                       A_indices.data(), A_indptr.data());
  data->l = lower_bounds;
  data->u = upper_bounds;
```

```
//工作空间
OSQPWorkspace * work = nullptr;
//osqp_setup(&work, data, settings);
work = osqp_setup(data, settings);

//问题求解
osqp_solve(work);

//获取结果
for (int i = 0; i < num_var; ++i) {
  opt_d_.push_back(work -> solution -> x[i]);
  opt_d_prime_.push_back(work -> solution -> x[i + num_var]);
  opt_d_pprime_.push_back(work -> solution -> x[i + 2 * num_var]);
}
opt_d_prime_[num_var - 1] = 0.0;
opt_d_pprime_[num_var - 1] = 0.0;

//清空
osqp_cleanup(work);
c_free(data -> A);
c_free(data -> P);
c_free(data);
c_free(settings);

return true;
}
```

6.3 实例分析

基于二次规划的横向运动轨迹求解过程,读者不仅需要理解二次规划的基本思想与建模过程,更为重要的是,需要熟练掌握 OSQP 求解器。为此,书中给出了 OSQP 求解器的实例,以便帮助读者更好地掌握它的实际应用方法。实例的数学模型如下所示。

$$\min \quad \frac{1}{2}\boldsymbol{x}^{\mathrm{T}}\begin{pmatrix}4 & 1\\ 1 & 2\end{pmatrix}\boldsymbol{x} + \begin{pmatrix}1\\ 1\end{pmatrix}^{\mathrm{T}}\boldsymbol{x}$$

$$\mathrm{s.\,t.} \quad \begin{pmatrix}1\\ 0\\ 0\end{pmatrix} \leqslant \begin{pmatrix}1 & 1\\ 1 & 0\\ 0 & 1\end{pmatrix}\boldsymbol{x} \leqslant \begin{pmatrix}1\\ 0.7\\ 0.7\end{pmatrix} \quad (6\text{-}107)$$

式中,对于目标函数中的半正定矩阵 $\boldsymbol{P}=\begin{pmatrix}4 & 1\\ 1 & 2\end{pmatrix}$,在 OSQP 库中,只需存储上三角矩阵,即存储时的矩阵 $\boldsymbol{P}=\begin{pmatrix}4 & 1\\ 0 & 2\end{pmatrix}$,这是模型表示与代码实现中的差异(在 Apollo 6.0 中仍然延续

的半正定矩阵而不是上三角,书中给出的是新版本的实例,与实际版本会有差异)。读者在代码解析中也可以看到。这样做的主要目的是提高计算效率。

对于实例的求解化过程,主要分为 5 部分:一是稀疏矩阵参数的初始化;二是 Solver、Setting 和稀疏矩阵的初始化;三是稀疏矩阵的数据填充;四是 Solver 的构建;五是 Solver 的求解。下面主要对第一和第三部分进行较为详细的分析,其余部分可参看 6.4 节的代码解析。

1. 稀疏矩阵参数的初始化

OSQP 库使用 QSQPCscMatrix(indices,indptr,data,csc=Compressed Sparse Column)的方式来存储一个矩阵。QSQPCscMatrix 存储格式的定义如下述代码所示。

```
//第 6 章 osqp_api_types.h

typedef struct {
    OSQPInt    m;      //< 矩阵的行数
    OSQPInt    n;      //< 矩阵的列数
    OSQPInt    * p;    //< 矩阵的列索引指针
    OSQPInt    * i;    //< 矩阵的行索引指针
    OSQPFloat  * x;    //< 矩阵的值
    OSQPInt    nzmax;  //< maximum number of entries
    OSQPInt    nz;     //上三角矩阵中非零元素的数目
} OSQPCscMatrix;
```

例如,存储半正定的上三角矩阵 $\boldsymbol{P} = \begin{pmatrix} 4 & 1 \\ 0 & 2 \end{pmatrix}$,可以看到,非零元素共有 3 个,这 3 个元素分别为 4、1、2。所以,可设 P_nnz=3,P_x[3]={4,1,2}。此时的变量赋值比较易于理解,前者表示上三角矩阵 $\boldsymbol{P}$ 的非零元素为 3,后者表示这 3 个值分别为 4、1、2。行索引变量 P_i[3]={0,0,1}则表示非零元素 4、1、2 的行索引分别为 0、0、1,然而,对于"列索引"变量 P_p[3]={0,1,3}的表示方法则比较晦涩。首先,变量 P_p[3]中元素的个数等于矩阵 $\boldsymbol{P}$ 的列数加 1。因为矩阵 $\boldsymbol{P}$ 的列数为 2,所以 P_p[3]中元素的个数为 3。再看一下 P_p[3]中元素的含义,它的相邻元素的差值等于该列中非零元素的个数。例如,1−0=1,则表示第 0 列有一个非零元素;3−1=2 表示第 1 列有两个非零元素。

一次项系数矩阵 $\boldsymbol{q}$ 直接用变量 q[2]={1.0,1.0}表示。由前面不难看出,在 OSQP 中目标函数中的矩阵 $\boldsymbol{P}$ 与约束条件中的矩阵 $\boldsymbol{A}^{\mathrm{T}}$ 都是用稀疏矩阵的形式存储的。约束条件中的矩阵 $\boldsymbol{A}^{\mathrm{T}}$ 的表示与实现同矩阵 $\boldsymbol{P}$。

2. 稀疏矩阵的数据填充

稀疏矩阵的数据填充是以 csc_set_data 的格式进行存储的,代码如下:

```
//第 6 章  osqp_api_utils.h

csc_set_data(OSQPCscMatrix* M,
             OSQPInt        m,
             //矩阵的行数
```

```
                    OSQPInt           n,
                    //矩阵的列数
                    OSQPInt           nzmax,
                    //矩阵中非零元素的个数
                    OSQPFloat *       x,
                    //矩阵中非零元素集合
                    OSQPInt *         i,
                    //矩阵中行索引指针
                    OSQPInt *         p
                    //矩阵中列索引指针
                    );
```

6.4 代码解析

针对前面的实例分析,下面给出具体代码的解析过程:

```
//第 6 章 osqp_demo.cc

#include "osqp.h"
#include <stdlib.h>
#include <stdio.h>

int main(void) {

  /* Load problem data */
  OSQPFloat P_x[3] = { 4.0, 1.0, 2.0, };
  //半正定矩阵的非零元素集合

  OSQPInt   P_nnz  = 3;
  //半正定矩阵 P 的非零元素的个数

  OSQPInt   P_i[3] = { 0, 0, 1, };
  //半正定矩阵 P 的行索引集合

  OSQPInt   P_p[3] = { 0, 1, 3, };
  //半正定矩阵列的"行索引"集合

  OSQPFloat q[2]   = { 1.0, 1.0, };
  //目标函数中一次项系数向量

  OSQPFloat A_x[4] = { 1.0, 1.0, 1.0, 1.0, };
  //不等式约束矩阵 $A^T$ 的非零元素集合

  OSQPInt   A_nnz  = 4;
  //不等式约束矩阵 $A^T$ 的非零元素的数目
```

```c
OSQPInt    A_i[4] = { 0, 1, 0, 2, };
//不等式约束矩阵 A^T 的行索引,按行优先的顺序排列

OSQPInt    A_p[3] = { 0, 2, 4, };
//不等式约束矩阵 A^T 的"列索引"

OSQPFloat l[3]    = { 1.0, 0.0, 0.0, };
//不等式约束的下限向量 l

OSQPFloat u[3]    = { 1.0, 0.7, 0.7, };
//不等式约束的下限向量 u

OSQPInt    n = 2;
//自变量的个数,也表示半正定矩阵的行数或列数

OSQPInt    m = 3;
//不等式约束矩阵 A^T 的行数或约束条件的个数

/* Exitflag */
OSQPInt exitflag;

/* Solver, settings, matrices */
//初始化 solver、setting、矩阵 P 和 A^T(为了同前面的公式相一致,仍以转置的方法表示,虽
//然在此 OSQP 库中是以矩阵 A 表示的,这与 Apollo 6.0 中有差异。该代码中的 A 其实就是
//标准型的 A^T
OSQPSolver*    solver = NULL;
OSQPSettings*  settings = NULL;
OSQPCscMatrix* P = malloc(sizeof(OSQPCscMatrix));
OSQPCscMatrix* A = malloc(sizeof(OSQPCscMatrix));

/* Populate matrices */
csc_set_data(A, m, n, A_nnz, A_x, A_i, A_p);
csc_set_data(P, n, n, P_nnz, P_x, P_i, P_p);

/* Set default settings */
settings = (OSQPSettings *)malloc(sizeof(OSQPSettings));
if (settings) {
  osqp_set_default_settings(settings);
  settings->polishing = 1;

  //settings->linsys_solver = OSQP_DIRECT_SOLVER;
  //settings->linsys_solver = OSQP_INDIRECT_SOLVER;
}

OSQPInt cap = osqp_capabilities();

printf("This OSQP library supports:\n");
if(cap & OSQP_CAPABILITY_DIRECT_SOLVER) {
  printf("    A direct linear algebra solver\n");
```

```c
  }
  if(cap & OSQP_CAPABILITY_INDIRECT_SOLVER) {
    printf("    An indirect linear algebra solver\n");
  }
  if(cap & OSQP_CAPABILITY_CODEGEN) {
    printf("    Code generation\n");
  }
  if(cap & OSQP_CAPABILITY_DERIVATIVES) {
    printf("    Derivatives calculation\n");
  }
  printf("\n");

  /* Setup solver */
  exitflag = osqp_setup(&solver, P, q, A, l, u, m, n, settings);

  /* Solve problem */
  if (!exitflag) exitflag = osqp_solve(solver);

  /* Cleanup */
  osqp_cleanup(solver);
  if (A) free(A);
  if (P) free(P);
  if (settings) free(settings);

  return (int)exitflag;
}
```

代码的运行结果如下:

```
This OSQP library supports:
    A direct linear algebra solver
    Code generation
    Derivatives calculation

-----------------------------------------------------------------
          OSQP v1.0.0.beta0  -  Operator Splitting QP Solver
               (c) Bartolomeo Stellato, Goran Banjac
          University of Oxford  -  Stanford University 2021
-----------------------------------------------------------------
problem:  variables n = 2, constraints m = 3
          nnz(P) + nnz(A) = 7
settings: algebra = Built-in,
          linear system solver = QDLDL v0.1.6,
          eps_abs = 1.0e-03, eps_rel = 1.0e-03,
          eps_prim_inf = 1.0e-04, eps_dual_inf = 1.0e-04,
          rho = 1.00e-01 (adaptive),
          sigma = 1.00e-06, alpha = 1.60, max_iter = 4000
          check_termination: on (interval 25),
```

```
              time_limit: 1.00e+10 sec,
              scaling: on, scaled_termination: off
              warm starting: on, polishing: on,
    iter      objective    prim res      dual res      rho           time
       1     -7.8808e-03   1.01e+00     2.00e+02     1.00e-01      4.31e-05s
      25      1.8797e+00   1.60e-03     9.48e-04     1.00e-01      6.40e-05s
    plsh      1.8800e+00   0.00e+00     0.00e+00     --------      8.51e-05s

    status:                  solved
    solution polishing:      successful
    number of iterations:    25
    optimal objective:       1.8800
    run time:                8.51e-05s
    optimal rho estimate:    2.14e-01
```

6.5 小结

本章主要对横向运动轨迹生成的两种方法进行了详细分析与讲解。基于 5 次多项式的撒点的横向运动轨迹与纵向运动轨迹生成在方法上比较类似，只是在自变量的表示上不太一样，而基于 OSQP 的横向运动轨迹生成则相对比较复杂一些。

例如，在式(6-38)中读者可以看到一次项 $q^T x$，它的含义是什么？它因何而来？对于横向运动轨迹规划的影响或意义是什么？这可能是很多读者在看到它时所引发的系列思考。

可以看一下这一项的由来。可以看到，这一项来自式(6-39)中 $w_{obs} \left[\sum_{i=0}^{N-1}(x_i - B_{min}(i))^2 + \sum_{i=0}^{N-1}(x_i - B_{max}(i))^2 \right]$ 的二次项展开，而这个二次项所表达的含义是希望横向运动距离与上下边界的距离越小越好。因为在二次规划中，目标函数的极值会在可行域的边界取得，而上下边界恰恰属于可行域边界，因此，这一项的含义是横向运动距离 x_i 向上下边界靠拢，而我们知道，上下边界分布在参考线两侧，如图 6-22 所示。横向运动距离不可能既靠近上边界又靠近下边界，面临这种情况应该如何处理？可以看到，在二次规划中，通过对式(6-39)的拆分得到了一次项 $-2w'_{obs}(B_{min}(i) + B_{max}(i))$，如式(6-45)所示。将上下边界相加则会使横向运动距离 x_i 向参考线靠拢，而这恰恰是自车运动规划所希望的。读者同样可以看到，自车横向运动与边界的二次项最终通过消减常数项完全成为一次项，所以这一项的含义就是使自车的运动轨迹靠近参考线并同时使其与边界的上限和下限的欧氏距离最短。

当然，作为 OSQP 的求解库也在不断迭代，实例分析中给出的求解步骤与 Apollo 6.0 中的步骤会有一些差异。也希望读者可以真正理解理论分析与工程实践中的差异性，从而在实际工程中可以灵活运用。

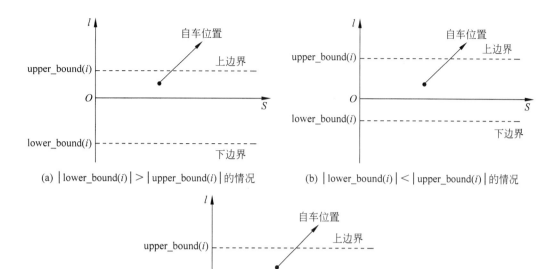

图 6-22 二次规划目标函数中的上边界与下边界的关系示意图

第 7 章 横纵向运动轨迹的评估

横纵向运动轨迹的评估,主要通过构建定速巡航和定点停车两个场景下的纵向运动参考速度,对纵向运动速度、加速度和加加速度的大小进行检验与过滤,而后对每条轨迹各个离散点的纵向运动距离、速度、加速度、碰撞可能性、向心加速度、横向偏移量,以及横向偏移量 l 对纵向距离 s 的一阶导和二阶导计算 cost,最后根据 cost 大小对轨迹进行排序。

7.1 碰撞区域的构建

在 Lattice 算法中,当横纵向轨迹生成后,需要对轨迹的可行性进行评估。显然,自车在运动轨迹上不与障碍物发生碰撞是对轨迹的基本要求,因此,首先需要根据所有障碍物的 S-T 图构建碰撞区域,依次作为对横纵向轨迹评估的基本条件。第 i 个障碍物的 S-T 图如图 7-1 所示。

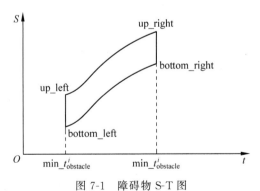

图 7-1 障碍物 S-T 图

7.1.1 碰撞区域构建过程详解

碰撞区域的构建,共分为两步:一是筛选符合规划时间的障碍物;二是计算各个障碍物在每个时间点的 s 的极值。由前面各章节的分析可知,Lattice 规划算法的时间区间为 $t_i \in [t_{\text{planning\_start}}, t_{\text{planning\_end}}]$,其中,$t_{\text{planning\_start}}$ 一般为 0,$t_{\text{planning\_end}}$ 初始化为 8.0s,离散采

样时间间隔 Δt 为 0.1s。

1. 障碍物的筛选

令 $t_{\text{obstacle}(j)}(i)$ 为第 j 个障碍物在第 i 个离散时间点的时间,计算方法如下:

$$t_{\text{obstacle}(j)}(i) = t_{\text{planning\_start}} + i \times \Delta t \tag{7-1}$$

式中,$i \in [0, N-1]$ 表示离散时间点的索引。第 j 个障碍物的筛选如下:

$$t_{\text{obstacle}(j)}(i) \in [\min\_t_{\text{obstacle}}^j, \max\_t_{\text{obstacle}}^j] \tag{7-2}$$

式中,$\min\_t_{\text{obstacle}}^j$ 和 $\max\_t_{\text{obstacle}}^j$ 分别表示第 j 个障碍物存在的最早时间和最晚时间,因此,对于不符合此时间段的障碍物则不再考虑。

2. 计算各个时间点的障碍物存在区域

当遍历离散时间点时,对于符合条件的障碍物就需要计算障碍物在此时刻的 s 极值。计算方法如下:

$$s\_\min_{\text{obstacle}(j)}(t_{\text{obstacle}(j)}(i)) = s_{\text{bottom\_left}}^j + \frac{t_{\text{obstacle}(j)}(i) - t_{\text{bottom\_left}}^j}{t_{\text{bottom\_right}}^j - t_{\text{bottom\_left}}^j} \times (s_{\text{bottom\_right}}^j - s_{\text{bottom\_left}}^j) \tag{7-3}$$

$$s\_\max_{\text{obstacle}(j)}(t_{\text{obstacle}(j)}(i)) = s_{\text{up\_left}}^j + \frac{t_{\text{obstacle}(j)}(i) - t_{\text{up\_left}}^j}{t_{\text{up\_right}}^j - t_{\text{up\_left}}^j} \times (s_{\text{up\_right}}^j - s_{\text{up\_left}}^j) \tag{7-4}$$

式中,$s_{\text{bottom\_left}}^j$、$s_{\text{bottom\_right}}^j$、$s_{\text{up\_left}}^j$ 和 $s_{\text{up\_right}}^j$ 分别表示第 j 个障碍物的左下角、右下角、左上角和右上角的 s 值,$t_{\text{bottom\_left}}^j$、$t_{\text{bottom\_right}}^j$、$t_{\text{up\_left}}^j$ 和 $t_{\text{up\_right}}^j$ 分别表示第 j 个障碍物的左下角、右下角、左上角和右上角的 t 值。

7.1.2 代码解析

碰撞区域构建的核心是计算各个离散时刻点障碍物的 S-T 点,主要指障碍物 s 坐标的极大值和极小值,代码如下:

```
//第 7 章 path_time_graph.cc

std::vector < std::pair < double, double >>
PathTimeGraph::GetPathBlockingIntervals(
    const double t) const {

  //检查离散时间 t 是否在规定的时间范围内,此处的时间区间在 Lattice 算法中是[0,8.0]
  //单位为 s
  ACHECK(time_range_.first <= t && t <= time_range_.second);

  //此处的"容器"存储的是各个时刻的障碍物 Frenet 坐标 s 的极大值和极小值
  std::vector < std::pair < double, double >> intervals;

  for (const auto& pt_obstacle : path_time_obstacles_) {
    //如果该时刻点 t 大于障碍物的最大存在时间或者小于障碍物的出现时间,则不必计算障碍物
    //Frenet 坐标 s 的极大值与极小值,直接返回 for 循环
```

```
      if (t > pt_obstacle.max_t() || t < pt_obstacle.min_t()) {
        continue;
      }
      //利用线性差值的方法计算障碍物在时间 t 时刻的 s 极大值,如图 7-1 所示
      double s_upper = lerp(pt_obstacle.upper_left_point().s(),
                            pt_obstacle.upper_left_point().t(),
                            pt_obstacle.upper_right_point().s(),
                            pt_obstacle.upper_right_point().t(), t);

      //利用线性差值的方法计算障碍物在时间 t 时刻的 s 极小值,具体如图 7-1 所示
      double s_lower = lerp(pt_obstacle.bottom_left_point().s(),
                            pt_obstacle.bottom_left_point().t(),
                            pt_obstacle.bottom_right_point().s(),
                            pt_obstacle.bottom_right_point().t(), t);
      //把计算出来的极大值点和极小值点压入"容器"
      intervals.emplace_back(s_lower, s_upper);
    }
    return intervals;
```

7.2 纵向运动参考速度的构建

纵向运动的规划核心问题是纵向运动轨迹的规划,而对于纵向运动轨迹的评估,则需要参考轨迹,以此作为纵向轨迹评估的标准或依据,因此,在 Lattice 算法中,纵向运动参考轨迹的构建场景主要分为两部分:一是定速巡航场景;二是定点停车场景。

7.2.1 定速巡航场景下纵向运动参考速度的构建

在 Lattice 算法中,上述两个场景中的纵向运动参考速度的构建主要分为两步:一是对纵向运动轨迹的描述,主要包括起始和终止时刻自车的坐标 s、速度的大小 v、加速度的大小 a 和时间 t;二是利用插值法求解各个时刻的参考速度。

1. 纵向运动轨迹的描述

对于定速巡航场景而言,初始 t_0 时刻的巡航速度 $v(t_{planning\_start})=v_{cruise\_speed}$(该数值为一个常量,用户可以设置),加速度大小 $a(t_{planning\_start})=0$,Frenet 坐标 $s(t_{planning\_start})=s_0$,时间 $t_{planning\_start}=0$。纵向规划的终止时刻 $t_{planning\_end}$ 定义如下:

$$t_{planning\_end} = t_{trajectory\_time\_length} + t_{numerical\_epsilon} \tag{7-5}$$

式中,$t_{trajectory\_time\_length}$ 和 $t_{numerical\_epsilon}$ 会被分别初始化为 8.0s 和 1e-6s。不难看出,上述变量在终止时刻 $t_{planning\_end}$ 的描述或计算如下:

$$v(t_{planning\_end}) = v(t_{planning\_start}) + a(t_{planning\_start}) \times t_{planning\_end} \tag{7-6}$$

$$\Delta s = 0.5 \times t_{planning\_end} \times (v(t_{planning\_start}) + v(t_{planning\_end})) \tag{7-7}$$

$$s(t_{planning\_end}) = s(t_{planning\_start}) + \Delta s \tag{7-8}$$

$$a(t_{\text{planning\_end}}) = a(t_{\text{planning\_start}}) \tag{7-9}$$

注意：在式(7-7)中，自车运动距离的计算是根据匀加速运动公式 $s(t)=v_0 t+0.5 \times a \times t^2$ 得来的。这是因为，此公式可以改写为 $s(t)=0.5\times(2\times v_0+a\times t)\times t$。读者不难看出，在括号内的部分可以表示为 $2\times v_0+a\times t=v_0+v_0+a\times t$，而 $v(t)=v_0+a\times t$。由此，可以得到式(7-7)的表示结果。从另一个角度而言，如果物体做匀加速运动，则可以用该段时间的平均速度与时间的乘积来表示。后一种表述可能更为直观。

2. 利用插值法计算各个离散时间的参考速度

定速巡航规划时间区间为 $t_i \in [t_{\text{planning\_start}}, t_{\text{planning\_end}}]$，各个离散时间点 t_i 的计算如下：

$$t_i = t_{\text{planning\_start}} + (i-1)\times \Delta t \tag{7-10}$$

式中，$\Delta t=0.1\text{s}, i=[0, N-1]$，$N$ 表示离散点的个数。对于定速巡航而言，对于各个离散点 t_i 的速度，计算方法如下：

$$v(t_i) = \frac{t_i - t_{\text{planning\_start}}}{t_{\text{planning\_end}} - t_{\text{planning\_start}}}(v(t_{\text{planning\_end}}) - v(t_{\text{planning\_start}})) \tag{7-11}$$

注意：在计算各个离散时间点 t_i 的参考速度时，在 Lattice 算法中，代码中采用的是 std::lower_bound 函数，考虑了离散时间点 t_i 前后两个索引值对应的时间点。然而，在定速巡航场景中，始末时刻的速度一样，因此，只需考虑任意时刻点 t_i 与始末时刻的相对位置关系，利用线性插值的方法计算。

7.2.2　定点停车场景下纵向参考速度的构建

定点停车场景下自车纵向参考速度的规划，在 Lattice 算法中分为两部分：一是自车的 s 坐标已经非常接近或超过定点停车点，如图 7-2 所示；二是自车的 s 坐标滞后定点停车点。

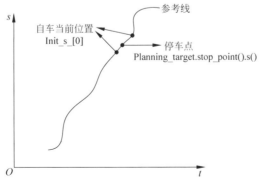

图 7-2　自车 s 坐标与停车点 s 坐标无限接近示意图

1. 自车 s 坐标接近或超过定点停车点的情况

在 Lattice 算法中，自车 s 坐标与定点停车点的描述如下：

$$s_{\text{planning\_target\_stop\_point}} - s(t_{\text{planning\_start}}) < \text{numerical\_epsilon} \tag{7-12}$$

式中，$s_{\text{planning\_target\_stop\_point}}$ 和 $s(t_{\text{planning\_start}})$ 分别表示定点停车点与自车初始时刻的 s 坐标，numerical_epsilon 表示非常小的常数，初始化为 1e-6。

根据式(7-12)的描述，可以知道，自车的 s 坐标已经与停车点重合或者超越，此种情况下，自车的速度应该为 0，s 坐标应该保持现有初值，不应再发生变化，加速度的大小也应该为 0，因此，自车在初始时刻 $t_{\text{planning\_start}}$ 和末时刻 $t_{\text{planning\_end}}$ 的状态变量描述如下所示。

$$s(t_{\text{planning\_start}}) = s(t_{\text{planning\_end}}) = s_0 \tag{7-13}$$

$$v(t_{\text{planning\_start}}) = v(t_{\text{planning\_end}}) = 0 \tag{7-14}$$

$$a(t_{\text{planning\_start}}) = a(t_{\text{planning\_end}}) = 0 \tag{7-15}$$

式中，s_0 表示自车在初始时刻 $t_{\text{planning\_start}}$ 的坐标值。

注意：此处之所以没有给出各个离散时间点 t_i 的参考速度的计算方法，原因在于和式(7-10)和式(7-11)相同，因此，也就没有再赘述。读者可以进行对照理解。

2. 自车 s 坐标滞后于定点停车点

当自车的位置滞后于定点停车点时，如图 7-3 所示。此时，纵向运动参考速度的计算主要分为两部分：一是自车与定点停车点的位置差满足舒适停车距离；二是自车与定点停车点的位置差不满足舒适停车距离。

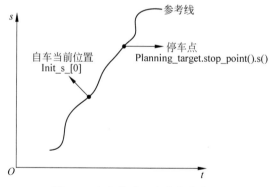

图 7-3　自车滞后于定点停车位置

在定点停车的场景下，Lattice 算法中定义了两种舒适的加速度，定义如下：

$$a_{\text{comfort}} = a_{\text{longitudinal\_acceleration\_upper\_bound}} \times \lambda_{\text{comfort\_acceleration\_factor}} \tag{7-16}$$

$$d_{\text{comfort}} = -a_{\text{longitudinal\_acceleration\_lower\_bound}} \times \lambda_{\text{comfort\_acceleration\_factor}} \tag{7-17}$$

式中，$a_{\text{longitudinal\_acceleration\_upper\_bound}}$ 和 $a_{\text{longitudinal\_acceleration\_lower\_bound}}$ 分别表示舒适的加速度的最大值和最小值，前者被初始化为 4.0m/s^2，后者被初始化为 -6.0m/s^2。$\lambda_{\text{comfort\_acceleration\_factor}}$ 表示常数，被初始化为 0.5。可以看出，a_{comfort} 的作用主要用于自车加

速值的上限，$d_{comfort}$ 则是自车加速度的下限（需要注意的是 $d_{comfort}=3.0\text{m/s}^2$，表示的是匀减速时加速度的绝对值）。

由此，则可以根据自车当前位置 $s(t_{planning\_start})$ 和定点停车点 $s_{planning\_target\_stop\_point}$ 的位置差，自车当前速度 $v(t_{planning\_start})$ 和加速度 $d_{comfort}$ 来计算舒适停车距离 $s_{comfort}$。根据物体的运动方程：

$$v_t^2 - v_0^2 = 2as \tag{7-18}$$

可知，舒适停车距离末时刻的速度为 0，由此可得

$$s_{comfort} = 0.5 \times \frac{v^2(t_{planning\_start})}{d_{comfort}} \tag{7-19}$$

根据式（7-19）求解的舒适距离，纵向运动参考轨迹状态的计算流程如图 7-4 所示。

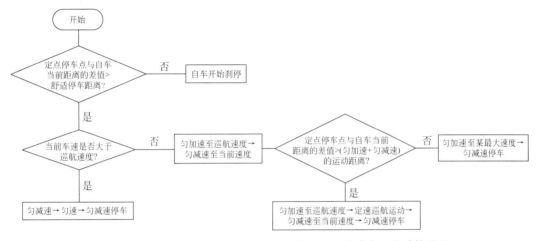

图 7-4　自车位置滞后定点停车位置的状态下的纵向参考速度计算流程

（1）自车当前位置 $s(t_{planning\_start})$ 和定点停车点 $s_{planning\_target\_stop\_point}$ 的位置差小于舒适停车距离 $s_{comfort}$ 的情况。在该场景下，自车应当以匀减速的运动状态刹车。此时的匀减速的加速度的大小如下所示。

$$\text{s\_dist} = s_{planning\_target\_stop\_point} - s_{planning\_start} \tag{7-20}$$

$$\text{stop\_d} = \frac{v^2(t_{planning\_start})}{\text{s\_dist}} \times 0.5 \tag{7-21}$$

$$t_{planning\_end} = \frac{v(t_{planning\_start})}{\text{stop\_d}} \tag{7-22}$$

式中，stop_d 表示匀减速停车时的加速度的大小，$t_{planning\_end}$ 表示自车停车时的时间。自车速度的变化和距离变化如图 7-5 和图 7-6 所示。

在 $t_{planning\_end}$ 时刻自车运动状态的更新，如 $v(t_{planning\_end})$ 和 $s(t_{planning\_end})$ 的计算如式（7-6）和式（7-8）所示。加速度的表示如下所示。

$$a(t_{planning\_end}) = -\text{stop\_d} \tag{7-23}$$

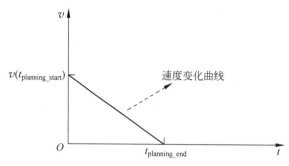

图 7-5 s_dist<$s_{comfort}$ 条件下自车速度变化示意图

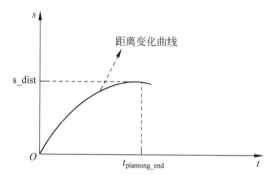

图 7-6 s_dist<$s_{comfort}$ 条件下自车距离变化曲线

式中，-stop_d 中的负号表示自车在做匀减速运动，所以加速度的大小为负。

注意：此处还需要比较一下停车时间 $t_{planning\_end}$ 与规划时间 $t_{trajectory\_time\_length}$ 的大小关系。如果 $t_{planning\_end}$ < $t_{trajectory\_time\_length}$，则需要补全剩余时间区间 [$t_{planning\_end}$, $t_{trajectory\_time\_length}$] 的自车状态，该时间区间的加速度为 0，距离 $s(t_{trajectory\_time\_length})$、速度 $v(t_{trajectory\_time\_length})$ 状态同 $t_{planning\_end}$ 时刻。

(2) 自车当前位置 $s(t_{planning\_start})$ 和定点停车点 $s_{planning\_target\_stop\_point}$ 的位置差大于舒适停车距离 $s_{comfort}$ 的场景。

这种场景的处理，相对来讲比较复杂，从图 7-4 可以看出，它一共分为 3 种情况：一是当前车速大于巡航速度；二是当前车速小于巡航速度时，先匀加速至巡航速度，再匀减速至当前速度，最后匀减速停车；三是当前车速小于巡航速度，需要匀加速到某一速度，而后再匀减速至当前速度，最后匀减速停车。对于上述 3 种情况，下面分别进行分析。

一是当前车速大于巡航速度的场景，即 $v(t_{planning\_start}) > v_{cruise\_speed}$。在此种情况下，自车的速度变化按照车速匀减速降到巡航速度，而后匀速运动，最后匀减速停车。速度变化如图 7-7 所示。各个时间的计算如下所示。

$$t_{rampdown} = \frac{v(t_{planning\_start}) - v_{cruise\_speed}}{d_{comfort}} \quad (7-24)$$

$$t_{\text{cruise}} = t_{\text{rampdown}} + \frac{\text{s\_dist} - s_{\text{comfort}}}{v_{\text{cruise\_speed}}} \tag{7-25}$$

$$t_{\text{dec}} = t_{\text{cruise}} + \frac{v_{\text{cruise\_speed}}}{d_{\text{comfort}}} \tag{7-26}$$

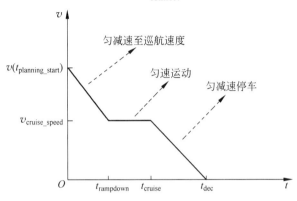

图 7-7 当前车速大于巡航速度时的速度变化

由此不难看出，在 $t \in [t_{\text{planning\_start}}, t_{\text{rampdown}}]$ 时（此处的 $t_{\text{planning\_start}} = 0$），自车的初始速度为 $v(t_{\text{planning\_start}})$，加速度大小的绝对值为 d_{comfort}（此处是为了和代码中的表述相一致，正确的加速度应该为 $-d_{\text{comfort}}$），因此，在 t_{rampdown} 时刻自车状态的计算如下：

$$v(t_{\text{rampdown}}) = v(t_{\text{planning\_start}}) - d_{\text{comfort}} \times t_{\text{rampdown}} \tag{7-27}$$

$$\Delta s = (v(t_{\text{planning\_start}}) + v(t_{\text{rampdown}})) \times t_{\text{rampdown}} \times 0.5 \tag{7-28}$$

$$a(t_{\text{rampdown}}) = -d_{\text{comfort}} \tag{7-29}$$

$$s(t_{\text{rampdown}}) = s(t_{\text{planning\_start}}) + \Delta s \tag{7-30}$$

二是当前车速小于巡航速度，先匀加速至巡航速度，再匀减速至当前速度，最后匀减速停车。当自车速度小于巡航速度时，应该判断是否应该先加速到巡航速度，而后再匀减速至当前速度，该过程的速度与距离变化如图7-8所示。各个阶段的时间 t 计算与运动距离 s 如下：

$$t_{\text{rampup}} = \frac{v_{\text{cruise\_speed}} - v(t_{\text{planning\_start}})}{a_{\text{comfort}}} \tag{7-31}$$

$$t_{\text{rampdown}} = t_{\text{rampup}} + \frac{v_{\text{cruise\_speed}} - v(t_{\text{planning\_start}})}{d_{\text{comfort}}} \tag{7-32}$$

$$s(t_{\text{rampup}}) = (v_{\text{cruise\_speed}} + v(t_{\text{planning\_start}})) \times t_{\text{rampdown}} \times 0.5 \tag{7-33}$$

此时，令

$$s_{\text{rest}} = \text{s\_dist} - s_{\text{comfort}} - s(t_{\text{rampup}}) \tag{7-34}$$

由式(7-34)不难看出，自车是否可以进行匀加速至巡航速度再匀减速至当前速度，可以由 $s_{\text{rest}} > 0$ 判断。若此条件成立，即可进行先匀加速至巡航速度，再匀速运动，然后匀减速至当前速度，最后匀减速停车。自车的速度变化如图7-9所示。

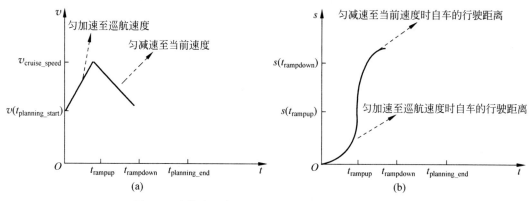

图 7-8 当前车速小于巡航速度时的速度与距离变化

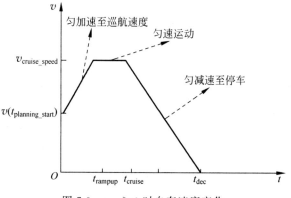

图 7-9 $s_{rest}>0$ 时自车速度变化

由图 7-9 不难看出,自车从巡航速度匀减速至当前速度和由当前速度匀减速至停车的阶段,加速度是一样的,均是 $-d_{comfort}$,因此,此时自车的运动状态主要计算 t_{rampup}、t_{cruise} 和 t_{dec} 这 3 个时间点的状态。在时间点 t_{rampup} 时自车的运动状态的计算如下:

$$v(t_{rampup}) = v(t_{planning\_start}) + a_{comfort} \times t_{rampup} \tag{7-35}$$

$$\Delta s = (v(t_{planning\_start}) + v(t_{rampup})) \times t_{rampup} \times 0.5 \tag{7-36}$$

$$s(t_{rampup}) = s(t_{planning\_start}) + \Delta s \tag{7-37}$$

$$a(t_{rampup}) = a_{comfort} \tag{7-38}$$

在时间点 t_{cruise} 时自车的运动状态的计算如下:

$$v(t_{cruise}) = v(t_{rampup}) + 0 \times t \quad (t = t_{cruise} - t_{rampup}) \tag{7-39}$$

$$\Delta s = (v(t_{rampup}) + v(t_{cruise})) \times \Delta t \times 0.5 \quad (\Delta t = t_{cruise} - t_{rampup}) \tag{7-40}$$

$$s(t_{cruise}) = s(t_{rampup}) + \Delta s \tag{7-41}$$

$$a(t_{cruise}) = 0 \tag{7-42}$$

在时间点 t_{dec} 时自车的运动状态的计算如下:

$$v(t_{dec}) = v(t_{cruise}) - d_{comfort} \times t \quad (t = t_{dec} - t_{cruise}) \tag{7-43}$$

$$\Delta s = (v(t_{\text{dec}}) + v(t_{\text{cruise}})) \times \Delta t \times 0.5 \quad (\Delta t = t_{\text{dec}} - t_{\text{cruise}}) \tag{7-44}$$

$$s(t_{\text{dec}}) = s(t_{\text{cruise}}) + \Delta s \tag{7-45}$$

$$a(t_{\text{dec}}) = -d_{\text{comfort}} \tag{7-46}$$

三是当 $s_{\text{rest}} \leqslant 0$ 时,当前车速小于巡航速度,先匀加速至某一最大速度,再匀减速停车。为求得未知的最大速度,令

$$s_{\text{rampup\_rampdown}} = \text{s\_dist} - s_{\text{comfort}} \tag{7-47}$$

由此可知,可以设自车从当前速度 $v(t_{\text{planning\_start}})$ 以 a_{comfort} 的加速度加速至最大速度 v_x,而后以 $-d_{\text{comfort}}$ 的加速度降至当前速度 $v(t_{\text{planning\_start}})$,最后匀减速停车。在上述过程中自车的速度变化如图 7-10 所示。

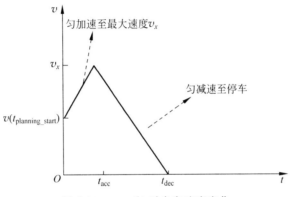

图 7-10 $s_{\text{rest}} \leqslant 0$ 时自车速度变化

由物体运动状态方程可知:

$$v^2(t) - v^2(t_0) = 2 \times a \times s \tag{7-48}$$

式中,$v(t_0)$ 和 $v(t)$ 分别表示自车在初始 t_0 时刻和末时刻 t 的速度,a 和 s 分别表示加速度和距离。由此可知,当自车从速度 $v(t_{\text{planning\_start}})$ 以 a_{comfort} 加速至 v_x 时的运动距离表示如下:

$$s_{\text{rampup}} = \frac{v_x^2 - v^2(t_{\text{planning\_start}})}{2 \times a_{\text{comfort}}} \tag{7-49}$$

当自车从速度 v_x 以 $-d_{\text{comfort}}$ 减速至 $v(t_{\text{planning\_start}})$ 时的运动距离表示如下:

$$s_{\text{rampdown}} = \frac{v_x^2 - v^2(t_{\text{planning\_start}})}{2 \times d_{\text{comfort}}} \tag{7-50}$$

根据前述分析可知:

$$s_{\text{rampup\_rampdown}} = s_{\text{rampup}} + s_{\text{rampdown}} \tag{7-51}$$

联立式(7-47)、式(7-49)~式(7-51)可得

$$v_x = \sqrt{v^2(t_{\text{planning\_start}}) + \frac{2.0 \times a_{\text{comfort}} \times d_{\text{comfort}} \times s_{\text{rampup\_rampdown}}}{a_{\text{comfort}} + d_{\text{comfort}}}} \tag{7-52}$$

由此,不难得出自车从速度 $v(t_{\text{planning\_start}})$ 以 a_{comfort} 加速至 v_x 时的时间 t_{acc} 和从 v_x

减速至 $v(t_{\text{planning\_start}})$ 的时间 t_{dec} 的计算如下：

$$t_{\text{acc}} = \frac{v_x - v(t_{\text{planning\_start}})}{a_{\text{comfort}}} \tag{7-53}$$

$$t_{\text{dec}} = t_{\text{acc}} + \frac{v_x}{d_{\text{comfort}}} \tag{7-54}$$

由此，可以得出，自车在时间 t_{acc} 时刻的运动状态更新如下：

$$v_x = v(t_{\text{planning\_start}}) + a_{\text{comfort}} \times t_{\text{acc}} \tag{7-55}$$

$$\Delta s = (v(t_{\text{planning\_start}}) + v_x) \times t_{\text{acc}} \times 0.5 \tag{7-56}$$

$$s(t_{\text{acc}}) = s(t_{\text{planning\_start}}) + \Delta s \tag{7-57}$$

$$a(t_{\text{acc}}) = a_{\text{comfort}} \tag{7-58}$$

由此，可以得出，自车在时间 t_{dec} 时刻的运动状态更新如下：

$$v_{\text{dec}} = v_x - d_{\text{comfort}} \times (t_{\text{dec}} - t_{\text{acc}}) \tag{7-59}$$

$$\Delta s = (v(t_{\text{dec}}) + v_x) \times (t_{\text{dec}} - t_{\text{acc}}) \times 0.5 \tag{7-60}$$

$$s(t_{\text{dec}}) = s(t_{\text{acc}}) + \Delta s \tag{7-61}$$

$$a(t_{\text{dec}}) = -d_{\text{comfort}} \tag{7-62}$$

注意：在本节自车运动状态更新的时刻都是绝对时刻，例如式(7-62)，存储的时间是 t_{dec}，而在 Lattice 算法中，由于各种状态都存储在 vector 中，所以存储的是相对时刻，例如，它会存储 $t_{\text{dec}} - t_{\text{acc}}$。这是书中对这一问题的描述与代码中的差异性，读者在对照代码时需要注意这一点。

3. 定点停车场景下自车参考速度的插值计算

定点停车场景下自车参考速度的计算方法与定速巡航场景类似，同样按照式(7-10)和式(7-11)的方式离散采点进行计算。此处不再赘述。

7.2.3 代码解析

自车纵向运动参考速度的计算，主要包括两个场景代码解析：一是定速巡航场景下的代码解析；二是有定点停车点场景下的代码解析。

(1) 定速巡航场景+自车接近或超过停车点场景下自车参考速度的代码解析如下：

```
//第 7 章 trajectory_evaluator.cc

std::vector<double> TrajectoryEvaluator::ComputeLongitudinalGuideVelocity(
    const PlanningTarget& planning_target) const {
  //"容器"存放各个时刻的径向参考速度
  std::vector<double> reference_s_dot;
  //获取自车的巡航速度
  double cruise_v = planning_target.cruise_speed();
```

```cpp
//如果没有停止点,则表示自车处于定速巡航阶段
if (!planning_target.has_stop_point()) {
  //设置汽车巡航的起点 s 坐标和巡航速度
  PiecewiseAccelerationTrajectory1d lon_traj(init_s_[0], cruise_v);

  //设置自车巡航运动时的起始时间,此处的起始时间是一个相对时间,也就是从 0 时刻到
  //规划时间(8s),FLAGS_numerical_epsilon = 1e-6,第 1 个参数表示自车的加速度为 0。由
  //于自车此时做定速巡航,因此加速度为 0
  lon_traj.AppendSegment(
      0.0, FLAGS_trajectory_time_length + FLAGS_numerical_epsilon);

  //此处对时间 t 从 0 时刻开始,以 0.1s 为步长进行遍历,主要目的是计算各个时刻自车的运动
  //速度
  for (double t = 0.0; t < FLAGS_trajectory_time_length;
       t += FLAGS_trajectory_time_resolution) {

    //lon_traj.Evaluate(1, t)函数中的实参 1 表示函数计算的结果是速度,记录各个时刻的
    //速度

    reference_s_dot.emplace_back(lon_traj.Evaluate(1, t));    }
} else {
  //此处的计算逻辑是定点停车时的场景分析
  //计算自车 0 时刻的起点与停车点之间的距离 s,如式(7-20)中的 s_dist
  double dist_s = planning_target.stop_point().s() - init_s_[0];

  //此处表示的是自车与停车点非常接近或者自车的行驶位置已经超越停车点,如图 7-2 中
  //自车起始位置与停车点的位置关系所示
  if (dist_s < FLAGS_numerical_epsilon) {

  //由于自车起始位置已经非常接近停车点位置或超过停车点位置,所以此时自车的速度应该
  //为 0,也就是自车应该停车,所以自车轨迹中的实参为自车起始位置,速度大小应该设为 0
    PiecewiseAccelerationTrajectory1d lon_traj(init_s_[0], 0.0);

  //由于此时自车应该停车,所以自车的加速度在整个轨迹规划阶段应该为 0,第 2 个参数为规划
  //的时间长度
    lon_traj.AppendSegment(
        0.0, FLAGS_trajectory_time_length + FLAGS_numerical_epsilon);

    //从 0 时刻开始,以 0.1s 为步长,遍历规划时间
    for (double t = 0.0; t < FLAGS_trajectory_time_length;
         t += FLAGS_trajectory_time_resolution) {

      //计算自车在各个时刻点的速度
      reference_s_dot.emplace_back(lon_traj.Evaluate(1, t));
    }
    //记录的是自车与停车点非常接近或者超过停车点后的情况下,记录各个时刻的自车速度
    return reference_s_dot;
  }
```

```cpp
//规定自车比较舒适的加速运动时的加速度的大小
//FLAGS_longitudinal_acceleration_upper_bound = 4.0
//FLAGS_comfort_acceleration_factor = 0.5
double a_comfort = FLAGS_longitudinal_acceleration_upper_bound *
                   FLAGS_comfort_acceleration_factor;

//规定自车比较舒适的减速运动时的加速度的大小
//FLAGS_longitudinal_acceleration_lower_bound = -6.0
//FLAGS_comfort_acceleration_factor = 0.5
double d_comfort = -FLAGS_longitudinal_acceleration_lower_bound *  //-6.0
                   FLAGS_comfort_acceleration_factor;

//此时的场景是自车还没有达到停车点,如图 7-3 所示
//函数的第 1 个参数表示自车停车时的 s 坐标,也就是停车点的 s 坐标,自车控制的目标位置
//函数的第 2 个参数表示自车起始的 s 坐标,也就是自车的初始位置
//函数的第 3 个参数表示自车的巡航速度,也属于纵向控制的参考速度
//函数的第 4 个参数表示自车的当前速度
//函数的第 5 个参数表示自车加速运动时的加速度
//函数的第 6 个参数表示自车减速运动时的加速度
//函数的第 7 个参数表示自车的规划时长
//具体的代码分析见 2.自车初始位置滞后停车点场景下的参考速度计算的代码解析
std::shared_ptr<Trajectory1d> lon_ref_trajectory =
    PiecewiseBrakingTrajectoryGenerator::Generate(
        planning_target.stop_point().s(), init_s_[0],
        planning_target.cruise_speed(), init_s_[1], a_comfort, d_comfort,
        FLAGS_trajectory_time_length + FLAGS_numerical_epsilon);

//以 0.1s 为步长遍历规划时长,并计算各个时刻点的参考速度
for (double t = 0.0; t < FLAGS_trajectory_time_length;
     t += FLAGS_trajectory_time_resolution) {
    //此处的参数为 1,表示计算的是 t 时刻的自车速度
    reference_s_dot.emplace_back(lon_ref_trajectory->Evaluate(1, t));
}
}
return reference_s_dot;
}
```

(2)自车初始位置滞后停车点场景下的参考速度计算的代码解析如下:

```cpp
//第 7 章 piecewise_braking_trajectory_generator.cc

//各个参数的具体含义见上面的代码解析
std::shared_ptr<Curve1d> PiecewiseBrakingTrajectoryGenerator::Generate(
    const double s_target, const double s_curr, const double v_target,
    const double v_curr, const double a_comfort, const double d_comfort,
    const double max_time) {

    //以当前的自车位置 s_curr 和当前速度 v_curr 为参数构建轨迹
```

```cpp
std::shared_ptr<PiecewiseAccelerationTrajectory1d> ptr_trajectory =
    std::make_shared<PiecewiseAccelerationTrajectory1d>(s_curr, v_curr);

//计算目标点与自车当前点的距离差
double s_dist = s_target - s_curr;

//根据当前车辆的速度和匀减速运动的加速度计算舒适的停止距离
//计算公式见(7-19)
double comfort_stop_dist = ComputeStopDistance(v_curr, d_comfort);

//场景1:舒适的停止距离大于自车当前位置与目标点的距离差
if (comfort_stop_dist > s_dist) {

  //在该场景下,自车应该立刻停车
  //假设自车在当前速度下停车,并且停车距离为 s_dist,则根据式(7-21)计算自车的加速度
  double stop_d = ComputeStopDeceleration(s_dist, v_curr);

  //根据当前速度 v_curr 和加速度 stop_d 计算停车时长
  double stop_t = v_curr / stop_d;

  //根据加速度 - stop_d 和时间 stop_t,计算 stop_t 时间后的自车运动距离和速度
  ptr_trajectory->AppendSegment(-stop_d, stop_t);

  //判断停车时长是否小于规划时长,如果符合条件,则压入轨迹点
  if (ptr_trajectory->ParamLength() < max_time) {
    ptr_trajectory->AppendSegment(0.0,
                                  max_time - ptr_trajectory->ParamLength());
  }
  return ptr_trajectory;
}

//如果自车当前位置与目标点的距离差大于舒适的停车距离,则在该场景下处理分类
//如果自车的当前速度大于巡航速度,则自车纵向速度的规划按照以下步骤进行:
//(1)先减速到巡航速度;(2)巡航速度匀速行驶;(3)匀减速停车
if (v_curr > v_target) {

  //计算自车定速巡航的时间,定速巡航的距离为 s_dist - comfort_stop_dist
  //速度曲线如图 7-7 所示
  double t_cruise = (s_dist - comfort_stop_dist) / v_target;

  //计算从当前速度匀减速到巡航速度时的时间
  double t_rampdown = (v_curr - v_target) / d_comfort;

  //在加速度为 d_comfort 的条件下,计算以巡航速度停车时的时间
  double t_dec = v_target / d_comfort;

  //将第 1 个阶段,自车从当前速度匀减速至巡航速度时的运动状态加速度和时间压入参考"轨迹"
  ptr_trajectory->AppendSegment(-d_comfort, t_rampdown);
```

```cpp
//将第2个阶段,自车定速巡航的加速度和时间压入参考"轨迹"
ptr_trajectory->AppendSegment(0.0, t_cruise);

//将第3个阶段,自车从巡航速度停车的加速度和时间压入参考"轨迹"
ptr_trajectory->AppendSegment(-d_comfort, t_dec);

//判断自车的运动时长是否小于规划时长,如果符合条件,则记录剩余时间自车状态的加
//速度和时间
if (ptr_trajectory->ParamLength() < max_time) {
  ptr_trajectory->AppendSegment(0.0,
                                max_time - ptr_trajectory->ParamLength());
}
return ptr_trajectory;

//该场景是当自车的速度小于巡航速度时,自车运动状态的变化
} else {
//在该场景下,自车为了可以顺利地在停车点停车,不一定可以实现自车速度下匀加速到巡航
//速度,所以需要先假设可以先从当前速度匀加速到巡航速度,再从巡航速度匀减速至当前
//速度,最后再计算这两个阶段自车的行驶距离,分情况进行讨论
//(1)先匀加速到巡航速度,加速度为a_comfort,从v_cur上升到v_target
double t_rampup = (v_target - v_curr) / a_comfort;

//(2)匀减速,加速度为d_comfort,从v_target下降到v_cur
double t_rampdown = (v_target - v_curr) / d_comfort;

//(3)计算匀加速和匀减速阶段自车行驶的距离,见式(7-35)~式(7-38)
double s_ramp = (v_curr + v_target) * (t_rampup + t_rampdown) * 0.5;

//计算自车做完匀加速和匀减速运动后的剩余距离s_rest,以此判断自车是否可以加速到巡航
//速度
double s_rest = s_dist - s_ramp - comfort_stop_dist;
if (s_rest > 0) {
//如果s_rest>0,则表明自车可以从当前速度加速到巡航速度
//计算巡航的时间,此时的巡航距离为s_rest
  double t_cruise = s_rest / v_target;

//计算从巡航速度开始到停车的时间,具体如图7-9所示
  double t_dec = v_target / d_comfort;

//构建轨迹,分为3个阶段,第1个阶段是从当前速度匀加速到巡航速度;第2个阶段是
//巡航阶段;第3个阶段是从巡航速度匀减速停车
//此处为第1个阶段,加速度为a_comfort,运动时间为t_rampup
  ptr_trajectory->AppendSegment(a_comfort, t_rampup);
//此处为第2个阶段,加速度为0,运动时间为t_cruise
  ptr_trajectory->AppendSegment(0.0, t_cruise);
//此处为第3个阶段,加速度为-d_comfort,运动时间为t_dec
  ptr_trajectory->AppendSegment(-d_comfort, t_dec);

//判断自车从当前速度,经过匀加速到巡航速度,再到匀速运动,最后停车,所有的时间是否
```

```cpp
      //小于规划时间,如果小于规划时间,则记录剩余时间的自车状态
      if (ptr_trajectory->ParamLength() < max_time) {
        ptr_trajectory->AppendSegment(0.0,
                                      max_time - ptr_trajectory->ParamLength());
      }
      //返回参考轨迹点
      return ptr_trajectory;
    } else {
    //如果 s_rest 的距离小于或等于 0,则此时认为不能存在上述分析过程的第 2 个阶段,也就是定
    //速巡航阶段,而且此时也不能由当前速度匀加速至巡航速度,而只能匀加速至低于巡航速
    //度的一个特定速度,可以设此速度为 v,因此,需要计算在停车点既定的条件下,自车可以由当
    //前速度匀加速至某一最大速度,计算与分析过程见式(7-48)～式(7-52)
    //此处的公式可以描述为(v 代表未知的最大速度)
    //(v^2 - v_cur^2)/(2 * a_comfort) + (v^2 - v_cur^2)/(2 * d_comfort) =
    //s_rampsup_rampdown
      double s_rampup_rampdown = s_dist - comfort_stop_dist;
      double v_max = std::sqrt(v_curr * v_curr + 2.0 * a_comfort * d_comfort
                                                * s_rampup_rampdown /
                                                (a_comfort + d_comfort));
    //在该场景下,自车的运动过程可以描述为两个阶段:第 1 个阶段为自车由当前速度匀加速
    //至最大速度 v;第 2 个阶段为自车由最大速度 v 匀减速停车
    //此处计算第 1 个阶段的运动时间
      double t_acc = (v_max - v_curr) / a_comfort;

    //此处计算第 2 个阶段的运动时间
      double t_dec = v_max / d_comfort;

    //分别记录这两个阶段的运动状态
    //记录第 1 个阶段的运动状态,此时的加速度为 a_comfort,时间为 t_acc
      ptr_trajectory->AppendSegment(a_comfort, t_acc);

    //记录第 2 个阶段的运动状态,此时的加速度为 -d_comfort,时间为 t_dec
      ptr_trajectory->AppendSegment(-d_comfort, t_dec);

    //判断在该场景下自车的运动时间是否小于规定的规划时长,如果符合,则记录该停车点
    //后续时间的状态,加速度为 0,时间为 max_time - ptr_trajectory->ParamLength()
      if (ptr_trajectory->ParamLength() < max_time) {
        ptr_trajectory->AppendSegment(0.0,
                                      max_time - ptr_trajectory->ParamLength());
      }
      return ptr_trajectory;
    }
  }
}
```

7.3 纵向运动轨迹的过滤

在构建纵向运动参考速度之后,在 Lattice 算法中会对纵向运动轨迹进行过滤,剔除不符合条件的轨迹。对于纵向运动轨迹而言,一是要考虑是否有停车点。如果有,则需要判断

停车点、当前点与轨迹规划终点之间的关系；二是要考虑每条纵向运动轨迹上的速度、加速度和加加速度是否满足设定的上下限。

7.3.1 停车点、当前点与轨迹规划终点的关系约束

在进行纵向轨迹规划时，不可避免地会遇到停车点的问题，而停车点、自车当前轨迹点和轨迹规划终点（$t_{\text{FLAGS\_trajectory\_time\_length}}$ 时刻自车所在位置）之间的关系如图 7-11 所示。

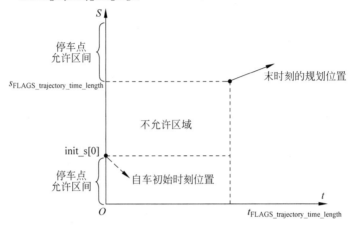

图 7-11 停车点、自车当前点与规划终点关系对纵向轨迹筛选示意图

在 Lattice 算法中，如果纵向轨迹在规划的过程中，停车点在自车初始时刻与末时刻（规划终点）之间，也就是图 7-11 中的不允许区域，此时就需要过滤掉此类纵向轨迹。这也就说明，停车点只能在自车当前轨迹点之前或末时刻规划点之后。

7.3.2 纵向运动轨迹中的速度、加速度和加加速度的关系约束

为了保持自车行驶安全和加速平稳，Lattice 算法中对自车的速度、加速度和加加速度的取值范围都进行了约束：

$$v_{\text{speed\_lower\_bound}} - 1.0\text{e} - 4 \leqslant v(t_i) \leqslant v_{\text{speed\_upper\_bound}} + 1.0\text{e} - 4 \tag{7-63}$$

$$a_{\text{longitudinal\_acceleration\_lower\_bound}} - 1.0\text{e} - 4 \leqslant a(t_i) \leqslant a_{\text{longitudinal\_acceleration\_upper\_bound}} + 1.0\text{e} - 4 \tag{7-64}$$

$$\text{jerk}_{\text{longitudinal\_jerk\_lower\_bound}} - 1.0\text{e} - 4 \leqslant \text{jerk}(t_i) \leqslant \text{jerk}_{\text{longitudinal\_jerk\_upper\_bound}} + 1.0\text{e} - 4 \tag{7-65}$$

式中，$t \in [0, t_i^{\text{trajectory\_end\_time}}]$，$t_i^{\text{trajectory\_end\_time}}$ 表示第 i 条纵向轨迹的末时刻，速度下限 $v_{\text{speed\_lower\_bound}}$ 和速度上限 $v_{\text{speed\_upper\_bound}}$ 分别被初始化为 -0.1m/s 和 40m/s。加速度的下限 $a_{\text{longitudinal\_acceleration\_lower\_bound}}$ 和上限 $a_{\text{longitudinal\_acceleration\_upper\_bound}}$ 分别被初始化为 -6.0m/s^2 和 4.0m/s^2。加加速度的下限 $\text{jerk}_{\text{longitudinal\_jerk\_lower\_bound}}$ 和上限 $\text{jerk}_{\text{longitudinal\_jerk\_upper\_bound}}$ 分别被初始化为 -4.0m/s^3 和 2.0m/s^3。

7.3.3 代码解析

纵向运动轨迹的过滤,主要是对纵向运动轨迹点的速度、加速度、加加速度和向心加速度的大小进行合理性检验或验证。具体的代码实现与解析如下:

```cpp
//第 7 章 constraint_checker1d.cc
bool ConstraintChecker1d::IsValidLongitudinalTrajectory(
    const Curve1d& lon_trajectory) {
  //因为整个轨迹规划的时间区间为[0,lon_trajectory.ParamLength()],所以对轨迹各个
  //运动状态的检验与验证从 0 时刻开始
  double t = 0.0;

  //此处判断是为了保证检查轨迹所有的时间点
  while (t < lon_trajectory.ParamLength()) {
    //计算时间点 t 的自车径向速度
    double v = lon_trajectory.Evaluate(1, t);

    //判断自车速度是否在规定的速度区间,此处的速度区间为[-0.1,40]
    if (!fuzzy_within(v, FLAGS_speed_lower_bound, FLAGS_speed_upper_bound)) {
    //如果不符合,则返回值为 false
      return false;
    }

    //计算时间 t 的自车径向加速度
    double a = lon_trajectory.Evaluate(2, t);

    //检查时间 t 时刻点自车加速度是否在合理的加速度的区间[-6.0,4.0]
    if (!fuzzy_within(a, FLAGS_longitudinal_acceleration_lower_bound,
                  FLAGS_longitudinal_acceleration_upper_bound)) {
    //如果不符合,则返回值为 false
      return false;
    }

    //计算时间 t 时刻的自车的加加速度,并判断此加加速度是否在合理的加加速度区间
    //[-4.0,2.0]
    double j = lon_trajectory.Evaluate(3, t);
    if (!fuzzy_within(j, FLAGS_longitudinal_jerk_lower_bound,
                  FLAGS_longitudinal_jerk_upper_bound)) {
      //如果不符合条件,则返回值为 false
      return false;
    }
    t += FLAGS_trajectory_time_resolution;
  }
  //如果所有的时间点的运动状态全部符合条件,则返回值为 true
  return true;
}
```

读者可以看到,在对自车运动状态进行评估时,采用了函数 fuzzy_within(const double v,const double lower,const double upper,const double e=1.0e-4),具体分析如下:

```
//第 7 章 constraint_checker1d.cc

inline bool fuzzy_within(const double v, const double lower, const double upper,
                         const double e = 1.0e-4) {
    //此处表明参数的值需要在区间(lower - e,upper + e),这里的区间值则对应上述的速度
    //加速度和加加速度
    return v > lower - e && v < upper + e;
}
```

7.4　横纵向运动轨迹的评估与计算

横纵向运动轨迹的评估与计算,主要是从运动偏移量、舒适性、向心加速度等方面,分别计算每条横纵向轨迹的 cost。此处的计算并没有对轨迹进行过滤或剔除。

7.4.1　纵向运动轨迹 cost 的计算

对于每条纵向轨迹的 cost 计算,主要考虑了自车运动的纵向速度、距离、加速度、加加速度和向心加速度等因素。

1. 纵向速度与距离的 cost 计算

纵向速度与距离的 cost 计算是根据自车纵向轨迹规划时间 $t \in [t_{\text{planning\_start}}, t_{\text{planning\_end}}]$ 内行驶的距离 s_dist 和各个离散时间点的速度与参考速度的差值统一计算的。s_dist 是根据式(5-19)和式(5-48)的 4 次多项式或 5 次多项式计算得到的,计算过程如下:

$$\text{s\_dist} = s(t_{\text{planning\_end}}) - s(t_{\text{planning\_start}}) \tag{7-66}$$

式中,$s(t_{\text{planning\_start}})$ 和 $s(t_{\text{planning\_end}})$ 分别表示 $t_{\text{planning\_start}}$ 和 $t_{\text{planning\_end}}$ 时刻自车的位置,计算方法参见式(5-19)或式(5-48)。

各个离散时刻点 t_i(t_i 的计算见式(7-10))的参考速度 $v(t_i)$(具体计算方法见 7.2 节)与自车速度 $v_{\text{polynomial}}(t_i)$ 的差值 cost_i 如下:

$$v_{\text{polynomial}}(t_i) = a_1 + 2a_2 t_i + 3a_3 t_i^2 + 4a_4 t_i^3 + 5a_5 t_i^4 \tag{7-67}$$

$$\text{cost}_i = v(t_i) - v_{\text{polynomial}}(t_i) \tag{7-68}$$

式中,$v_{\text{polynomial}}(t_i)$ 的计算是根据 5 次多项式的一阶导而得到的,如果是 4 次多项式,则方法同理,此处不再赘述。为了保证 cost 的非负性,定义了如下变量:

$$\text{speed\_cost\_sqr\_sum}(t_i) = \sum_{j=0}^{i} t_j^2 \times |\text{cost}_j| \tag{7-69}$$

$$\text{speed\_cost\_weight\_sum}(t_i) = \sum_{j=0}^{i} t_j^2 \tag{7-70}$$

根据式(7-69)和式(7-70),可得 speed_cost,计算方法如下:

$$\text{speed\_cost} = \frac{\text{speed\_cost\_sqr\_sum}(t_N)}{\text{speed\_cost\_weight\_sum}(t_N)} \tag{7-71}$$

式中,N 表示离散的时间点(具体可参见式(7-10))。

纵向运动轨迹的行驶距离 s_dist 的 $\text{cost}_{\text{s\_dist}}$ 的计算如下:

$$\text{cost}_{\text{s\_dist}} = \frac{1.0}{\text{s\_dist} + 1.0} \tag{7-72}$$

由此可得,纵向运动距离与速度的 $\text{cost}_{\text{speed+distance}}$ 计算如下:

$$\text{cost}_{\text{speed+distance}} = \frac{\text{speed\_cost} \times \text{weight\_target\_speed} + \text{cost}_{\text{s\_dist}} \times \text{weight\_dist\_travelled}}{\text{weight\_target\_speed} + \text{weight\_dist\_travelled}} \tag{7-73}$$

式中,weight_target_speed 和 weight_dist_travelled 分别表示速度差与距离的权重,为常数,分别被初始化为 1.0 和 10.0。

注意:在上式中涉及的变量 $\text{cost}_{\text{s\_dist}}$、speed_cost 和 $\text{cost}_{\text{speed+distance}}$ 都是指的第 $j \in [0, N-1]$ 条纵向轨迹的 cost,在书中并没有用相应变量表示特定轨迹的标号,读者应注意。

2. 纵向运动轨迹舒适性的 cost 计算

对于纵向运动轨迹舒适性 cost 的计算,在 Lattice 算法中是通过分别计算各个离散时间点 t_i(计算方法如式(7-10)所示)的加加速度 $\dot{a}(t_i)$ 而得到的。若纵向运动轨迹是通过 5 次多项式得出的(如 6.1.2 节所示),则它在 t_i 时刻的加加速度 $\dot{a}(t_i)$ 可表示为

$$\dot{a}(t_i) = 6a_3 + 24a_4 t_i + 60a_5 t_i^2 \tag{7-74}$$

令

$$\text{cost}(t_i) = \frac{\dot{a}(t_i)}{\text{longitudinal\_jerk\_upper\_bound}} \tag{7-75}$$

$$\text{cost\_sqr\_sum} = \sum_{i=0}^{N} \text{cost}^2(t_i) \tag{7-76}$$

$$\text{cost\_abs\_sum} = \sum_{i=0}^{N} |\text{cost}(t_i)| \tag{7-77}$$

式中,longitudinal_jerk_upper_bound 为常数,被初始化为 2.0。N 的定义可见式(7-10)。
由此可得,纵向运动轨迹舒适性 $\text{cost}_{\text{lon\_comfort}}$ 的计算方法如下:

$$\text{cost}_{\text{lon\_comfort}} = \frac{\text{cost\_sqr\_sum}}{\text{cost\_abs\_sum} + \text{numerical\_epsilon}} \tag{7-78}$$

式中,numerical_epsilon 为常数,被初始化为 1e-6。

3. 纵向运动轨迹的碰撞 cost 计算

第 5 章对 Lattice 算法中的动态障碍物和静态障碍物的 S-T 图进行了构建。纵向运动

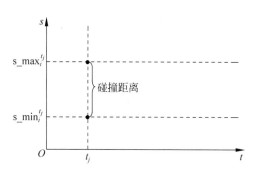

图 7-12 第 i 个障碍物在 t_j 时刻的位置范围

轨迹的碰撞 cost，主要根据自车在各个 t_j 时刻的位置 $s(t_j)$ 与障碍物的位置进行比较并计算得出。自车与障碍物发生碰撞的距离范围如图 7-12 所示。

从图 7-12 不难看出，对于第 i 个障碍物而言，它在 t_j 时刻的位置 $s_i^{t_j} \in [s\_min_i^{t_j}, s\_max_i^{t_j}]$，因此，如果自车在 t_j 时刻处于该区间中，则发生碰撞的概率会很大，相应地，cost 也会增加。如果不在此范围内，则发生碰撞的概率会降低，cost 也会相应地减少，因此，纵向运动轨迹的碰撞 cost 计算过程如下所示。

(1) 根据 4 次多项式或 5 次多项式计算自车在 t_j 时刻的位置 $s(t_j)$：

$$s(t_j) = a_0 + a_1 t_j + a_2 t_j^2 + a_3 t_j^3 + a_4 t_j^4 + a_5 t_j^5 \tag{7-79}$$

$$s(t_j) = a_0 + a_1 t_j + a_2 t_j^2 + a_3 t_j^3 + a_4 t_j^4 \tag{7-80}$$

其中，式(7-79)是自车在有障碍物条件下的运动状态方程；式(7-80)是自车在定速巡航条件下的运动状态方程(具体内容详见第 5 章)。

(2) 计算自车在 t_j 时刻位置 $s(t_j)$ 与第 i 个障碍物边界 $s_i^{t_j} \in [s\_min_i^{t_j}, s\_max_i^{t_j}]$ 的距离差。主要分为两种情况：一是自车在 t_j 时刻位置 $s(t_j)$ 小于 $s\_min_i^{t_j}$；二是自车在 t_j 时刻位置 $s(t_j)$ 大于 $s\_max_i^{t_j}$。具体如下：

$$\text{if } s(t_j) < s\_min_i^{t_j} - \text{lon\_collision\_yield\_buffer}$$

$$\text{then } dist_i^{t_j} = s\_min_i^{t_j} - \text{lon\_collision\_yield\_buffer} - s(t_j) \tag{7-81}$$

$$\text{if } s(t_j) > s\_max_i^{t_j} + \text{lon\_collision\_yield\_buffer}$$

$$\text{then } dist_i^{t_j} = s(t_j) - s\_max_i^{t_j} - \text{lon\_collision\_overtake\_buffer} \tag{7-82}$$

由式(7-81)和式(7-82)可以看出，当自车在越滞后于障碍物最小位置 $s\_min_i^{t_j}$ 或越超前于障碍物最大位置 $s\_max_i^{t_j}$ 时，$dist_i^{t_j}$ 的值越大，而当自车介于障碍物最小位置 $s\_min_i^{t_j}$ 和最大位置 $s\_max_i^{t_j}$ 时，$dist_i^{t_j}=0$。式中涉及的各个常数 lon_collision_yield_buffer=1.0, lon_collision_overtake_buffer=1.0。

(3) 计算自车与第 i 个障碍物在 t_j 时刻的距离差引起的 $cost_i^{t_j}$。具体如下：

$$cost_i^{t_j} = \exp\left(-\frac{dist_i^{t_j} \times dist_i^{t_j}}{\sigma \times \sigma}\right) \tag{7-83}$$

由式(7-83)不难看出，自车滞后于障碍物最小位置 $s\_min_i^{t_j}$ 或超前于障碍物最大位置 $s\_max_i^{t_j}$ 的距离越大，$cost_i^{t_j}$ 越小，而当自车介于障碍物最小位置 $s\_min_i^{t_j}$ 和最大位置 $s\_max_i^{t_j}$ 时，$cost_i^{t_j}$ 最大。式中常数 $\sigma=0.5$。

(4) 计算 t_j 时刻的 cost_sqr_sum(t_j) 和 cost_abs_sum(t_j)。具体如下：

$$\text{cost\_sqr\_sum}(t_j) = \sum_{i=0}^{N-1} \text{cost}_i^{t_j} \times \text{cost}_i^{t_j} \tag{7-84}$$

$$\text{cost\_abs\_sum}(t_j) = \sum_{i=0}^{N-1} \text{cost}_i^{t_j} \tag{7-85}$$

(5) 计算纵向运动轨迹碰撞 $\text{cost}_{\text{lon\_collision}}$，方法如下：

$$\text{cost}_{\text{lon\_collision}} = \frac{\sum_{j=0}^{N-1} \text{cost\_sqr\_sum}(t_j)}{\sum_{j=0}^{N-1} \text{cost\_abs\_sum}(t_j) + \text{numerical\_epsilon}} \tag{7-86}$$

式中，N 表示离散时间的点数（见式（7-10）），numerical_epsilon 为常数，被初始化为 1e-6。

4. 纵向运动向心加速度 cost 的计算

由物体运动的状态方程可知，自车的向心加速度 a 的大小的计算如下：

$$a = \frac{v^2}{R} \tag{7-87}$$

式中，R 表示自车做圆周运动的半径，$\frac{1}{R}$ 则代表自车运动的曲率。如果已知自车在时间 t 的坐标为 s，则也可以设自车在 t 时刻的曲率为 $\kappa(s)$，因此，自车在 t 时刻的向心加速度 $a(t)$ 的大小可以表示为

$$a(t) = v(t)^2 \times \kappa(s) \tag{7-88}$$

因此，求解自车在 t 时刻的曲率 $\kappa(s)$ 是求解向心加速度 $a(t)$ 的前提条件。自车曲率 $\kappa(s)$ 的表示如图 7-13 所示。

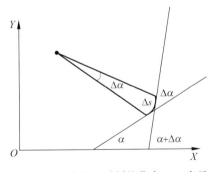

图 7-13 自车在 t 时刻的曲率 $\kappa(s)$ 表示

$$\kappa(s) = \frac{1}{R} = \lim_{\Delta x \to 0} \frac{\Delta \alpha}{\Delta s} = \frac{\mathrm{d}\alpha}{\mathrm{d}s} = \frac{\mathrm{d}\arctan(y')}{\sqrt{\mathrm{d}x^2 + \mathrm{d}y^2}} = \frac{\mathrm{d}\arctan(y')}{\sqrt{1+(y')^2}\,\mathrm{d}x} = \frac{y''}{\sqrt[\frac{3}{2}]{1+(y')^2}} \tag{7-89}$$

$$\Delta \alpha = \tan\Delta\alpha \quad (\Delta\alpha \to 0) \tag{7-90}$$

$$y' = \tan(\Delta\alpha) \Rightarrow \Delta\alpha = \arctan y' \tag{7-91}$$

$$y = \arctan x \Rightarrow x = \tan y \Rightarrow \frac{\mathrm{d}x}{\mathrm{d}y} = \left(\frac{\sin y}{\cos y}\right)' \Rightarrow \frac{\mathrm{d}x}{\mathrm{d}y} = 1 + (\tan y)^2 = 1 + x^2 \quad (7\text{-}92)$$

由此，向心加速度的 cost 计算过程如下：

(1) 根据 5 次多项式或 4 次多项式计算 t_i 时刻的 $s(t_i)$ 与 $v(t_i)$。求解方法如式(7-67)、式(7-79)和式(7-80)所示。

(2) 根据 $s(t_i)$ 在参考线上寻找匹配点 $s(t_i)_{\text{reference}}$（具体方法可见第 3 章）。

(3) 根据匹配点 $s(t_i)_{\text{reference}}$ 的笛卡儿坐标及其一阶和二阶导数可求得该点的曲率 $\kappa^s_{\text{reference}}(t_i)$（曲率的计算公式如式(7-89)所示）。

(4) 根据式(7-88)可以求得自车在 t_i 时刻的向心加速度 $a(t_i)$，计算方法如下：

$$a(t_i) = v(t_i)^2 \times \kappa^s_{\text{reference}}(t_i) \quad (7\text{-}93)$$

(5) 计算第 j 条纵向轨迹的向心加速度 cost 累积和 $\text{cost}_j^{\text{acc\_sum}}$，计算方法如下：

$$\text{cost}_j^{\text{acc\_sum}} = \sum_{i=0}^{N-1} |a(t_i)| \quad (7\text{-}94)$$

式中，j 表示径向轨迹的序列索引号。

(6) 计算第 j 条纵向轨迹的向心加速度 cost 的平方累积 $\text{cost}_j^{\text{acc\_sqr\_sum}}$，计算方法如下：

$$\text{cost}_j^{\text{acc\_sqr\_sum}} = \sum_{i=0}^{N-1} a(t_i) \times a(t_i) \quad (7\text{-}95)$$

(7) 第 j 条纵向轨迹的向心加速度 cost 表示为 $\text{cost}_j^{\text{lon\_acc}}$，计算方法如下：

$$\text{cost}_j^{\text{lon\_acc}} = \frac{\text{cost}_j^{\text{acc\_sqr\_sum}}}{\text{cost}_j^{\text{acc\_sum}} + \text{numerical\_epsilon}} \quad (7\text{-}96)$$

式中，numerical_epsilon 为常数，被初始化为 1e-6。

5. 代码解析

对于纵向运动轨迹的评估，主要是计算纵向运动轨迹上各个离散点的纵向距离 $s(t)$、径向速度 $v(t)$、纵向加速度 $a(t)$、纵向加加速度 $\dot{a}(t)$ 和向心加速度 $a_{\text{centric}}(t)$。具体的代码解析分为 4 部分，并对每部分分别进行解释。

(1) 纵向距离与速度的 cost 计算过程的代码分析如下：

```
//第 7 章 trajectory_evaluator.cc
double TrajectoryEvaluator::LonObjectiveCost(
    const PtrTrajectory1d& lon_trajectory,
    const PlanningTarget& planning_target,
    const std::vector<double>& ref_s_dots) const {
  //计算每条轨迹中自车的总的运动时间
  double t_max = lon_trajectory->ParamLength();
  //计算自车的纵向运动距离
  double dist_s =
      lon_trajectory->Evaluate(0, t_max) - lon_trajectory->Evaluate(0, 0.0);
```

```cpp
//初始化速度的cost
double speed_cost_sqr_sum = 0.0;
//初始化速度cost的权重
double speed_cost_weight_sum = 0.0;

//遍历每条轨迹的所有径向速度
for (size_t i = 0; i < ref_s_dots.size(); ++i) {

  //根据径向速度的序号计算该速度所处的时间点。由之前的分析可知,每个离散时间的间隔
  //为0.1,所以,该速度所处的时间就等于序号与时间步长的乘积
  double t = static_cast<double>(i) * FLAGS_trajectory_time_resolution;

  //将速度cost定义为参考速度与规划速度的差值,差值越大,cost值也就越大
  double cost = ref_s_dots[i] - lon_trajectory->Evaluate(1, t);
  //此时速度cost考虑时间,这表明速度差值越大,运动时间越长,cost也就越大,该条轨迹
  //被放弃的可能性也就越大
  speed_cost_sqr_sum += t * t * std::fabs(cost);

  //速度的权重只考虑时间的平方项
  speed_cost_weight_sum += t * t;
}
//根据speed_cost_sqr_sum和(speed_cost_weight_sum 计算 speed_cost
double speed_cost =
    speed_cost_sqr_sum / (speed_cost_weight_sum + FLAGS_numerical_epsilon);

//计算距离的cost
double dist_travelled_cost = 1.0 / (1.0 + dist_s);

//speed_cost的权重为1.0,dist_travelled_cost的权重为10.0。这一项cost综合考虑
//了自车的运动速度、运动距离和时间
return (speed_cost * FLAGS_weight_target_speed +
        dist_travelled_cost * FLAGS_weight_dist_travelled)
       (FLAGS_weight_target_speed + FLAGS_weight_dist_travelled);
}
```

(2) 纵向运动轨迹的舒适性cost的计算过程的代码分析如下:

```cpp
//第7章 trajectory_evaluator.cc

double TrajectoryEvaluator::LonComfortCost(
    const PtrTrajectory1d& lon_trajectory) const {

  //舒适性主要考虑自车的加加速度
  //初始化cost_sqr_sum和cost_abs_sum
  double cost_sqr_sum = 0.0;
  double cost_abs_sum = 0.0;

  //对规划时间内的加加速度以0.1s为步长进行遍历
```

```cpp
for (double t = 0.0; t < FLAGS_trajectory_time_length;
     t += FLAGS_trajectory_time_resolution) {

    //计算自车的加加速度
    double jerk = lon_trajectory->Evaluate(3, t);
    //加加速度 cost 的计算是通过每个时刻的加加速度值与 2.0(该值是加加速度的上限)的比值
    //确定的
    double cost = jerk / FLAGS_longitudinal_jerk_upper_bound;
    //加加速度平方项的累加
    cost_sqr_sum += cost * cost;
    //加加速度绝对值项的累加
    cost_abs_sum += std::fabs(cost);
}
//返回加加速度的 cost
return cost_sqr_sum / (cost_abs_sum + FLAGS_numerical_epsilon);
}
```

(3) 纵向运动轨迹碰撞的 cost 的计算过程的代码解析如下:

```cpp
//第 7 章 trajectory_evaluator.cc
double TrajectoryEvaluator::LonCollisionCost(
    const PtrTrajectory1d& lon_trajectory) const {
  //初始化 cost_sqr_sum 和 cost_abs_sum
  double cost_sqr_sum = 0.0;
  double cost_abs_sum = 0.0;

  //遍历 S-T 图的所有点
  for (size_t i = 0; i < path_time_intervals_.size(); ++i) {
    const auto& pt_interval = path_time_intervals_[i];
    if (pt_interval.empty()) {
      continue;
    }
    //计算 S-T 图中每个点对应的时间点,步长为 0.1s
    double t = static_cast<double>(i) * FLAGS_trajectory_time_resolution;
    //计算 t 时刻自车的 Frenet 坐标 s
    double traj_s = lon_trajectory->Evaluate(0, t);
    //初始化碰撞缓冲值为 0.5
    double sigma = FLAGS_lon_collision_cost_std;

    //遍历时间 t 时所有障碍物的 s 极大值与极小值,判断与自车碰撞的可能性
    //m.first 表示时间 t 时刻障碍物 s 坐标的极小值, m.second 表示障碍物的 s 坐标的极大值
    for (const auto& m : pt_interval) {
      double dist = 0.0;

      //if 和 else 语句判断的是自车以障碍物碰撞的可能性是自车 s 的坐标介于 m.first 和
      //m.second 之间, 此时, 才会更新 dist, 否则 dist 为 0, 如图 7-12 所示
      if (traj_s < m.first - FLAGS_lon_collision_yield_buffer) {
```

```cpp
            //表示自车当前距离与障碍物 s 极大值的差值
            dist = m.first - FLAGS_lon_collision_yield_buffer - traj_s;
        } else if (traj_s > m.second + FLAGS_lon_collision_overtake_buffer) {
            //表示自车当前距离与障碍物 s 极小值的差值
            dist = traj_s - m.second - FLAGS_lon_collision_overtake_buffer;
        }

        //根据 cost 的值,利用指数分布计算 cost
        double cost = std::exp(-dist * dist / (2.0 * sigma * sigma));
        //分别计算 cost_sqr_sum 和 cost_abs_sum
        cost_sqr_sum += cost * cost;
        cost_abs_sum += cost;
      }
    }
    //返回碰撞的 cost 最终值
    return cost_sqr_sum / (cost_abs_sum + FLAGS_numerical_epsilon);
}
```

(4) 纵向运动轨迹向心加速度 cost 的计算过程的代码解析如下:

```cpp
//第 7 章 trajectory_evaluator.cc
double TrajectoryEvaluator::CentripetalAccelerationCost(
    const PtrTrajectory1d& lon_trajectory) const {
  //假设自车在行驶时,不明显地偏离车道中心线,此时需要考虑自车的向心加速度
  //初始化向心加速度累加和 centripetal_acc_sum 和向心加速度平方累加和
  //centripetal_acc_sqr_sum
  double centripetal_acc_sum = 0.0;
  double centripetal_acc_sqr_sum = 0.0;

  //以步长 0.1s 遍历轨迹的各个离散点
  for (double t = 0.0; t < FLAGS_trajectory_time_length;
       t += FLAGS_trajectory_time_resolution) {

    //计算各个离散时刻的纵向运动距离和径向速度的大小
    double s = lon_trajectory->Evaluate(0, t);
    double v = lon_trajectory->Evaluate(1, t);

    //根据自车的 s 值在参考线上寻找匹配点
    PathPoint ref_point = PathMatcher::MatchToPath(*reference_line_, s);

    //确认参考点存在曲率值
    ACHECK(ref_point.has_kappa());

    //因为根据物体做圆周运动的状态方程可知:向心加速度 a = v²/R
    //所以对于半径为 R 的圆而言,曲率 kappa = 1/R
    //自车在时刻 t 的向心加速度如下所示
```

```
            double centripetal_acc = v * v * ref_point.kappa();

            //计算向心加速度绝对值的累加值
            centripetal_acc_sum += std::fabs(centripetal_acc);
            //计算向心加速度平方的累加值
            centripetal_acc_sqr_sum += centripetal_acc * centripetal_acc;
        }
        //返回自车向心加速度的cost
        return centripetal_acc_sqr_sum /
              (centripetal_acc_sum + FLAGS_numerical_epsilon);
}
```

7.4.2 横向运动轨迹cost的计算

与纵向运动cost相同的是,它们都主要基于5次多项式,而差异点则在于,纵向运动轨迹的描述是基于时间的,而横向运动轨迹的描述则是基于纵向距离的。因此,在横向运动轨迹cost的计算过程中,首先需要计算与各个时刻点对应的纵向距离。

1. 横向运动轨迹与纵向运动距离筛选

在Lattice算法中,虽然自车横向运动与纵向运动是解耦的,但是也需要遍历纵向与横向轨迹对的cost,因此,需要对纵向运动距离进行筛选与离散化计算。这个过程主要分为两个阶段:

(1) 筛选自车运动的最小距离。首先根据纵向运动轨迹的4次多项式或5次多项式计算自车运动距离,方法如下:

$$s(t_{\text{planning\_end}}) = a_0 + a_1 \times t_{\text{planning\_end}} + a_2 \times t_{\text{planning\_end}}^2 + a_3 \times t_{\text{planning\_end}}^3 + a_4 \times t_{\text{planning\_end}}^4 \tag{7-97}$$

$$s(t_{\text{planning\_end}}) = a_0 + a_1 \times t_{\text{planning\_end}} + a_2 \times t_{\text{planning\_end}}^2 + a_3 \times t_{\text{planning\_end}}^3 + a_4 \times t_{\text{planning\_end}}^4 + a_5 \times t_{\text{planning\_end}}^5 \tag{7-98}$$

而后根据 $s(t_{\text{planning\_end}})$ 与Lattice算法中纵向的最大距离 speed_lon_decision_horizon 取小得出自车运动的真实纵向距离 $s_{\text{evaluation\_horizon}}$,计算方法如下:

$$s_{\text{evaluation\_horizon}} = \min\{s(t_{\text{planning\_end}}), \text{speed\_lon\_decision\_horizon}\} \tag{7-99}$$

(2) 对纵向距离 $s_{\text{evaluation\_horizon}}$ 进行离散化处理,方法如下:

$$\text{s\_values}(i) = s(0) + i \times \text{trajectory\_space\_resolution} \quad i \in [0, N] \tag{7-100}$$

$$N = \left\lfloor \frac{s_{\text{evaluation\_horizon}}}{\text{trajectory\_space\_resolution}} \right\rfloor \tag{7-101}$$

式中,$s(0)=0.0$。

2. 横向偏移cost的计算

对于横向运动轨迹横向偏移cost的计算,总体思路是首先确定初始纵向位置对应的自车横向坐标 $l_{\text{lan\_offset\_start}}(\text{s\_values}(0))$,而后根据各个离散纵向位置 s_values($i$) 的横向距离

与 $l_{\text{lan\_offset\_start}}(\text{s\_values}(0))$ 的关系,计算它的 cost,如图 7-14 所示。在 $s \in [\text{s\_values}(0),$ $\text{s\_values}(j))$ 内,自车的横向运动位置与 $l_{\text{lan\_offset\_start}}(\text{s\_values}(0))$ 符号一致,横向偏移 cost 的计算会相对较小,而在 $\text{s\_values}(j)$ 纵向位置,自车的横向距离与 $l_{\text{lan\_offset\_start}}(\text{s\_values}(0))$ 符号相反,则在该纵向距离对应的横向偏移 cost 将会变大。

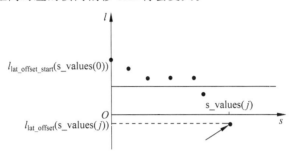

图 7-14 自车横向运动轨迹示意图

因此,横向运动距离偏移 cost 的计算步骤如下:

(1) 根据第 6 章的自车横向运动轨迹的 5 次多项式计算自车在纵向位置 s_values(0) 的横向位置 $l_{\text{lan\_offset\_start}}(\text{s\_values}(0))$。

$$l_{\text{lan\_offset\_start}}(\text{s\_values}(0)) = a_0 + a_1 \times \text{s\_values}(0) + a_2 \times \text{s\_values}(0)^2 + a_3 \times \text{s\_values}(0)^3 + a_4 \times \text{s\_values}(0)^4 + a_5 \times \text{s\_values}(0)^5 \tag{7-102}$$

(2) 根据横向运动轨迹的 5 次多项式计算各个离散纵向位置 s_values(j) 对应的横向距离。

$$l_{\text{lan\_offset}}(\text{s\_values}(j)) = a_0 + a_1 \text{s\_values}(j) + a_2 \text{s\_values}(j)^2 + a_3 \text{s\_values}(j)^3 + a_4 \text{s\_values}(j)^4 + a_5 \text{s\_values}(j)^5 \tag{7-103}$$

式中,$j \in [0, N-1]$。

(3) 计算 $\text{cost}(\text{s\_values}(j))$。

$$\text{cost}(\text{s\_values}(j)) = \frac{l_{\text{lat\_offset}}(\text{s\_values}(j))}{\text{lat\_offset\_bound}} \tag{7-104}$$

式中,lat_offset_bound 为常数,被初始化为 3.0。

(4) 根据 $l_{\text{lan\_offset}}(\text{s\_values}(j))$ 与 $l_{\text{lan\_offset\_start}}(\text{s\_values}(0))$ 的对应关系,计算 $\text{cost\_sqr\_sum}_{\text{lan\_offset}}$ 和 $\text{cost\_abs\_sum}_{\text{lan\_offset}}$。

当 $l_{\text{lan\_offset\_start}}(\text{s\_values}(0)) \times l_{\text{lan\_offset}}(\text{s\_values}(j)) \geqslant 0.0$ 时,

$$\text{cost\_sqr\_sum}_{\text{lan\_offset}} = \sum_{j=0}^{N-1} \text{cost}(\text{s\_values}(j))^2 \times \text{weight\_same\_side\_offset} \tag{7-105}$$

$$\text{cost\_abs\_sum}_{\text{lan\_offset}} = \sum_{j=0}^{N-1} |\text{cost}(\text{s\_values}(j))| \times \text{weight\_same\_side\_offset} \tag{7-106}$$

当 $l_{\text{lan\_offset\_start}}(\text{s\_values}(0)) \times l_{\text{lan\_offset}}(\text{s\_values}(j)) < 0.0$ 时,

$$\text{cost\_sqr\_sum}_{\text{lan\_offset}} = \sum_{j=0}^{N-1} \text{cost}(s\_values(j))^2 \times \text{weight\_opposite\_side\_offset} \quad (7\text{-}107)$$

$$\text{cost\_abs\_sum}_{\text{lan\_offset}} = \sum_{j=0}^{N-1} |\text{cost}(s\_values(j))| \times \text{weight\_opposite\_side\_offset} \quad (7\text{-}108)$$

式中, weight_same_side_offset 和 weight_opposite_side_offset 为常数, 分别为 1.0 和 10.0。

(5) 计算横向偏移 $\text{cost}_{\text{lan\_offset}}$。

$$\text{cost}_{\text{lan\_offset}} = \frac{\text{cost\_sqr\_sum}_{\text{lan\_offset}}}{\text{cost\_abs\_sum}_{\text{lan\_offset}} + \text{numerical\_epsilon}} \quad (7\text{-}109)$$

式中, numerical_epsilon 为常数, 被初始化为 1e-6。

3. 横向运动舒适性 cost 的计算

横向运动舒适性 cost 的计算, 既考虑了各个离散时刻点 t_i 的纵向距离 $s(t_i)$、纵向速度 $v(t_i)$ 与加速度 $a(t_i)$, 也考虑了横向相对 $s(t_i)$ 的 $l'(s(t_i))$ 和 $l''(s(t_i))$。计算过程如下所示。

(1) 根据第 5 章纵向运动轨迹的 4 次或 5 次多项式计算各个离散时刻点的纵向距离 $s(t_i)$、纵向速度 $v(t_i)$ 与加速度 $a(t_i)$。具体详见第 5 章, 此处不再赘述。

(2) 计算各个离散时刻点 t_i 自车纵向距离 $s(t_i)$ 相对于初始 t_0 时刻 $s(t_0)$ 的纵向距离差 $\Delta s(i)$, 定义如下:

$$\Delta s(i) = s(t_i) - s(t_0) \quad (7\text{-}110)$$

(3) 根据 $\Delta s(i)$ 和横向运动的 5 次多项式计算 $l'(\Delta s(i))$ 和 $l''(\Delta s(i))$, 定义如下:

$$l'(\Delta s(i)) = a_1 + 2a_2 \Delta s(i) + 3a_3 \Delta s(i)^2 + 4a_4 \Delta s(i)^3 + 5a_5 \Delta s(i)^4 \quad (7\text{-}111)$$

$$l''(\Delta s(i)) = 2a_2 + 6a_3 \Delta s(i) + 12a_4 \Delta s(i)^2 + 20a_5 \Delta s(i)^3 \quad (7\text{-}112)$$

(4) 计算各个离散时刻点 t_i 的横向舒适度 $\text{cost}_{\text{lan\_comfort}}(t_i)$。

$$\text{cost}_{\text{lan\_comfort}}(t_i) = l'(\Delta s(i))^2 v(t_i)^2 + l''(\Delta s(i)) a(t_i) \quad (7\text{-}113)$$

(5) 计算横向舒适度 $\text{max\_cost}_{\text{lan\_comfort}}$。

$$\text{max\_cost}_{\text{lan\_comfort}} = \max\{\text{max\_cost}_{\text{lan\_comfort}}, \text{cost}_{\text{lan\_comfort}}(t_i)\} \quad i \in [0, N-1] \quad (7\text{-}114)$$

式中, $\text{max\_cost}_{\text{lan\_comfort}}$ 被初始化为 0.0。

4. 代码解析

横向运动 cost 的计算主要分为两部分: 一是横向运动偏移量 offset 的 cost 计算; 二是横向运动舒适性 cost 的计算。相关代码的分析如下。

(1) 横向运动偏移 offset 的 cost 计算相关代码解析如下:

```
//第 7 章 trajectory_evaluator.cc

double TrajectoryEvaluator::LatOffsetCost(
    const PtrTrajectory1d& lat_trajectory,
```

```cpp
    const std::vector<double>& s_values) const {
  //根据横向运动5次多项式求解自车在纵向距离为0的条件下的横向位置,如式(7-102)所示
  double lat_offset_start = lat_trajectory->Evaluate(0, 0.0);

  //定义 cost_sqr_sum 和 cost_abs_sum 的初始值
  double cost_sqr_sum = 0.0;
  double cost_abs_sum = 0.0;

  for (const auto& s : s_values) {
    //根据横向运动轨迹的5次多项式计算各个纵向距离对应的横向距离,如式(7-103)所示
    double lat_offset = lat_trajectory->Evaluate(0, s);

    //计算横向运动距离的 cost 值,如式(7-104)所示
    double cost = lat_offset / FLAGS_lat_offset_bound; //3.0

    if (lat_offset * lat_offset_start < 0.0) {
      //当横向运动距离和初始横向位置的符号相反时,计算横向运动距离的 cost_sqr_sum 和
      //cost_abs_sum,如式(7-107)和式(7-108)所示
      cost_sqr_sum += cost * cost * FLAGS_weight_opposite_side_offset;
      cost_abs_sum += std::fabs(cost) * FLAGS_weight_opposite_side_offset;
    } else {
      //当横向运动距离和初始横向位置的符号相同时,计算横向运动距离的 cost_sqr_sum 和
      //cost_abs_sum,如式(7-105)和式(7-106)所示
      cost_sqr_sum += cost * cost * FLAGS_weight_same_side_offset;
      cost_abs_sum += std::fabs(cost) * FLAGS_weight_same_side_offset;
    }
  }
  //返回横向距离的 cost_{lan\_offset},如式(7-109)所示
  return cost_sqr_sum / (cost_abs_sum + FLAGS_numerical_epsilon);
}
```

(2) 横向运动舒适度代码解析如下:

```cpp
//第7章 trajectory_evaluator.cc

double TrajectoryEvaluator::LatComfortCost(
    const PtrTrajectory1d& lon_trajectory,
    const PtrTrajectory1d& lat_trajectory) const {
  //初始化横向运动舒适度 cost
  double max_cost = 0.0;

  for (double t = 0.0; t < FLAGS_trajectory_time_length;
       t += FLAGS_trajectory_time_resolution) {
    //根据离散时刻 t 计算自车的纵向距离
    double s = lon_trajectory->Evaluate(0, t);

    //根据离散时刻 t 计算自车的纵向速度大小
    double s_dot = lon_trajectory->Evaluate(1, t);
```

```cpp
    //根据离散时刻 t 计算自车的纵向加速度大小,时刻 t 的纵向距离、速度和加速度都可以根据
    //纵向运动轨迹的 4 次或 5 次多项式求解
    double s_dotdot = lon_trajectory->Evaluate(2, t);

    //计算 t 时刻自车相对初始位置的相对 s 的大小
    double relative_s = s - init_s_[0];

    //根据横向运动轨迹的 5 次多项式求解与 relative_s 对应的 l′,如式(7-111)所示
    double l_prime = lat_trajectory->Evaluate(1, relative_s);
    //根据横向运动轨迹的 5 次多项式求解与 relative_s 对应的 l″,如式(7-112)所示
    double l_primeprime = lat_trajectory->Evaluate(2, relative_s);

    //求解该时刻的横向运动舒适度 cost,如式(7-113)所示
    double cost = l_primeprime * s_dot * s_dot + l_prime * s_dotdot;
    //根据各个时刻的横向运动舒适度 cost,求解最大值,如式(7-114)所示
    max_cost = std::max(max_cost, std::fabs(cost));
  }
  return max_cost;
}
```

7.5 小结

在 Lattice 算法中,对于横纵向轨迹的评估,核心是计算任意两条横纵向轨迹的 cost 值,并根据 cost 值的大小进行升序排列。此处,并不会删除 cost 值大的轨迹。轨迹的剔除会发生在碰撞检测环节中,需要读者注意。

第 8 章 横纵向运动轨迹的优选

15min

横纵向轨迹的优选涵盖了障碍物运动轨迹的预测、运动轨迹的 Frenet 坐标向笛卡儿坐标的转换、笛卡儿坐标下横纵向轨迹的合成、轨迹运动状态的检验(例如速度、加速度、加加速度和径向加速度等)和碰撞检测等内容。

8.1 障碍物运动轨迹预测环境的构建

碰撞检测是对自车横纵向规划轨迹进行评估的前提与基础。这个问题的核心是判断自车规划的路径上是否有静态障碍物或者动态障碍物发生碰撞的风险,而自车规划的路径则是通过构建未来 trajectory_time_length 时间范围内的轨迹实现的,因此,构建障碍物运动轨迹预测环境是碰撞检测首先需要解决的问题。

8.1.1 障碍物的过滤

碰撞检测中的障碍物主要滤掉的是滞后自车的障碍物,即在初始时刻,位于自车所在车道,并且 s 坐标滞后于自车,如图 8-1 中的 obstacle_1 所示。

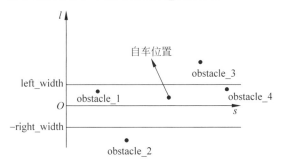

图 8-1 初始时刻自车位置与障碍物位置关系示意图

具体步骤包括以下 3 步:
(1) 根据自车初始位置 $s(t_{\text{planning\_start}})$,计算自车车道左、右车道线距离车道中心线的距离 left_width 和 right_width，并判断自车是否在自车车道内。

（2）计算初始零时刻障碍物的位置，并根据参考线计算初始障碍物位置的匹配点（具体见 3.3 节），最后根据匹配点的 Frenet 坐标 s 与 l 判断障碍物与自车车道的关系，找出自车车道内位置滞后于自车的障碍物。

（3）过滤掉虚拟或不存在的障碍物。

8.1.2 障碍物预测轨迹的生成

障碍物预测轨迹的生成，主要按照以下 3 步实现。

（1）计算障碍物在各个时刻 t_i 的轨迹点，具体见式（7-11）。

（2）根据各个时刻的轨迹点构建第 j 个障碍物的 $BB_j^{t_i}$（障碍物的构建见 4.1 节）。

（3）根据纵向缓冲距离 lon_collision_buffer 和横向缓冲距离 lat_collision_buffer 重构 $BB_j^{t_i}$。

由此，根据各个时刻障碍物的位置，可以构建出障碍物的预测轨迹，如图 8-2 所示。

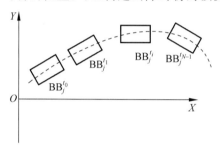

图 8-2 第 j 个障碍物的 BB_j 在各个时刻的位置

8.1.3 代码解析

在碰撞检测之前，需要对各个静态障碍物和动态障碍物在各个轨迹点的"矩形盒"在横向和纵向上延拓距离，增加碰撞缓冲区，构建整条轨迹在规划时间内的"障碍物环境"，从而保证后续碰撞检测的合理性。具体实现如下：

```
//第 8 章 collision_checker.cc

void CollisionChecker::BuildPredictedEnvironment(
    const std::vector< const Obstacle * >& obstacles, const double ego_vehicle_s,
    const double ego_vehicle_d,
    const std::vector< PathPoint >& discretized_reference_line) {
  ACHECK(predicted_bounding_rectangles_.empty());

  //判断自车是否在本车道
```

```cpp
  bool ego_vehicle_in_lane = IsEgoVehicleInLane(ego_vehicle_s, ego_vehicle_d);
  std::vector<const Obstacle*> obstacles_considered;
  for (const Obstacle* obstacle : obstacles) {
    //如果障碍物是一个虚拟障碍物,或者可以理解为障碍物不存在,则忽略,继续遍历障碍物
    if (obstacle->IsVirtual()) {
      continue;
    }
    //如果自车在本车道,并且障碍物滞后本车,或没有检索到障碍物ID号(表明障碍物不存在)
    //此时忽略障碍物,继续检索
    if (ego_vehicle_in_lane &&
        (IsObstacleBehindEgoVehicle(obstacle, ego_vehicle_s,
                                    discretized_reference_line) ||
         !ptr_path_time_graph_->IsObstacleInGraph(obstacle->Id()))) {
      continue;
    }
    //如果上述条件都不满足,则把障碍物压入待处理的障碍物"容器"
    obstacles_considered.push_back(obstacle);
  }

  //初始化自车运动的相对时间
  double relative_time = 0.0;
  while (relative_time < FLAGS_trajectory_time_length) {
    //定义存储障碍物的"容器"
    std::vector<Box2d> predicted_env;
    for (const Obstacle* obstacle : obstacles_considered) {
      //如果一个障碍物没有轨迹,则这个障碍物被认为是静态障碍物,否则被认为是动态障碍
      //物。在GetPointAtTime函数中通过获取相对时间relative_time的轨迹点会体现静
      //态障碍物与动态障碍物的差异性
      TrajectoryPoint point = obstacle->GetPointAtTime(relative_time);
      //根据各个相对时间的轨迹点构造障碍物的"矩形盒"
      Box2d box = obstacle->GetBoundingBox(point);
      //扩展障碍物矩形盒,"矩形盒"径向半径增加 FLAGS_lon_collision_buffer = 2.0
      box.LongitudinalExtend(2.0 * FLAGS_lon_collision_buffer);
      //扩展障碍物矩形盒,"矩形盒"横向半径增加 FLAGS_lat_collision_buffer = 0.1
      box.LateralExtend(2.0 * FLAGS_lat_collision_buffer);
      //将同一个矩形盒在不同时刻的"扩增"后的矩形盒压入"容器"
      predicted_env.push_back(std::move(box));
    }
    //将各个不同的障碍物增加碰撞缓冲距离后压入"容器"
    predicted_bounding_rectangles_.push_back(std::move(predicted_env));
    //将行对时间递增0.1s,而后进入下一个循环
    relative_time += FLAGS_trajectory_time_resolution;
  }
}
```

8.2 横纵向运动轨迹的合成

横纵向运动轨迹的合成，其核心思想是根据每条横纵向轨迹和自车在不同时刻的 Frenet 坐标，将其转换为笛卡儿坐标。主要步骤分为 4 步：一是根据纵向运动轨迹的 4 次或 5 次多项式求得自车在各个离散时间点 t_i 的纵向距离 $s(t_i)$、纵向速度的大小 $v(t_i)$ 和纵向加速度大小 $a(t_i)$；二是根据自车相对起始位置的相对纵向距离 $s_{\text{relative}}(t_i)$ 和横向运动轨迹的 5 次多项式求得各个离散时间点 t_i 的横向距离 $l(t_i)$、横向距离相对纵向距离的一阶导 $\dfrac{\mathrm{d}l}{\mathrm{d}s}\bigg|_{s=s_{\text{relative}}(t_i)}$ 和横向距离相对纵向距离的二阶导 $\dfrac{\mathrm{d}^2 l}{\mathrm{d}s^2}\bigg|_{s=s_{\text{relative}}(t_i)}$；三是根据自车在各个离散时间点 t_i 的纵向距离 $s(t_i)$ 和参考线求得匹配点 $P_{\text{match\_point}}(t_i)$；四是根据匹配点和自车位置的 Frenet 坐标求得自车位置的笛卡儿坐标，具体描述步骤如下。

(1) 自车不同时刻下纵向状态的求解。根据式(7-67)、式(7-74)、式(7-79)和式(7-80)，可以求得自车在不同时刻 t_i 的纵向距离 $s(t_i)$、纵向速度 $v(t_i)$ 和纵向加速度 $a(t_i)$。

(2) 自车不同时刻 t_i 下横向状态的求解。根据式(7-103)、式(7-111)和式(7-112)，以及相对纵向距离 $s_{\text{relative}}(t_i)$，求解自车在各个离散时间点 t_i 的横向状态量 $l(t_i)$、$\dfrac{\mathrm{d}l}{\mathrm{d}s}\bigg|_{s=s_{\text{relative}}(t_i)}$ 和 $\dfrac{\mathrm{d}^2 l}{\mathrm{d}s^2}\bigg|_{s=s_{\text{relative}}(t_i)}$。相对纵向距离 $s_{\text{relative}}(t_i)$ 的计算如下：

$$s(t_0) = a_0 + a_1 t_0 + a_2 t_0^2 + a_3 t_0^3 + a_4 t_0^4 + a_5 t_0^5 \tag{8-1}$$

$$s(t_i) = a_0 + a_1 t_i + a_2 t_i^2 + a_3 t_i^3 + a_4 t_i^4 + a_5 t_i^5 \tag{8-2}$$

$$s_{\text{relative}}(t_i) = s(t_i) - s(t_0) \tag{8-3}$$

式中，$t_0 = 0, i \in (0, N-1]$，t_i 的定义与计算见式(7-10)。

(3) 自车在不同时刻 t_i 下匹配点的求解。根据不同时刻 t_i 的纵向距离 $s(t_i)$，根据 3.3 节求解各个时刻的匹配点 $P_{\text{match\_point}}(t_i)$。

(4) 根据 2.3.2 节和自车的 Frenet 坐标求解自车在不同时刻的笛卡儿坐标。

横纵向轨迹的合成是轨迹点的检验与验证及自车与障碍物碰撞检测的前提与基础，代码如下：

```
//第 8 章 trajectory_combiner.cc

DiscretizedTrajectory TrajectoryCombiner::Combine(
    const std::vector<PathPoint>& reference_line, const Curve1d& lon_trajectory,
    const Curve1d& lat_trajectory, const double init_relative_time) {
  //合并的横纵向轨迹变量
  DiscretizedTrajectory combined_trajectory;

  //纵向轨迹在初始 0 时刻的 s 值
  double s0 = lon_trajectory.Evaluate(0, 0.0);
  //纵向轨迹在末时刻的纵向 s 值
```

```cpp
double s_ref_max = reference_line.back().s();
//纵向距离的累加值的初始化
double accumulated_trajectory_s = 0.0;
PathPoint prev_trajectory_point;

double last_s = - FLAGS_numerical_epsilon;
//初始轨迹点的迭代时刻,此处设为 0
double t_param = 0.0;
while (t_param < FLAGS_trajectory_time_length) {

  //计算每个 t_param 时间的自车纵向距离 s
  double s = lon_trajectory.Evaluate(0, t_param);
  //判断自车 s 的位置是否移动或开始计算,如果计算,则更新 s 值
  if (last_s > 0.0) {
  //避免车辆倒车或者在某个轨迹点停车
    s = std::max(last_s, s);
  }
  //last_s 表示自车在所有时间点的最大 s 值
  last_s = s;

  //计算自车在各个 t_param 时刻点的速度,此处取大是为了避免出现停车速度为 0 的情况,
  //以及保证纵向速度大于零
  double s_dot =
      std::max(FLAGS_numerical_epsilon, lon_trajectory.Evaluate(1, t_param));
  //计算自车在各个 t_param 时刻点的加速度
  double s_ddot = lon_trajectory.Evaluate(2, t_param);
  //判断自车在各个时刻点的 s 的最大值不能超过自车最后一个轨迹点的 s 值,如超过,则退出
  //循环
  if (s > s_ref_max) {
    break;
  }

  //计算自车当前位置与初始时刻的相对位置
  double relative_s = s - s0;
  //根据相对位置 relative_s 计算横向距离
  double d = lat_trajectory.Evaluate(0, relative_s);
  //根据相对距离 relative_s 计算 dl/ds
  double d_prime = lat_trajectory.Evaluate(1, relative_s);
  //根据相对距离 relative_s 计算 $d^2 l/ds^2$
  double d_pprime = lat_trajectory.Evaluate(2, relative_s);

  //根据自车 S 坐标值和参考线计算自车每个时刻的匹配点
  PathPoint matched_ref_point = PathMatcher::MatchToPath(reference_line, s);

  //初始化自车笛卡儿坐标的 x、y、航向角 theta、曲率 kappa、速度 v 和加速度 a
  double x = 0.0;
  double y = 0.0;
  double theta = 0.0;
  double kappa = 0.0;
```

```cpp
    double v = 0.0;
    double a = 0.0;

    //提取匹配点的 s、x、y、航向角 rtheta、曲率 rkappa 和曲率的一阶导 dkappa
    const double rs = matched_ref_point.s();
    const double rx = matched_ref_point.x();
    const double ry = matched_ref_point.y();
    const double rtheta = matched_ref_point.theta();
    const double rkappa = matched_ref_point.kappa();
    const double rdkappa = matched_ref_point.dkappa();

    //提取自车的 Frenet 坐标值
    std::array<double, 3> s_conditions = {rs, s_dot, s_ddot};
    std::array<double, 3> d_conditions = {d, d_prime, d_pprime};

    //根据自车的 Frenet 坐标和参考点坐标,计算自车的笛卡儿坐标
    CartesianFrenetConverter::frenet_to_cartesian(
        rs, rx, ry, rtheta, rkappa, rdkappa, s_conditions, d_conditions, &x, &y,
        &theta, &kappa, &v, &a);
    //根据该轨迹点前一个点是否有 x 值和 y 值
    if (prev_trajectory_point.has_x() && prev_trajectory_point.has_y()) {

      //计算自车当前点与前一个时刻点的欧氏距离
      double delta_x = x - prev_trajectory_point.x();
      double delta_y = y - prev_trajectory_point.y();
      double delta_s = std::hypot(delta_x, delta_y);
      //对相邻两点的欧氏距离累加求和
      accumulated_trajectory_s += delta_s;
    }

    //将自车位置的笛卡儿坐标的 x、y、累加的欧氏距离和、航行角、曲率、速度和加速度、时间等
    //值"压入"合并后的轨迹 combined_trajectory
    TrajectoryPoint trajectory_point;
    trajectory_point.mutable_path_point()->set_x(x);
    trajectory_point.mutable_path_point()->set_y(y);

    trajectory_point.mutable_path_point()->set_s(accumulated_trajectory_s);
    trajectory_point.mutable_path_point()->set_theta(theta);
    trajectory_point.mutable_path_point()->set_kappa(kappa);
    trajectory_point.set_v(v);
    trajectory_point.set_a(a);
    trajectory_point.set_relative_time(t_param + init_relative_time);

    combined_trajectory.AppendTrajectoryPoint(trajectory_point);

    t_param = t_param + FLAGS_trajectory_time_resolution;

    prev_trajectory_point = trajectory_point.path_point();
  }
  return combined_trajectory;
}
```

8.3 轨迹的检验与验证

在将横纵向轨迹合并后，轨迹的检验与验证主要是对轨迹上各个轨迹点的速度、纵向加速度和曲率的取值范围进行验证或检验。

8.3.1 轨迹的验证

在轨迹的验证中，设规划的轨迹点上自车的速度大小为 $v(i)(i \in [0, N-1])$，i 表示轨迹上轨迹点的序号，N 表示轨迹点的数量。以此类推，各个轨迹点上自车的加速度和曲率大小分别为 $a(i)$ 和 $\kappa(i)$。由此，可得规划的轨迹点上自车的速度、纵向加速度和曲率的限制条件分别表示如下：

$$v_{\text{speed\_lower\_bound}} \leqslant v(i) \leqslant v_{\text{speed\_upper\_bound}} \tag{8-4}$$

$$a_{\text{longitude\_acceleration\_lower\_bound}} \leqslant a(i) \leqslant a_{\text{longitude\_acceleration\_upper\_bound}} \tag{8-5}$$

$$-\kappa_{\text{kappa\_bound}} \leqslant \kappa(i) \leqslant \kappa_{\text{kappa\_bound}} \tag{8-6}$$

式中，$v_{\text{speed\_lower\_bound}} = -0.1$，$v_{\text{speed\_upper\_bound}} = 40$，$a_{\text{longitude\_acceleration\_lower\_bound}} = -6.0$，$a_{\text{longitude\_acceleration\_upper\_bound}} = 4.0$，$\kappa_{\text{kappa\_bound}} = 0.1979$。

8.3.2 代码解析

对轨迹的检验和验证，主要针对自车各个轨迹点的纵向速度、纵向加速度、曲率、向心加速度和纵向加加速度的取值范围进行校验，标记出不符合取值范围的各个轨迹点，代码如下：

```
//第8章 constrain_checker.cc

ConstraintChecker::Result ConstraintChecker::ValidTrajectory(
    const DiscretizedTrajectory& trajectory) {
  //设置轨迹点验证的时间阈值,在Lattice算法中,每条路径的规划时间为8s
  const double kMaxCheckRelativeTime = FLAGS_trajectory_time_length;

  for (const auto& p : trajectory) {
    double t = p.relative_time();
    //如果轨迹点的相对时间超过了8s,则不对该轨迹进行验证,跳出循环
    if (t > kMaxCheckRelativeTime) {
      break;
    }
    double lon_v = p.v();
    //验证纵向速度的取值是否都在规定的速度区间内,在Lattice算法中,设定自车纵向速度
    //的最小值,即lower_bound = -0.1m/s;速度上限为upper_bound = 40m/s
    if (!WithinRange(lon_v, FLAGS_speed_lower_bound, FLAGS_speed_upper_bound)) {
      ADebug << "Velocity at relative time " << t
             << " exceeds bound, value: " << lon_v << ", bound [" 
```

```cpp
                    << FLAGS_speed_lower_bound << ", " << FLAGS_speed_upper_bound
                    << "].";
        //如轨迹点的速度不在设定的速度区间,则打印输出"速度出界"并返回
        return Result::LON_VELOCITY_OUT_OF_BOUND;
    }

    double lon_a = p.a();
    //验证自车各个轨迹点的加速度是否在合理的取值区间。自车对于纵向加速度的取值区间,在
    //Lattice算法中,规定加速度下限为 lower_bound = -6.0m/s²; 加速度下限为
    //upper_bound = 4.0m/s²
    if (!WithinRange(lon_a, FLAGS_longitudinal_acceleration_lower_bound,
                    FLAGS_longitudinal_acceleration_upper_bound)) {
        ADebug << "Longitudinal acceleration at relative time " << t
                << " exceeds bound, value: " << lon_a << ", bound ["
                << FLAGS_longitudinal_acceleration_lower_bound << ", "
                << FLAGS_longitudinal_acceleration_upper_bound << "].";
        //如轨迹点的加速度不在设定的速度区间,则打印输出"加速度出界"并返回
        return Result::LON_ACCELERATION_OUT_OF_BOUND;
    }

    double kappa = p.path_point().kappa();
    //验证自车各个轨迹点的曲率是否在合理的取值区间。在Lattice算法中,曲率的取值范围为
    //[-0.1979,0.1979]。
    if (!WithinRange(kappa, -FLAGS_kappa_bound, FLAGS_kappa_bound)) {
        ADebug << "Kappa at relative time " << t
                << " exceeds bound, value: " << kappa << ", bound ["
                << -FLAGS_kappa_bound << ", " << FLAGS_kappa_bound << "].";
        //如轨迹点的曲率不在设定的速度区间,则打印输出"曲率出界"并返回
        return Result::CURVATURE_OUT_OF_BOUND;
    }
}

for (size_t i = 1; i < trajectory.NumOfPoints(); ++i) {
    //取第 i 个轨迹点,此处 i 是从 1 开始的
    const auto& p0 = trajectory.TrajectoryPointAt(static_cast<uint32_t>(i - 1));
    //取第 i-1 个轨迹点,此处是从 0 开始的
    const auto& p1 = trajectory.TrajectoryPointAt(static_cast<uint32_t>(i));

    //判断 p1 轨迹点的相对时间是否大于总的路径规划时间,如超过总时间 8s,则跳出循环
    if (p1.relative_time() > kMaxCheckRelativeTime) {
        break;
    }

    //取出第 i 个轨迹点的相对时间
    double t = p0.relative_time();
    //取出第 i-1 个轨迹点的相对时间,并求差
    double dt = p1.relative_time() - p0.relative_time();
    //计算 p0 和 p1 轨迹点的加速度差值
    double d_lon_a = p1.a() - p0.a();
```

```cpp
    //计算p0点的加加速度
    double lon_jerk = d_lon_a / dt;
    //判断加加速度是否在合理的取值区间,在Lattice算法中,加加速度的取值区间为
    //[-4.0,2.0]
    if (!WithinRange(lon_jerk, FLAGS_longitudinal_jerk_lower_bound,
                     FLAGS_longitudinal_jerk_upper_bound)) {
      ADebug << "Longitudinal jerk at relative time " << t
             << " exceeds bound, value: " << lon_jerk << ", bound ["
             << FLAGS_longitudinal_jerk_lower_bound << ", "
             << FLAGS_longitudinal_jerk_upper_bound << "].";
      //如轨迹点的加加速度不在设定的加加速度区间,则打印输出"加加速度出界"并返回
      return Result::LON_JERK_OUT_OF_BOUND;
    }

    double lat_a = p1.v() * p1.v() * p1.path_point().kappa();
    //判断各个轨迹点的向心加速度是否在设定的区间,在lattice算法中,将向心加速度
    //区间设定为[-4.0,4.0]
    if (!WithinRange(lat_a, -FLAGS_lateral_acceleration_bound,
                     FLAGS_lateral_acceleration_bound)) {
      ADebug << "Lateral acceleration at relative time " << t
             << " exceeds bound, value: " << lat_a << ", bound ["
             << -FLAGS_lateral_acceleration_bound << ", "
             << FLAGS_lateral_acceleration_bound << "].";
      //如轨迹点的向心加速度不在设定的向心加速度区间,则打印输出"向心加速度出界"并返回
      return Result::LAT_ACCELERATION_OUT_OF_BOUND;
    }
  }

  return Result::VALID;
}
```

8.4 碰撞检测与横纵向运动轨迹的优选

碰撞检测的目的是检验自车规划的运动轨迹和障碍物的轨迹在时空上是否有重合。当前,碰撞检测的方法比较多,在Lattice算法中,主要应用的是Axis Aligned Bounding Box (AABB)和Oriented Bounding Box(OBB)碰撞检测算法。为了让读者更好地理解这两种算法的基本原理,书中对预备知识进行介绍。

8.4.1 向量点积的定义与应用

假设 OA 和 OB 是坐标平面 xOy 的两个向量,两个向量之间的夹角为 θ,具体关系如图8-3所示。

两个向量点积的定义如下:

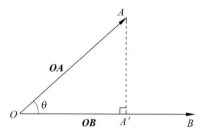

图 8-3 向量 **OA** 和 **OB** 关系示意图

$$\boldsymbol{OA} \cdot \boldsymbol{OB} = |\boldsymbol{OA}|_2 \times |\boldsymbol{OB}|_2 \times \cos\theta \tag{8-7}$$

式中，$|\boldsymbol{OA}|_2$ 和 $|\boldsymbol{OB}|_2$ 表示向量的模，·表示向量点积，×表示数乘运算。

点积的方法在实际应用中一般可以分为两种情况：一是计算两个向量的夹角，如下所示。

$$\frac{\boldsymbol{OA} \cdot \boldsymbol{OB}}{|\boldsymbol{OA}|_2 \times |\boldsymbol{OB}|_2} = \cos\theta \tag{8-8}$$

二是计算一个向量在另一个向量的方向上的投影。例如，如计算图 8-3 中向量 **OA** 在向量 **OB** 上的投影：

$$|\boldsymbol{OA}|_2 \times \cos\theta = \frac{\boldsymbol{OA} \cdot \boldsymbol{OB}}{|\boldsymbol{OB}|_2} \tag{8-9}$$

8.4.2 Axis Aligned Bounding Box(AABB)碰撞检测算法描述

AABB 代表的是坐标轴对齐碰撞盒，碰撞盒是指与场景的笛卡儿坐标系的坐标轴对齐的长方形的碰撞外形。与坐标轴对齐意味着这个长方形没有经过旋转并且它的边线和笛卡儿坐标轴平行。这些碰撞盒总是和笛卡儿坐标系的坐标轴平行，这使物体的碰撞检测比较简单，如图 8-4 所示。

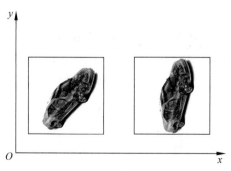

图 8-4 基于 AABB 的碰撞盒

由于碰撞盒内的物体旋转或姿态的变化并不影响碰撞盒与坐标轴的对齐，因此，可以根据自车的 4 个角点的左下角坐标 ($x_{\text{box}}^{\min}, y_{\text{box}}^{\min}$)、右下角坐标 ($x_{\text{box}}^{\min}, y_{\text{box}}^{\max}$)、左上角坐标 ($x_{\text{box}}^{\min}, y_{\text{box}}^{\max}$) 和右上角坐标 ($x_{\text{box}}^{\max}, y_{\text{box}}^{\max}$) 与障碍物 4 个角点的关系进行判断，二者之间的关系如

图 8-5 所示。由图 8-5 可以看出,当障碍物的碰撞盒处于图示中的位置①~④时,二者并不发生碰撞,而当自车与障碍物处于位置⑤时,二者将发生碰撞。

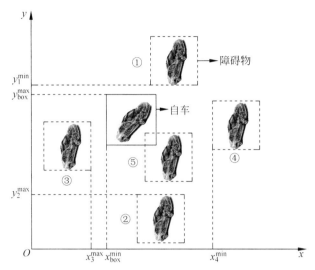

图 8-5 基于 AABB 的自车与障碍物碰撞检测示意图

因此,可以根据 AABB 的描述方式,总结自车不与障碍物发生碰撞的条件:

(1) 障碍物右下角坐标的 x 值(如图 8-5 中的 $x_3^{\max}$)大于自车左下角坐标的 x 值(如图 8-5 中的 $x_{\text{box}}^{\min}$),表达式如下:

$$x_{\text{obs}}^{\max} < x_{\text{ego}}^{\min} \tag{8-10}$$

式中,$x_{\text{obs}}^{\max}$ 表示障碍物右下角的 x 坐标值;$x_{\text{ego}}^{\min}$ 表示自车左下角的 x 坐标值。

(2) 障碍物左下角坐标的 x 值(如图 8-5 中的 $x_4^{\min}$)大于自车右下角坐标的 x 值,表达式如下:

$$x_{\text{obs}}^{\min} > x_{\text{ego}}^{\max} \tag{8-11}$$

式中,$x_{\text{obs}}^{\min}$ 表示障碍物左下角的 x 坐标值;$x_{\text{ego}}^{\max}$ 表示自车右下角的 x 坐标值。

(3) 障碍物左下角坐标的 y 值(如图 8-5 中的 $y_1^{\min}$)大于自车左上角坐标的 y 值(如图 8-5 中的 $y_{\text{box}}^{\max}$),表达式如下:

$$y_{\text{obs}}^{\min} > y_{\text{ego}}^{\max} \tag{8-12}$$

式中,$y_{\text{obs}}^{\min}$ 表示障碍物左下角的 y 的坐标值;$y_{\text{ego}}^{\max}$ 表示自车左上角的 y 的坐标值。

(4) 障碍物左上角坐标的 y 值(如图 8-5 中的 $y_2^{\max}$)小于自车左下角坐标的 y 值,表达式如下:

$$y_{\text{obs}}^{\max} < y_{\text{ego}}^{\min} \tag{8-13}$$

式中,$y_{\text{obs}}^{\max}$ 表示障碍物左上角的 y 的坐标值;$y_{\text{ego}}^{\min}$ 表示自车左下角的 y 的坐标值。

8.4.3 Oriented Bounding Box(OBB)碰撞检测算法描述

OBB 碰撞检测就是找一个最小的包围物体的矩形。在基于机器视觉的目标检测中,物体的轮廓通常是一个矩形,也可以是一个多边形,如图 8-6 所示。然而,无论是矩形(Bounding Box)还是多边形(Polygon)都不会影响 OBB 检测算法的应用结果。在了解 OBB 之前,读者需要先了解超平面分离定理的一些基本知识,这有助于对 OBB 碰撞检测算法进行理解。

1. 超平面分离定理

分离轴定理的理论依据是超平面分离定理。假设 A 和 B 是两个不相交的非空凸集,那么存在一个非零向量 v 和实数 c,使

$$x \cdot v \leqslant c \quad 且 \quad y \cdot v \geqslant c \tag{8-14}$$

式中,$x \in A, y \in B$。

简单来讲,就是对于两个凸多边形,若存在一条直线将两者分开,则这两个多边形不相交。这条线可以称为分离线,一般分离线和某个凸多边形的某一条边平行,分离轴则与分离线垂直,如图 8-7 所示。

图 8-6 基于矩形和多边形的 OBB 检测示意图　　图 8-7 超平面分离定理中的分离轴和分离线

2. 分离轴定理

分离轴定理可以简述为通过判断任意两个凸多边形在任意角度下的投影是否均存在重叠,来判断是否发生碰撞。若在某一角度光源下,两物体的投影存在间隙,则为不碰撞,否则为发生碰撞。

在实际的碰撞检测算法中,如果对任意角度下的投影全部进行计算,则无论是计算量还是计算时延都比较大,这对于实时性要求很高的规划算法而言并不是一个好的解决方案,因此,结合超平面分离定理,寻找切实可行的分离线或分离轴则成为分离轴定理在实际应用中的核心目标。

为了更详细地理解分离轴定理的应用,下面选取目标检测的矩形盒(凸多边形的情况同理可得)进行分析。由超平面分离定理可知,分离线的选取可以根据矩形盒的每条边确定,由于矩形盒的边两两垂直,所以每个矩形盒的分离线有两条,而分离轴也有两个。对于代表自车的矩形盒和障碍物的矩形盒,需要分别选取两个分离轴,分别进行投影计算。

(1) 当选取自车 x_{ego} 方向为分离轴时的碰撞检测条件分析。

如图 8-8 所示，矩形 $ABCD$ 表示自车的矩形盒，矩形 $EFGH$ 表示障碍物的矩形盒（在基于 Yolo 的目标检测模型中，检测结果一般以矩形框表示），O_{ego} 和 O_{obs} 分别表示自车矩形盒和障碍物矩形盒的质心，$L_{ego\_axis\_length}$ 表示与自车矩形盒 CD 边垂直的分离轴（也可以用与自车矩形盒的 x_{ego} 表示），因此，可以首先选取自车矩形盒的边 CD 作为分离线，由分离线和分离轴相互垂直的条件可知，自车 x_{ego} 轴即为一个分离轴，由图 8-8 不难看出，自车 x_{ego} 轴所表示的航向角为 θ_{ego}，自车 x_{ego} 轴的方向向量 $\boldsymbol{x}_{ego}=(\cos\theta_{ego},\sin\theta_{ego})$，$\theta_{ego}$ 表示障碍物矩形盒的航向角（或障碍物矩形盒 x_{obs} 轴的方向），障碍物 x_{obs} 轴的方向向量 $\boldsymbol{x}_{obs}=(\cos\theta_{obs},\sin\theta_{obs})$。$O_{ego}^{project}$、$O_{obs}^{project}$、$O_{ego}^{center\_project}$ 和 $G_{obs}^{project}$ 分别表示自车矩形盒的质心、障碍物矩形盒的质心、自车矩形盒边 CD 的中点 $O_{ego}^{width\_center}$ 和障碍物矩形盒端点 G 在分离轴 $L_{ego\_axis\_length}$ 上的投影。

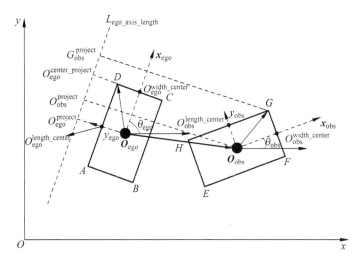

图 8-8 选取自车 x_{ego} 方向为分离轴时自车矩形盒和障碍物矩形盒关系示意图

若设自车矩形盒和障碍物矩形盒的长分别为 L_{ego} 和 L_{obs}，宽分别为 W_{ego} 和 W_{obs}，易知 $|\boldsymbol{O}_{ego}\boldsymbol{O}_{ego}^{width\_center}|=\frac{1}{2}L_{ego}$ 和 $|\boldsymbol{O}_{obs}\boldsymbol{O}_{obs}^{width\_center}|=\frac{1}{2}L_{obs}$。

若选取 $L_{ego\_axis\_length}$ 作为分离轴，根据超平面分离定理和分离轴定理，自车矩形盒和障碍物矩形盒是否碰撞需要分别计算向量 $\boldsymbol{O}_{ego}\boldsymbol{O}_{obs}$、$\boldsymbol{O}_{obs}\boldsymbol{G}$ 和 $\boldsymbol{O}_{ego}\boldsymbol{O}_{ego}^{width\_center}$ 在分离轴 $L_{ego\_axis\_length}$ 上的投影。由前述分析可知，分离轴 $L_{ego\_axis\_length}$ 与自车 x_{ego} 轴的方向向量平行，即分离轴 $L_{ego\_axis\_length}$ 的单位向量也为 $\boldsymbol{L}_{ego\_axis\_length}=(\cos\theta_{ego},\sin\theta_{ego})$。若设自车矩形盒和障碍物矩形盒的质心坐标分别为 $(x_{ego\_center},y_{ego\_center})$ 和 $(x_{obs\_center},y_{obs\_center})$，则向量 $\boldsymbol{O}_{ego}\boldsymbol{O}_{obs}$、$\boldsymbol{O}_{obs}\boldsymbol{G}$ 和 $\boldsymbol{O}_{ego}\boldsymbol{O}_{ego}^{width\_center}$ 可表示如下：

$$\boldsymbol{O}_{ego}\boldsymbol{O}_{obs}=(x_{obs\_center}-x_{ego\_center},y_{obs\_center}-y_{ego\_center}) \tag{8-15}$$

$$\boldsymbol{O}_{\text{obs}}\boldsymbol{G} = \boldsymbol{O}_{\text{obs}}\boldsymbol{O}_{\text{obs}}^{\text{width\_center}} + \boldsymbol{O}_{\text{obs}}\boldsymbol{O}_{\text{obs}}^{\text{length\_center}} \tag{8-16}$$

$$\boldsymbol{O}_{\text{ego}}\boldsymbol{O}_{\text{ego}}^{\text{width\_center}} = \frac{1}{2}L_{\text{ego}} \times (\cos\theta_{\text{ego}}, \sin\theta_{\text{ego}}) \tag{8-17}$$

式中，$\frac{1}{2}L_{\text{ego}}$ 表示向量 $\boldsymbol{O}_{\text{ego}}\boldsymbol{O}_{\text{ego}}^{\text{width\_center}}$ 的模，$(\cos\theta_{\text{ego}}, \sin\theta_{\text{ego}})$ 表示向量 $\boldsymbol{O}_{\text{ego}}\boldsymbol{O}_{\text{ego}}^{\text{width\_center}}$ 的方向。可以把式(8-16)进一步分解为

$$\boldsymbol{O}_{\text{obs}}\boldsymbol{O}_{\text{obs}}^{\text{width\_center}} = \frac{1}{2}L_{\text{obs}} \times (\cos\theta_{\text{obs}}, \sin\theta_{\text{obs}}) \tag{8-18}$$

$$\boldsymbol{O}_{\text{obs}}\boldsymbol{O}_{\text{obs}}^{\text{length\_center}} = \frac{1}{2}W_{\text{obs}} \times \left(\cos\left(\frac{\pi}{2} + \theta_{\text{obs}}\right), \sin\left(\frac{\pi}{2} + \theta_{\text{obs}}\right)\right) \tag{8-19}$$

$$\cos\left(\theta + \frac{\pi}{2}\right) = -\sin\theta, \quad \sin\left(\theta + \frac{\pi}{2}\right) = \cos\theta \tag{8-20}$$

由式(8-20)可知，式(8-19)可化为

$$\boldsymbol{O}_{\text{obs}}\boldsymbol{O}_{\text{obs}}^{\text{length\_center}} = \frac{1}{2}W_{\text{obs}} \times (-\sin\theta_{\text{obs}}, \cos\theta_{\text{obs}}) \tag{8-21}$$

结合式(8-16)、式(8-18)和式(8-21)，可得

$$\boldsymbol{O}_{\text{obs}}\boldsymbol{G} = \frac{1}{2}L_{\text{obs}}(\cos\theta_{\text{obs}}, \sin\theta_{\text{obs}}) + \frac{1}{2}W_{\text{obs}}(-\sin\theta_{\text{obs}}, \cos\theta_{\text{obs}}) \tag{8-22}$$

因此，基于分离轴的碰撞检测可由下式得出

$$\begin{aligned} |\boldsymbol{O}_{\text{ego}}\boldsymbol{O}_{\text{obs}} \cdot \boldsymbol{L}_{\text{ego\_axis\_length}}| &\leqslant |\boldsymbol{O}_{\text{obs}}\boldsymbol{G} \cdot \boldsymbol{L}_{\text{ego\_axis\_length}}| + |\boldsymbol{O}_{\text{ego}}\boldsymbol{O}_{\text{ego}}^{\text{width\_center}} \cdot \boldsymbol{L}_{\text{ego\_axis\_length}}| \\ &\leqslant |\boldsymbol{O}_{\text{obs}}\boldsymbol{O}_{\text{obs}}^{\text{width\_center}} \cdot \boldsymbol{L}_{\text{ego\_axis\_length}}| + |\boldsymbol{O}_{\text{obs}}\boldsymbol{O}_{\text{obs}}^{\text{length\_center}} \cdot \boldsymbol{L}_{\text{ego\_axis\_length}}| + |\boldsymbol{O}_{\text{ego}}\boldsymbol{O}_{\text{ego}}^{\text{width\_center}} \cdot \boldsymbol{L}_{\text{ego\_axis\_length}}| \end{aligned} \tag{8-23}$$

式中，$\cdot$ 表示向量的点积。易得

$$\begin{aligned} |\boldsymbol{O}_{\text{ego}}\boldsymbol{O}_{\text{obs}} \cdot \boldsymbol{L}_{\text{ego\_axis\_length}}| &= |(x_{\text{obs\_center}} - x_{\text{ego\_center}}, y_{\text{obs\_center}} - y_{\text{ego\_center}}) \cdot (\cos\theta_{\text{ego}}, \sin\theta_{\text{ego}})| \\ &= |(x_{\text{obs\_center}} - x_{\text{ego\_center}}) \times \cos\theta_{\text{ego}} + (y_{\text{obs\_center}} - y_{\text{ego\_center}}) \times \sin\theta_{\text{ego}}| \end{aligned} \tag{8-24}$$

$$\begin{aligned} |\boldsymbol{O}_{\text{obs}}\boldsymbol{G} \cdot \boldsymbol{L}_{\text{ego\_axis\_length}}| &= \left|\left(\frac{1}{2}L_{\text{obs}}(\cos\theta_{\text{obs}}, \sin\theta_{\text{obs}}) + \frac{1}{2}W_{\text{obs}}(-\sin\theta_{\text{obs}}, \cos\theta_{\text{obs}})\right) \cdot (\cos\theta_{\text{ego}}, \sin\theta_{\text{ego}})\right| \\ &= \left|\frac{1}{2}L_{\text{obs}}(\cos\theta_{\text{obs}}, \sin\theta_{\text{obs}}) \cdot (\cos\theta_{\text{ego}}, \sin\theta_{\text{ego}}) + \frac{1}{2}W_{\text{obs}}(-\sin\theta_{\text{obs}}, \cos\theta_{\text{obs}}) \cdot (\cos\theta_{\text{ego}}, \sin\theta_{\text{ego}})\right| \end{aligned}$$

$$= \left| \frac{1}{2} L_{\text{obs}} (\cos\theta_{\text{obs}} \cos\theta_{\text{ego}} + \sin\theta_{\text{obs}} \sin\theta_{\text{ego}}) + \right.$$
$$\left. \frac{1}{2} W_{\text{obs}} (-\sin\theta_{\text{obs}} \cos\theta_{\text{ego}} + \cos\theta_{\text{obs}} \sin\theta_{\text{ego}}) \right|$$
$$\leqslant \left| \frac{1}{2} L_{\text{obs}} (\cos\theta_{\text{obs}} \cos\theta_{\text{ego}} + \sin\theta_{\text{obs}} \sin\theta_{\text{ego}}) \right| +$$
$$\left| \frac{1}{2} W_{\text{obs}} (-\sin\theta_{\text{obs}} \cos\theta_{\text{ego}} + \cos\theta_{\text{obs}} \sin\theta_{\text{ego}}) \right| \tag{8-25}$$

$$| \boldsymbol{O}_{\text{ego}} \boldsymbol{O}_{\text{ego}}^{\text{width\_center}} \cdot \boldsymbol{L}_{\text{ego\_axis\_length}} | = \left| \frac{1}{2} L_{\text{ego}} \times (\cos\theta_{\text{ego}}, \sin\theta_{\text{ego}}) \cdot (\cos\theta_{\text{ego}}, \sin\theta_{\text{ego}}) \right|$$
$$= \frac{1}{2} L_{\text{ego}} \tag{8-26}$$

在 Lattice 算法中,为了保证投影的非负性,将式(8-23)改写为

$$| \boldsymbol{O}_{\text{obs}} \boldsymbol{O}_{\text{ego}} \cdot \boldsymbol{L}_{\text{ego\_axis\_length}} | \leqslant | \boldsymbol{O}_{\text{obs}} \boldsymbol{O}_{\text{obs}}^{\text{width\_center}} \cdot \boldsymbol{L}_{\text{ego\_axis\_length}} | +$$
$$| \boldsymbol{O}_{\text{obs}} \boldsymbol{O}_{\text{obs}}^{\text{length\_center}} \cdot \boldsymbol{L}_{\text{ego\_axis\_length}} | + | \boldsymbol{O}_{\text{ego}} \boldsymbol{O}_{\text{ego}}^{\text{width\_center}} \cdot \boldsymbol{L}_{\text{ego\_axis\_length}} | \tag{8-27}$$

因此,在 $L_{\text{ego\_axis\_length}}$ 为分离轴的条件下,自车与障碍物发生碰撞的条件为式(8-27),各个点积的计算可见式(8-24)~式(8-26)。

如前所述,对于自车和障碍物的碰撞检测,如果把自车和障碍物都考虑为矩形盒,则需要根据自车和障碍物的矩形盒一共选取 4 个分离轴。文中选择了一个分离轴,对于另外 3 个分离轴的选择与计算过程同 $L_{\text{ego\_axis\_length}}$。为了简便,文中下面只给出另外 3 个分离轴的示意图及其结果,具体的计算过程可以参考 $L_{\text{ego\_axis\_length}}$ 分离轴。

(2) 选取自车 $\boldsymbol{y}_{\text{ego}}$ 方向为分离轴时的碰撞检测条件分析。

如图 8-9 所示,当分离轴选取自车的 $\boldsymbol{y}_{\text{ego}}$ 方向时,由自车 $\boldsymbol{x}_{\text{ego}}$ 方向与 $\boldsymbol{y}_{\text{ego}}$ 方向相互垂直可知,分离轴 $L_{\text{ego\_axis\_width}}$ 表示的单位向量 $\boldsymbol{L}_{\text{ego\_axis\_width}}$ 表示如下:

$$\boldsymbol{L}_{\text{ego\_axis\_width}} = \left(\cos\left(\theta_{\text{ego}} + \frac{\pi}{2}\right), \sin\left(\theta_{\text{ego}} + \frac{\pi}{2}\right) \right) = (-\sin\theta_{\text{ego}}, \cos\theta_{\text{ego}}) \tag{8-28}$$

此时发生碰撞的条件为

$$| \boldsymbol{O}_{\text{ego}} \boldsymbol{O}_{\text{obs}} \cdot \boldsymbol{L}_{\text{ego\_axis\_width}} | \leqslant | \boldsymbol{O}_{\text{obs}} \boldsymbol{O}_{\text{obs}}^{\text{width\_center}} \cdot \boldsymbol{L}_{\text{ego\_axis\_width}} | +$$
$$| \boldsymbol{O}_{\text{obs}} \boldsymbol{O}_{\text{obs}}^{\text{length\_center}} \cdot \boldsymbol{L}_{\text{ego\_axis\_width}} | + | \boldsymbol{O}_{\text{ego}} \boldsymbol{O}_{\text{ego}}^{\text{length\_center}} \cdot \boldsymbol{L}_{\text{ego\_axis\_width}} | \tag{8-29}$$

根据前面的分析可知:

$$| \boldsymbol{O}_{\text{ego}} \boldsymbol{O}_{\text{obs}} \cdot \boldsymbol{L}_{\text{ego\_axis\_width}} | = | (x_{\text{obs\_center}} - x_{\text{ego\_center}}, y_{\text{obs\_center}} - y_{\text{ego\_center}}) \cdot (-\sin\theta_{\text{ego}}, \cos\theta_{\text{ego}}) |$$
$$= | -(x_{\text{obs\_center}} - x_{\text{ego\_center}}) \sin\theta_{\text{ego}} + (y_{\text{obs\_center}} - y_{\text{ego\_center}}) \cos\theta_{\text{ego}} | \tag{8-30}$$

$$| \boldsymbol{O}_{\text{obs}} \boldsymbol{O}_{\text{obs}}^{\text{width\_center}} \cdot \boldsymbol{L}_{\text{ego\_axis\_width}} | + | \boldsymbol{O}_{\text{obs}} \boldsymbol{O}_{\text{obs}}^{\text{length\_center}} \cdot \boldsymbol{L}_{\text{ego\_axis\_width}} |$$

$$= \left| \frac{1}{2} L_{obs} (\cos\theta_{obs}, \sin\theta_{obs}) \cdot (-\sin\theta_{ego}, \cos\theta_{ego}) \right| +$$
$$\left| \frac{1}{2} W_{obs} (-\sin\theta_{obs}, \cos\theta_{obs}) \cdot (-\sin\theta_{ego}, \cos\theta_{ego}) \right|$$
$$= \left| \frac{1}{2} L_{obs} (-\cos\theta_{obs}\sin\theta_{ego} + \sin\theta_{obs}\cos\theta_{ego}) \right| +$$
$$\left| \frac{1}{2} W_{obs} (\sin\theta_{obs}\sin\theta_{ego} + \cos\theta_{obs}\cos\theta_{ego}) \right| \tag{8-31}$$

$$\left| \boldsymbol{O}_{ego} \boldsymbol{O}_{ego}^{length\_center} \cdot \boldsymbol{L}_{ego\_axis\_width} \right| = \left| \frac{1}{2} W_{ego} \times (\cos\theta_{ego}, \sin\theta_{ego}) \cdot (\cos\theta_{ego}, \sin\theta_{ego}) \right|$$
$$= \frac{1}{2} W_{ego} \tag{8-32}$$

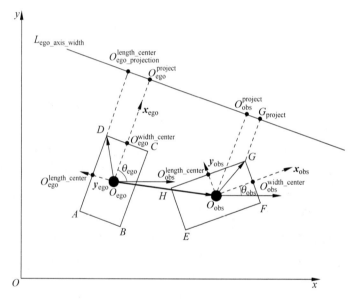

图 8-9 选取自车 $\boldsymbol{y}_{ego}$ 方向为分离轴时自车矩形盒和障碍物矩形盒关系示意图

(3) 选取障碍物 $\boldsymbol{x}_{obs}$ 方向为分离轴时的碰撞检测条件分析。

如图 8-10 所示,当分离轴 $L_{obs\_axis\_length}$ 与障碍物的 $\boldsymbol{x}_{obs}$ 轴平行时,分离轴单位向量可以表示如下:

$$\boldsymbol{L}_{obs\_axis\_length} = (\cos\theta_{obs}, \sin\theta_{obs}) \tag{8-33}$$

如前所示,障碍物与自车发生碰撞的条件可以表示为

$$\left| \boldsymbol{O}_{ego} \boldsymbol{O}_{obs} \cdot \boldsymbol{L}_{obs\_axis\_length} \right| \leqslant \left| \boldsymbol{O}_{ego} \boldsymbol{O}_{ego}^{width} \cdot \boldsymbol{L}_{obs\_axis\_length} \right| + \left| \boldsymbol{O}_{ego} \boldsymbol{O}_{ego}^{length} \cdot \boldsymbol{L}_{obs\_axis\_length} \right| +$$
$$\left| \boldsymbol{O}_{obs} \boldsymbol{O}_{obs}^{width\_center} \cdot \boldsymbol{L}_{obs\_axis\_length} \right| \tag{8-34}$$

其中,各个向量的投影计算如下:

$$|\boldsymbol{O}_{\text{ego}}\boldsymbol{O}_{\text{obs}} \cdot \boldsymbol{L}_{\text{obs\_axis\_length}}| = |(x_{\text{obs\_center}} - x_{\text{ego\_center}}, y_{\text{obs\_center}} - y_{\text{ego\_center}}) \cdot$$
$$(\cos\theta_{\text{obs}}, \sin\theta_{\text{obs}})|$$
$$= |(x_{\text{obs\_center}} - x_{\text{ego\_center}}) \times \cos\theta_{\text{obs}} +$$
$$(y_{\text{obs\_center}} - y_{\text{ego\_center}}) \times \sin\theta_{\text{obs}}| \quad (8\text{-}35)$$

$$|\boldsymbol{O}_{\text{ego}}\boldsymbol{O}_{\text{ego}}^{\text{width}} \cdot \boldsymbol{L}_{\text{obs\_axis\_length}}| = \left|\frac{1}{2}L_{\text{ego}}(\cos\theta_{\text{ego}}, \sin\theta_{\text{ego}}) \cdot (\cos\theta_{\text{obs}}, \sin\theta_{\text{obs}})\right|$$
$$= \left|\frac{1}{2}L_{\text{ego}}(\cos\theta_{\text{ego}}\cos\theta_{\text{obs}} + \sin\theta_{\text{ego}}\sin\theta_{\text{obs}})\right| \quad (8\text{-}36)$$

$$|\boldsymbol{O}_{\text{ego}}\boldsymbol{O}_{\text{ego}}^{\text{length}} \cdot \boldsymbol{L}_{\text{obs\_axis\_length}}| = \left|\frac{1}{2}W_{\text{ego}}(-\sin\theta_{\text{ego}}, \cos\theta_{\text{ego}}) \cdot (\cos\theta_{\text{obs}}, \sin\theta_{\text{obs}})\right|$$
$$= \left|\frac{1}{2}W_{\text{ego}}(-\sin\theta_{\text{ego}}\cos\theta_{\text{obs}} + \cos\theta_{\text{ego}}\sin\theta_{\text{obs}})\right| \quad (8\text{-}37)$$

$$|\boldsymbol{O}_{\text{obs}}\boldsymbol{O}_{\text{obs}}^{\text{width\_center}} \cdot \boldsymbol{L}_{\text{obs\_axis\_length}}| = \left|\frac{1}{2}L_{\text{obs}}(\cos\theta_{\text{obs}}, \sin\theta_{\text{obs}}) \cdot (\cos\theta_{\text{obs}}, \sin\theta_{\text{obs}})\right|$$
$$= \frac{1}{2}L_{\text{obs}} \quad (8\text{-}38)$$

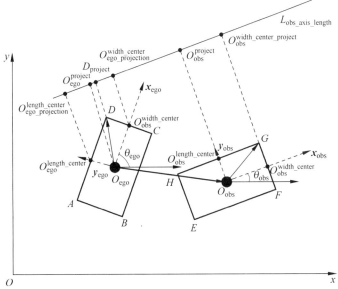

图 8-10　选取障碍物 x_{obs} 方向为分离轴时自车矩形盒和障碍物矩形盒关系示意图

（4）选取障碍物 y_{obs} 方向为分离轴时的碰撞检测条件分析。

如图 8-11 所示，当分离轴 $L_{\text{obs\_axis\_width}}$ 与障碍物的 y_{obs} 轴平行时，分离轴单位向量可以表示如下：

$$\boldsymbol{L}_{\text{obs\_axis\_width}} = \left(\cos\left(\frac{\pi}{2} + \theta_{\text{obs}}\right), \sin\left(\frac{\pi}{2} + \theta_{\text{obs}}\right)\right) = (-\sin\theta_{\text{obs}}, \cos\theta_{\text{obs}}) \quad (8\text{-}39)$$

由此可得，障碍物与自车发生碰撞的条件可以表示为

$$|\boldsymbol{O}_{ego}\boldsymbol{O}_{obs} \cdot \boldsymbol{L}_{obs\_axis\_width}| \leqslant |\boldsymbol{O}_{ego}\boldsymbol{O}_{ego}^{width} \cdot \boldsymbol{L}_{obs\_axis\_width}| + |\boldsymbol{O}_{ego}\boldsymbol{O}_{ego}^{length} \cdot \boldsymbol{L}_{obs\_axis\_width}| + |\boldsymbol{O}_{obs}\boldsymbol{O}_{obs}^{length\_center} \cdot \boldsymbol{L}_{obs\_axis\_width}|$$
(8-40)

其中，各个向量的投影计算如下：

$$|\boldsymbol{O}_{ego}\boldsymbol{O}_{obs} \cdot \boldsymbol{L}_{obs\_axis\_width}| = |(x_{obs\_center} - x_{ego\_center}, y_{obs\_center} - y_{ego\_center}) \cdot (-\sin\theta_{obs}, \cos\theta_{obs})|$$

$$= |-(x_{obs\_center} - x_{ego\_center}) \times \sin\theta_{obs} + (y_{obs\_center} - y_{ego\_center}) \times \cos\theta_{obs}|$$
(8-41)

$$|\boldsymbol{O}_{ego}\boldsymbol{O}_{ego}^{width} \cdot \boldsymbol{L}_{obs\_axis\_width}| = \left|\frac{1}{2}L_{ego}(\cos\theta_{ego}, \sin\theta_{ego}) \cdot (-\sin\theta_{obs}, \cos\theta_{obs})\right|$$

$$= \left|\frac{1}{2}L_{ego}(-\cos\theta_{ego}\sin\theta_{obs} + \sin\theta_{ego}\cos\theta_{obs})\right|$$
(8-42)

$$|\boldsymbol{O}_{ego}\boldsymbol{O}_{ego}^{length} \cdot \boldsymbol{L}_{obs\_axis\_width}| = \left|\frac{1}{2}W_{ego}(-\sin\theta_{ego}, \cos\theta_{ego}) \cdot (-\sin\theta_{obs}, \cos\theta_{obs})\right|$$

$$= \left|\frac{1}{2}W_{ego}(\sin\theta_{ego}\sin\theta_{obs} + \cos\theta_{ego}\cos\theta_{obs})\right|$$
(8-43)

$$|\boldsymbol{O}_{obs}\boldsymbol{O}_{obs}^{length\_center} \cdot \boldsymbol{L}_{obs\_axis\_width}| = \left|\frac{1}{2}W_{obs}(-\sin\theta_{obs}, \cos\theta_{obs}) \cdot (-\sin\theta_{obs}, \cos\theta_{obs})\right|$$

$$= \frac{1}{2}W_{obs}$$
(8-44)

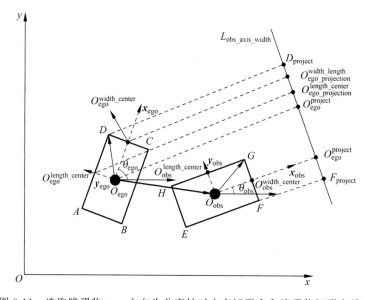

图 8-11 选取障碍物 y_{obs} 方向为分离轴时自车矩形盒和障碍物矩形盒关系

注意：在碰撞检测的表达式中，对于自车 $\boldsymbol{y}_{ego}$ 轴和障碍物 $\boldsymbol{y}_{obs}$ 的单位向量书中的表达方式为 $(-\sin\theta_{ego}, \cos\theta_{ego})$ 和 $(-\sin\theta_{obs}, \cos\theta_{obs})$，因此在计算投影时会相差一个负号，例如式(8-25)、式(8-31)、式(8-37)和式(8-42)。由于有绝对值符号，所以不会影响计算结果，其原因在于自车 $\boldsymbol{y}_{ego}$ 轴和障碍物 $\boldsymbol{y}_{obs}$ 的单位向量也可以是 $(\sin\theta_{ego}, -\cos\theta_{ego})$ 和 $(\sin\theta_{obs}, -\cos\theta_{obs})$，由于省略了向量夹角大小的判断（这会影响夹角余弦值的正负，进而影响投影的正负），所以在 Lattice 算法中直接用绝对值来保证投影的非负性。关于详细的有关碰撞检测中向量的选择及两种碰撞检测方法的运用时机，书中会在小结中进行比较总结。

8.4.4 代码解析

Lattice 算法中对于自车与障碍物的检测主要是利用了 AABB 进行"粗"检测和 OBB 进行"细"检测，而这两种检测方法都体现在 HasOverlap 函数中，代码如下：

```
//第 8 章 box2d.cc

bool Box2d::HasOverlap(const Box2d &box) const {

//此处体现的是 AABB"粗"检测,表明如果自车的形状为矩形盒,则在自车 x 轴方向(该方向为
//分离轴方向),如果自车所有端点坐标 x 的最小值大于障碍物所有端点 x 的最大值(如图 8-5
//中自车与障碍物③的情况),或者障碍物所有端点 x 的最小值大于自车所有端点 x 的最大值(如
//图 8-5 中自车与障碍物④的情况),或者自车所有端点坐标 y 的最小值大于障碍物所有端点 y
//的最大值(如图 8-5 中自车与障碍物②的情况),或者障碍物所有端点 y 的最小值大于自车所
//有端点 y 的最大值(如图 8-5 中自车与障碍物①的情况)
if (box.max_x() < min_x() || box.min_x() > max_x() || box.max_y() < min_y() ||
    box.min_y() > max_y()) {
  return false;
}

//这是计算自车质心点与障碍物质心点的向量,如图 8-8 中的向量 O_ego O_obs
const double shift_x = box.center_x() - center_.x();
const double shift_y = box.center_y() - center_.y();

//此处是计算通过自车质心长度为矩形盒长度一半的方向向量,该方向向量与自车航向角一致
//(如图 8-8 中的 X_ego),也是如图 8-8 中的向量 O_ego O_ego^{width_center}
const double dx1 = cos_heading_ * half_length_;
const double dy1 = sin_heading_ * half_length_;

//此处是计算通过自车质心长度为矩形盒宽度一半的方向向量,该方向向量与自车航向角垂直
//(如图 8-8 中与 Y_ego 方向相反),如图 8-8 中的向量 O_ego O_ego^{length_center}(与代码中的方向相反)
const double dx2 = sin_heading_ * half_width_;
const double dy2 = -cos_heading_ * half_width_;

//此处是计算通过障碍物质心长度为矩形盒长度一半的方向向量,该方向向量与障碍物航向角
```

```cpp
            //一致(如图 8-8 中的 X_obs),也是如图 8-8 中的向量 O_obs O_obs^{width_center}
            const double dx3 = box.cos_heading() * box.half_length();
            const double dy3 = box.sin_heading() * box.half_length();

            //此处是计算通过障碍物质心长度为矩形盒宽度一半的方向向量,该方向向量与障碍物航向角
            //垂直(如图 8-8 中与 Y_obs 方向相反),如图 8-8 中的向量 O_obs O_obs^{length_center}(与代码中的方向相反)
            const double dx4 = box.sin_heading() * box.half_width();
            const double dy4 = -box.cos_heading() * box.half_width();

            //第1个条件如图 8-8 所示,具体见(1)选取自车方向为 X_ego 分离轴时的碰撞检测条件分析
            //第2个条件如图 8-9 所示,具体见(2)选取自车方向为 Y_ego 分离轴时的碰撞检测条件分析
            //第3个条件如图 8-10 所示,具体见(3)选取障碍物方向为 X_obs 分离轴时的碰撞检测条件分析
            //第4个条件如图 8-11 所示,具体见(4)选取障碍物方向为 Y_obs 分离轴时的碰撞检测条件分析
            return std::abs(shift_x * cos_heading_ + shift_y * sin_heading_) <=
                   std::abs(dx3 * cos_heading_ + dy3 * sin_heading_) +
                   std::abs(dx4 * cos_heading_ + dy4 * sin_heading_) +
                   half_length_ &&
                   std::abs(shift_x * sin_heading_ - shift_y * cos_heading_) <=
                   std::abs(dx3 * sin_heading_ - dy3 * cos_heading_) +
                   std::abs(dx4 * sin_heading_ - dy4 * cos_heading_) +
                   half_width_ &&
                   std::abs(shift_x * box.cos_heading() + shift_y * box.sin_heading()) <=
                   std::abs(dx1 * box.cos_heading() + dy1 * box.sin_heading()) +
                   std::abs(dx2 * box.cos_heading() + dy2 * box.sin_heading()) +
                   box.half_length() &&
                   std::abs(shift_x * box.sin_heading() - shift_y * box.cos_heading()) <=
                   std::abs(dx1 * box.sin_heading() - dy1 * box.cos_heading()) +
                   std::abs(dx2 * box.sin_heading() - dy2 * box.cos_heading()) +
                   box.half_width();
        }
```

注意:在第 7 章和第 8 章都涉及了轨迹 cost 的评估与碰撞检测。这二者是有所区别的。在第 7 章中轨迹 cost 的评估,主要是对横向和纵向的运动状态进行 cost 的计算,并不涉及轨迹的删除,而在第 8 章的轨迹碰撞检测,则直接是对出现碰撞的轨迹进行了删除。此处的区别也需要读者注意。

8.5 小结

碰撞检测一般有两种:一种是 AABB 碰撞检测;另一种是 OBB 碰撞检测。AABB 碰撞检测属于一种粗略检测方法,即在进行碰撞检测时,首先利用 AABB 进行"粗"碰撞检测,如果物体不发生碰撞,则不必使用 OBB 碰撞检测,否则再利用 OBB 进行"细"碰撞检测。

关于分离轴的确定。文中给出的矩形盒方法,在基于机器视觉的目标检测中,一般会给

出包围检测目标的矩形盒,而分离轴的确定大多根据矩形盒的航向角确定,而对于更一般的凸多边形应该如何确定分离轴呢? 如图 8-12 所示,对于不规则的多边形 ABCD 和 EFG 又该如何确定分离轴?

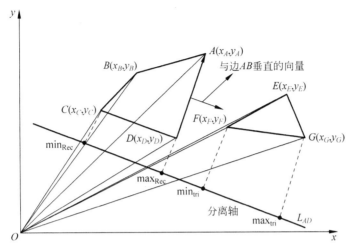

图 8-12　多边形中分离轴的选择与碰撞检测示意图

对于不规则的多边形,一般情况下可知各个点的坐标。例如对于不规则的四边形 ABCD 而言,各个端点的坐标分别为 (x_A,y_A)、(x_B,y_B)、(x_C,y_C) 和 (x_D,y_D)。由此可知边 DA 所在的向量 $\boldsymbol{DA}=(x_A-x_D,y_A-y_D)$。由前述可知,分离轴向量 $\boldsymbol{L}_{AD}$ 与向量 $\boldsymbol{DA}$ 垂直,可得分离轴向量 $\boldsymbol{L}_{AD}=(-(y_A-y_D),(x_A-x_D))$,之后再将分离轴向量 $\boldsymbol{L}_{AD}$ 单位化为

$$\left(\frac{-(y_A-y_D)}{\sqrt{(-(y_A-y_D))^2+(x_A-x_D)^2}},\frac{x_A-x_D}{\sqrt{(-(y_A-y_D))^2+(x_A-x_D)^2}}\right) \quad (8\text{-}45)$$

对于不规则多边形的碰撞检测,除了可以采用文中的 OBB 碰撞检测外,也可以在每条分离轴上对多边形的各个向量投影,判断两个多边形的投影的最大值和最小值是否相交。例如,如图 8-12 所示,对不规则四边形的各个端点与原点组成的向量 $\boldsymbol{OA}$、$\boldsymbol{OB}$、$\boldsymbol{OC}$ 和 $\boldsymbol{OD}$ 在分离轴 L_{AD} 上利用点积计算投影,得出的投影的最大值和最小值分别为 $\max_{\text{Rec}}$ 和 $\min_{\text{Rec}}$,三角形 EFG 中的向量 $\boldsymbol{OE}$、$\boldsymbol{OF}$ 和 $\boldsymbol{OG}$ 在分离轴 L_{AD} 上投影的最大值和最小值分别为 $\max_{\text{tri}}$ 和 $\min_{\text{tri}}$,其发生碰撞的条件如下所示。

$$\max_{\text{Rec}}>\min_{\text{tri}} \ \& \ \max_{\text{tri}}>\min_{\text{Rec}} \quad (8\text{-}46)$$

如果此条件不满足,则只能说明两物体在分离轴 L_{AD} 方向上不发生碰撞,如图 8-12 所示,在分离轴 L_{AD} 上四边形和三角形不会发生碰撞,而判断物体是否发生碰撞,则需要在所有的分离轴方向上进行判断。只有所有的分离轴方向都满足不发生碰撞的条件,才能确定两物体不发生碰撞。

图 书 推 荐

书　名	作　者
HarmonyOS 移动应用开发（ArkTS 版）	刘安战、余雨萍、陈争艳 等
深度探索 Vue.js——原理剖析与实战应用	张云鹏
前端三剑客——HTML5＋CSS3＋JavaScript 从入门到实战	贾志杰
剑指大前端全栈工程师	贾志杰、史广、赵东彦
Flink 原理深入与编程实战——Scala＋Java（微课视频版）	辛立伟
Spark 原理深入与编程实战（微课视频版）	辛立伟、张帆、张会娟
PySpark 原理深入与编程实战（微课视频版）	辛立伟、辛雨桐
HarmonyOS 应用开发实战（JavaScript 版）	徐礼文
HarmonyOS 原子化服务卡片原理与实战	李洋
鸿蒙操作系统开发入门经典	徐礼文
鸿蒙应用程序开发	董昱
鸿蒙操作系统应用开发实践	陈美汝、郑森文、武延军、吴敬征
HarmonyOS 移动应用开发	刘安战、余雨萍、李勇军 等
HarmonyOS App 开发从 0 到 1	张诏添、李凯杰
JavaScript 修炼之路	张云鹏、戚爱斌
JavaScript 基础语法详解	张旭乾
华为方舟编译器之美——基于开源代码的架构分析与实现	史宁宁
Android Runtime 源码解析	史宁宁
恶意代码逆向分析基础详解	刘晓阳
网络攻防中的匿名链路设计与实现	杨昌家
深度探索 Go 语言——对象模型与 runtime 的原理、特性及应用	封幼林
深入理解 Go 语言	刘丹冰
Vue＋Spring Boot 前后端分离开发实战	贾志杰
Spring Boot 3.0 开发实战	李西明、陈立为
Vue.js 光速入门到企业开发实战	庄庆乐、任小龙、陈世云
Flutter 组件精讲与实战	赵龙
Flutter 组件详解与实战	［加］王浩然（Bradley Wang）
Dart 语言实战——基于 Flutter 框架的程序开发（第 2 版）	亢少军
Dart 语言实战——基于 Angular 框架的 Web 开发	刘仕文
IntelliJ IDEA 软件开发与应用	乔国辉
Python 量化交易实战——使用 vn.py 构建交易系统	欧阳鹏程
Python 从入门到全栈开发	钱超
Python 全栈开发——基础入门	夏正东
Python 全栈开发——高阶编程	夏正东
Python 全栈开发——数据分析	夏正东
Python 编程与科学计算（微课视频版）	李志远、黄化人、姚明菊 等
Python 游戏编程项目开发实战	李志远
编程改变生活——用 Python 提升你的能力（基础篇·微课视频版）	邢世通
编程改变生活——用 Python 提升你的能力（进阶篇·微课视频版）	邢世通
编程改变生活——用 PySide6/PyQt6 创建 GUI 程序（基础篇·微课视频版）	邢世通
编程改变生活——用 PySide6/PyQt6 创建 GUI 程序（进阶篇·微课视频版）	邢世通
Diffusion AI 绘图模型构造与训练实战	李福林
图像识别——深度学习模型理论与实战	于浩文
数字 IC 设计入门（微课视频版）	白栎旸

续表

书　名	作　者
动手学推荐系统——基于 PyTorch 的算法实现(微课视频版)	於方仁
人工智能算法——原理、技巧及应用	韩龙、张娜、汝洪芳
Python 数据分析实战——从 Excel 轻松入门 Pandas	曾贤志
Python 概率统计	李爽
Python 数据分析从 0 到 1	邓立文、俞心宇、牛瑶
从数据科学看懂数字化转型——数据如何改变世界	刘通
鲲鹏架构入门与实战	张磊
鲲鹏开发套件应用快速入门	张磊
华为 HCIA 路由与交换技术实战	江礼教
华为 HCIP 路由与交换技术实战	江礼教
openEuler 操作系统管理入门	陈争艳、刘安战、贾玉祥 等
5G 核心网原理与实践	易飞、何宇、刘子琦
FFmpeg 入门详解——音视频原理及应用	梅会东
FFmpeg 入门详解——SDK 二次开发与直播美颜原理及应用	梅会东
FFmpeg 入门详解——流媒体直播原理及应用	梅会东
FFmpeg 入门详解——命令行与音视频特效原理及应用	梅会东
FFmpeg 入门详解——音视频流媒体播放器原理及应用	梅会东
精讲 MySQL 复杂查询	张方兴
Python Web 数据分析可视化——基于 Django 框架的开发实战	韩伟、赵盼
Python 玩转数学问题——轻松学习 NumPy、SciPy 和 Matplotlib	张骞
Pandas 通关实战	黄福星
深入浅出 Power Query M 语言	黄福星
深入浅出 DAX——Excel Power Pivot 和 Power BI 高效数据分析	黄福星
从 Excel 到 Python 数据分析：Pandas、xlwings、openpyxl、Matplotlib 的交互与应用	黄福星
云原生开发实践	高尚衡
云计算管理配置与实战	杨昌家
虚拟化 KVM 极速入门	陈涛
虚拟化 KVM 进阶实践	陈涛
HarmonyOS 从入门到精通 40 例	戈帅
OpenHarmony 轻量系统从入门到精通 50 例	戈帅
AR Foundation 增强现实开发实战(ARKit 版)	汪祥春
AR Foundation 增强现实开发实战(ARCore 版)	汪祥春
ARKit 原生开发入门精粹——RealityKit＋Swift＋SwiftUI	汪祥春
HoloLens 2 开发入门精要——基于 Unity 和 MRTK	汪祥春
Octave 程序设计	于红博
Octave GUI 开发实战	于红博
Octave AR 应用实战	于红博
全栈 UI 自动化测试实战	胡胜强、单镜石、李睿